CHINESE FARMER COOPERATIVES DEVELOPMENT REPORT 2016

基金支持

1. 浙江大学"高峰学科建设计划"

2. 国家自然科学基金重点学科群项目"农业产业组织体系与农民合作
   社发展研究"（项目编号：71333011）

3. 国家自然科学基金面上项目"农产品供应链管理环境下农民专业合
   作社运营优化研究"（项目编号：71373063）

编写组

顾　　问	黄祖辉
主　　编	徐旭初
编审人员	郭红东　梁　巧　吴　彬
	傅琳琳　郑军南　金建东
责任编审	吴　彬

中国农民合作社发展报告 2016

浙江大学中国农民合作组织研究中心 / 编著

ZHEJIANG UNIVERSITY PRESS
浙江大学出版社

序　言

　　农民合作社是在我国农村基本经营制度基础上的农业生产经营者自愿联合、民主管理的互助性经济组织,是在我国"三农"治理进入新阶段后的一项重大制度改进。尤其自 2007 年《中华人民共和国农民专业合作社法》正式实施以来,我国农民合作社迅猛发展,在推进农业发展(尤其是促进规模经营)、增加农民收入、建设社会主义新农村中发挥了重要作用,已然成为构建新型农业经营体系的中坚力量和引领农民参与国内外市场竞争的现代农业经营组织,成为实现农业社会化服务,一、二、三产业融合,集体产权制度改革以及农村社会管理的有效载体、桥梁和抓手。

　　为客观反映和中肯评述当前我国农民合作社的发展现状以及突出问题,浙江大学中国农民合作组织研究中心(CCFC)编写了《中国农民合作社发展报告 2016》一书。

　　基于《中华人民共和国农民专业合作社法》颁布施行的基本背景,本发展报告首先简要陈述了我国农民合作社发展的显著成效和存在的问题,并分析研判了面对我国农业转型这一数百年未遇之变局下农民合作社的发展趋势;同时,围绕规范与修法这两条并行交织的主线,本报告既就农民合作社的规范化建设议题进行了细致检视,又对《中华人民共和国农民专业合作社法》修法议题从实施问题、修法思考、修法建议等方面进行了深入研讨;进而,提出以改革精神推进中国农民合作社事业的若干建议。其次,本报告甄选了二十余篇近年来关于《中华人民共和国农民专业合作社法》修法的讨论观点以及三十余篇近年来关于农民合作社规范化建设的讨论观点。第三,理论是灰色的,而实践之树常青。本报告还特定选取了包括四川省崇州市杨柳土地承包经营权股份合作社、黑龙江省仁发现代农业农机专业合作社、辽宁省调兵山市富农水稻专业合作社等十三家多种类型的农民合作社案例,就其基本情况、主要做法、主要成效以及经验启示进行分析分享。第四,为方便广大读者查阅,发展报告还系统梳理了近五年的农民合作社相关政策法规,对相关政策要点进行摘编。最后,面对近年来我国农民合作社近乎汗牛充栋的研究文献,经过本中心研究人员推荐、关注度检索和转载引用情况等方面综合考量,遴选推出了近五年"最值得阅读的农民合作社研究论著",以飨读者。

发展报告的编写人员均为本中心长期从事农民合作社研究的资深学者和青年博士,相信可以基本保证发展报告应有的质量和水平。尽管如此,由于种种原因,本发展报告难免存在不当和错漏之处,敬请各界同仁批评指正。

浙江大学中国农民合作组织研究中心
2016 年 8 月

目录
ONTENTS

第一章
蓬勃的发展与纠结的规范
——中国农民合作社发展述评[①]

一、农民合作社发展现状及趋势

(一)农民合作社的发展现状[②]

近年来,在以《中华人民共和国农民专业合作社法》(以下简称"《农民专业合作社法》")为核心的制度体系,以中共中央、国务院"一号文件"为重点的政策支撑体系,以及以农业部门主管、相关部门协助、各种社会力量牵头兴办的工作体系的指导下,我国农民合作社得到了蓬勃的发展,取得了显著的成效,呈现出如下特点。[③]

1.从组织发展看,合作社总数和成员总数高速提升,出资总额稳步发展,社均出资额和社均成员数趋于稳定

在合作社总数方面,全国依法登记的农民合作社总数,截至 2015 年,达到了 153.11 万家,与 2007 年相比增加了近 58 倍,在 2014 年首次突破 100 万大关,年均增加约 19 万家,年均增幅为 83%,但增速逐步放缓。在出资总额方面,2015 年年底出资总额高达 3.23 万亿元,相比 2007 年增加了约 107 倍,在 2012 年首次突破万亿元大关,年均增加 4000 亿,年均增幅为 88%,同样,增速

---

① 执笔人:徐旭初(浙江大学中国农村发展研究院)、吴彬(杭州电子科技大学人文与法学院)。
② 在中国语境中,农民合作社在狭义上主要指农民专业合作社。
③ 部分资料来自:农业部经管总站."十二五"时期农民专业合作社发展情况统计分析[J].农村经营管理,2016(6):17.

逐步放缓;但在社均出资额方面,2015 年相比 2007 年只增加了 83%,年均增加 12 万元,年均增幅为 9%,在 2014 年首次突破 200 万元关口后趋于稳定,小幅下降。在成员总数方面,2015 年首次突破 1 亿户大关,达 10090 万户,占全国农户总数的 42%,相比 2007 年增加了约 287 倍,年均增加 1257 万户,年均增幅为 122%,其中,2014 年一年就增加了 6276 万户社员,约占到八年增加总数的 62%;在社均成员数方面,2015 年相比 2007 年增加了 4 倍,在 2014 年出现翻番式增长(140%),突破 70 户后明显回落(详见表 1-1)。

表 1-1　农民合作社基本情况(2007—2016 年)

	总数 (万家)	出资总额 (万亿元)	社均出资额 (万元)	成员总数 (万户)	社均成员数 (户)
2007 年	2.6	0.03	115.38	35	13.46
2008 年	11.09	0.09	81.15	142	12.80
2009 年	24.64	0.25	101.46	392	15.91
2010 年	37.91	0.45	118.70	716	18.89
2011 年	52.17	0.72	138.01	1196	22.93
2012 年	68.89	1.10	159.67	2373	34.45
2013 年	98.24	1.89	192.39	2951	30.04
2014 年	128.88	2.73	211.82	9227	71.59
2015 年	153.11	3.23	210.96	10090	65.90
2016 年	179.40	—	—	—	—

资料来源:根据国家工商总局和农业部发布数据整理。

同时,分地区看,2015 年年底,东部、中部和西部合作社占比分别为 36.5%、37.2% 和 26.3%,东、中部占比较大,相差不多,但西部合作社总数增幅最快。入社成员数东部最高,其次为中部和西部,分别占成员总数 44.3%、30.7% 和 25.0%。

2. 从行业分类看,以种养业为主,种植业比重持续扩大,其中粮食类增幅显著

截至 2015 年,种植业、畜牧业、服务业、林业、渔业、其他类合作社占合作社总数的比重依次为 53.2%、24.3%、8.1%、5.9%、3.4%、5.1%。其中,种植业和畜牧业两者合计占比超过 3/4,为 77.5%,这一方面说明种养业的商品率较高,农户承担的市场风险较大,因而对合作的需求动机也更强些,另一方

面也可能因为农民合作社在种养业领域得到了更好的应用和推广。另外,值得注意的是,随着政府对粮食生产支持力度的加大,粮食类合作社快速发展。截至 2015 年,粮食类合作社占种植业合作社的比重已达 38.9%,比"十一五"期末上升 17.1 个百分点。其中,粮食主产区成立的粮食类合作社占全国粮食类合作社的 84.0%,比"十一五"期末上升 15.8 个百分点。

　　3.从业务范围看,实行产加销一体化服务的合作社占半数以上,加工服务型合作社和生产服务型合作社数量增幅较大

　　截至 2015 年,实行产加销一体化服务的合作社约为 81 万家,占合作社总数的 52.9%,"十二五"期间增长率达 309.3%,年均增速 30.9%;以农产品生产服务为主的合作社约为 43.6 万家,位居第二位,但增速较为明显,"十二五"期间增长率达 339.3%,年均增速 32.8%。另外,值得注意的是,以农产品加工服务为主的合作社数量从 2010 年年底的约 1.19 万家增长到 2015 年年底的 5.42 万家,(除去其他业务)增幅最大,达 355.8%,这既有合作社为提高营利空间而从营销业务走向加工业务的必然性,也可能与政府鼓励合作社发展加工业务有关(表 1-2)。

表 1-2　不同业务范围农民合作社数量情况(2010 年与 2015 年比较)[①]

业 务 范 围	2010 年年底数量(家)	2015 年年底数量(家)	增长率(%)
农业生产资料购买服务	55290	197507	257.2
农产品生产服务	99324	436365	339.3
农产品销售服务	70259	223298	217.8
农产品加工服务	11891	54201	355.8
农产品运输服务	10255	30234	194.8
农产品贮藏服务	10315	40683	294.4
与农业生产经营有关的技术、信息等服务	80607	259677	222.2
产加销一体化服务	197890	809954	309.3
其他服务	53166	375209	605.7

　　资料来源:根据国家工商总局内部数据整理。

---

① 可能因为不同业务范围之间存在交叉登记,因此加总数字大于合作社实际登记总数。

4.从功能发挥看,合作社为成员提供经营服务总值超过万亿元,其中东部地区经营服务能力最强

截至 2015 年,农民合作社为成员提供的经营服务总值达 1.06 万亿元,比"十一五"期末增长 107.5％,年均增速 20.0％。其中,统一销售农产品总值达 7866 亿元,平均为每个成员销售农产品 1.3 万元;统一购买生产投入品总值达 2754 亿元,平均为每个成员购买生产投入品 0.5 万元。

分地区看,东部地区合作社服务成员能力较强,东部地区每个合作社经营服务总值为 94 万元;中部、西部地区次之,分别为 78.6 万元和 60.6 万元。可分配盈余,2010 年为 316.3 亿元,到 2015 年达到 957 亿元,增长了约 2 倍;社均可分配盈余保持在 8 万～10 万元,2015 年平均每个社员分配到 1597 元。

一些合作社探索与其他农业经营主体合作的模式,实行产加销一体化经营,融入产业链、供应链和价值链。据调查,全国与龙头企业对接的合作社达到 20 多万家。[1]

一些合作社在自愿互利的基础上采取共同出资、共创品牌、共享利益等方式,组建合作社联合社,进一步提高农业组织化程度。目前,全国各类合作社联合社达到 7200 多家,涵盖合作社 9.4 万多个,带动农户 560 多万户。[2]

目前已有 4 万多家合作社通过绿色、有机等农产品质量认证。

5.从制度建构看,合作社更加注重规范化发展,政府扶持力度继续加大

在前期发展中,一些地方重数量、轻质量,制约了合作社功能作用的充分发挥,也引起了社会各界的批评议论。2014 年农业部、国家发改委、财政部等九部门联合印发了《关于引导和促进农民合作社规范发展的意见》,要求把加强农民合作社规范化建设摆在更加突出的位置。目前,农业部会同全国联席会议成员单位联合评定了 7000 家国家示范社。各地也开展多种形式的示范社创建活动,目前各级示范社达 13.5 万家。[3]截至 2015 年,被各级农业部门认定为示范社的合作社占合作社总数的 9.5％,获得注册产品商标的占 5.6％,通过产品质量认证的占 3.0％,采取可分配盈余按交易量返还的占 22.0％。上述占比虽比"十一五"期末有所下降,但逐年下降趋势得到了有效遏制。

---

[1][2][3] 农业部经管司.十二届全国人大四次会议第 2317 号建议答复摘要(农办议〔2016〕273 号)[EB/OL].2016-07-28.http://www.moa.gov.cn/govpublic/NCJJTZ/201608/t20160803_5227572.htm.

"十二五"期间,各级财政扶持资金总额累计近 250 亿元,扶持金额年均增幅 5.0％,平均每社获得扶持资金 13.8 万元,但扶持范围有所减小,占合作社总数的 2.5％,降低了 4.6 个百分点,其中一个主要原因是个别省区市开始采取金融支农政策,以财政资金撬动银行资金用于合作社贷款,仅 2015 年合作社当年贷款余额就超过 110 亿元。经国务院同意,2015 年在山东省开展了合作社信用合作试点。同时,在安徽金寨、河北玉田、湖南沅陵 3 个农村改革试验区实施新型农村合作金融组织试验。① 此外,在农业部参与管理的农业综合开发项目中,合作社承担项目达到 83 个,中央投资 1.66 亿元,分别占当年项目总数和中央投资总额的 22％和 24％。② 在培训方面,2014、2015 年,中央财政累计投入资金 22 亿元,带动地方投入 10 亿多元,培育超过 200 万名包括合作社骨干人才在内的新型职业农民。农村实用人才带头人示范培训也向合作社骨干倾斜,近两年每年安排 50 期合作社主体培训,每年培训近 5000 人。③

6. 从组织形态看,农民合作社的形态日益多元化、多类型

近年来,随着农业农村经济社会发展,农民对合作社的合作内容、合作领域、合作方式的需求日益多元化,各地不仅涌现出诸如农机合作社、资金互助社、消费合作社、用水合作社(用水户协会)、旅游合作社等其他合作形式的农民合作社,承包土地经营权入股的土地股份合作社和集体资产折股量化的社区股份合作社也方兴未艾,一些地方还出现了土地流转后富余劳动力组建的劳务合作社,农民以房屋、厂房入股组建的物业合作社,以及以精准扶贫为追求、以财政扶持资金为支撑的扶贫合作社。这些农民合作社形态都是在人的合作的基础上,进一步探求土地、资金、资产、技术等资源要素的合作。

据统计④,截至 2015 年年底,全国以入股形式流转的土地达到 0.28 万亩,占流转总面积的 6.1％,一些地方在农民自愿前提下通过组建土地股份合

---

①②③　农业部经管司.十二届全国人大四次会议第 2317 号建议答复摘要(农办议〔2016〕273 号)[EB/OL].2016-07-28. http://www. moa. gov. cn/govpublic/NCJJTZ/201608/t20160803_5227572. htm.

④　限于收集到的公开资料和数据。

作社等方式发展农业规模经营,积累了许多有益的经验;①以先试先行者江苏省为例,自2006年3月颁发首张土地股份合作社执照以来,其农村土地股份合作社快速发展,根据江苏省农委的统计,江苏全省13个省辖市下辖的98个县(市、区)均有农地股份合作社的试点。② 另有数据表明,目前全国21.8%的流转耕地流向合作社,20.7%的合作社从事粮食生产,已经成为粮食规模生产的主力军。③

　　对于经营性资产,不少地方的做法是把集体经营性资产折股量化到成员,实现"资产变股权,社员当股东"。目前,全国已有4.7万个村和5.7万个村民小组完成经营性资产股份化改革,通过组建社区股份合作社,量化资产达6578亿元,累计股金分红2256亿元,成为农民增收的重要力量。④ 截至2015年年底,浙江省在全国率先全面完成农村集体资产确权工作,全面完成农村集体经济股份制改革,全省29400多个村社的3500多万农民当上了股东。⑤

　　此外,截至2015年5月,全国已登记在册的农机合作社达到4.98万个,入社成员达到185.3万人,农机合作社的资产总额达到1037.6亿元,拥有农机具301万台(套),仅2014年农机合作社服务农户总数达到3813.2万户,占全国乡村户数的14.1%,完成作业服务面积7.3亿亩,约占全国农机作业总

---

① 农业部经管司.关于推进农村土地股份制的建议[EB/OL]. 2016-06-30. http://www.jgs.moa. gov.cn/cfc/yw/201606/t20160630_5191261.htm.事实上,由于我国各地资源禀赋、经济社会发展水平、人地关系等方面的差异,多元化经营主体与土地之间的不同结合关系呈现出不同路径和形式,如珠三角地区探索以土地承包经营权入股、集体统一经营的土地股份合作制;上海市松江区探索引导农户将土地经营权流转给村集体,统一整理后再发包给有经营能力农户的家庭农场制;湖北省沙洋县探索农户承包权不变、协商交换经营权,小块并大块,实行"按户连片"耕种制;四川省崇州市探索以土地经营权入股合作社,农户、合作社、职业经理人和专业服务组织共同经营的"农业共营制";河南省商水县、山东省济宁市探索土地经营权主体不变,农户通过市场购买服务,委托专业服务组织、合作社全托管、半托管开展农业生产经营等。(转引自:韩长赋.土地"三权分置"是中国农村改革的又一次重大创新[N].光明日报,2016-01-27.)
② 林乐芬,顾庆康.规范农村土地股份合作社发展[N].中国社会科学报,2015-11-24.
③ 农业部经管司.十二届全国人大四次会议第2317号建议答复摘要(农办议〔2016〕273号)[EB/OL]. 2016-07-28. http://www.moa.gov.cn/govpublic/NCJJTZ/201608/t20160803_5227572. htm.
④ 农业部经管司.陈晓华副部长在全国农村经营管理暨土地承包经营权确权工作会议上的讲话[EB/OL]. 2016-03-04. http://www.moa.gov.cn/zwllm/tzgg/tz/201603/t20160304_5039392. htm.
⑤ 翁杰、杨军雄、高晓晓.农村集体经济股改全面完成我省3500多万农民当上股东[N].浙江日报,2016-01-15.

面积的 12.2％,农机合作社日益成为农机社会化服务的主力军。①

综上所述,自《农民专业合作社法》实施以来,我国农民合作社迅猛发展,在推进农业发展(尤其是促进规模经营)、增加农民收入、建设社会主义新农村中发挥了重要作用,已成为构建新型农业经营体系的中坚力量和引领农民参与国内外市场竞争的现代农业经营组织,成为实现农业社会化服务,一、二、三产业融合,集体产权制度改革以及农村社会管理的有效载体、桥梁和抓手。

同时也要看到,我国农民合作社发展不仅处于 30 多年来我国势不可挡的工业化、城镇化、市场化、国际化的复合性现代化进程中,而且深深地嵌入在我国社会经济结构的多重现实约束中,因而依然处于发展初期阶段,存在着一系列的现实问题,需要进一步加大引导、扶持和规制力度。

总体而言,当前农民合作社在发展中遇到的问题集中体现在:

(1)农民合作社的单体规模仍然偏小。一方面,由于《农民专业合作社法》规定的合作社组建门槛较低,加上各种政策优惠条件刺激,不仅专业合作社集中涌现,而且社会各界越来越认识到合作社的重要作用,其他各类型农民合作组织也逐渐浮现,呈现出百花齐放的盛景。但是,在这光鲜的总量数字背后,由于缺乏退出机制,或者说本就无须退出,合作社单体规模的增长速度远远落后于总量增长速度,规模经济效应难以显现。当然,在合作社的组建和发展过程中,发起主体的多元化也是一个重要原因。一方面,这里既有先前通过合作社形式寻求法律合法性的专业大户,也有一大批极具政治敏锐性的农业(龙头)企业和乡村社会精英,甚至还有直接介入的地方政府及其相关业务部门。另一方面,农民合作社的联合趋势(合作社联合社、合作社联合会、合作社协会等)越来越明显,总体推进速度仍然比较缓慢,难以有效提高农产品生产经营服务规模。

(2)农民合作社的市场竞争力仍然缺乏。一是由于农产品生产、经营或服务规模小,规模经济难以实现,竞争优势无法体现;二是当前农民合作社的经营业务层次总体偏低,多处于低端的初级品市场,直面激烈的市场竞争,从而难以有效参与、融入并获益于农业产业链、供应链和价值链;三是入社农户与合作社带头人以及上下游相关利益主体(特别是龙头企业)之间难以建立起紧密、合理的利益联结机制。

(3)农民合作社的规范化程度仍然不如人意。有相当一部分的合作社治理结构流于形式,财务管理制度不健全,成员账户制度未有效建立,少数核心

---

① 李伟国. 在全国农机合作社发展经验座谈会上的讲话[J]. 中国农民合作社,2015(12):8-12.

成员独大专断,普通社员难以分享到惠顾返利、盈余分红等合作社独特的组织收益。更值得指出的是,在成员异质性基础和农业产业化背景中,当兴办合作社成为一种任务(特别是地方政府考核的任务)、一种时髦(特别是彰显所谓益贫偏好的时髦)、一种手段(特别是可以比较轻松地套取政府直接财政扶持的手段,以及相关主体参与寻租的手段)时,人们面对的必然是一片莽莽的"合作社丛林",数量众多,类型繁杂,良莠难辨。而对于具有共同体属性(甚至可以说是意识形态色彩)的农民合作社,社会各界无疑格外关注其现实形态的合意性。因此,面对各种对所谓"假合作社"、"翻牌合作社"、"精英俘获"、"大农吃小农"的非议,合作社的规范化建设显得意义重大、迫在眉睫。鉴于此,本报告其后将重点探究农民合作社的规范化建设问题。

(4)基于我国的整体社会特性和政府全面治理体制,近年来各级政府对农民合作社的发展期望益大,介入日深,影响甚大。政府的强势介入虽然在一定程度上有利于合作社的顺利组建和快速扩展,但也很容易破坏合作社的独立性、自主性及其健康发展。而且,不少地方的政府部门往往以经济发展为导向,一开始就视合作社为带动当地农村经济发展的农村小微企业,而对其民主管理、文化内涵关注很少。因此,目前各级政府或多或少地表现出行政介入不当与制度供给不足并存的不协调状况,或是行政介入过多,力度过大,没有很好地尊重农民意愿;或是政府推动组建以后就无暇顾及,导致其处于松散状态,难以发挥应有作用;或是更关注合作社对农民的带动性,而不是合作社运作的规范性;或是扶持重点转移频繁,以致农民及其他相关主体逐利而动,缺乏恒心。

(二)农民合作社的发展趋势

当前,我国农业正迎来数百年未遇之变局,即农业转型。其一,农业从业人口数量日趋减少,农村劳动力结构日益老龄化;其二,与之相应地,农业规模化程度迅速提升,农地集中迅猛,与过去缓慢进行的农业规模化相比,未来可以用"疾风暴雨般的变化"来形容;其三,工商资本蜂拥进入农业,许多工商资本家正大举冲进价值较高的畜牧业、林业、水果业甚至蔬菜产业;其四,消费者需求差异越来越大和越来越复杂多变,对农产品质量日益关注,使农业生产经营产生专业化、规模化、标准化、集约化、品牌化的倒逼效应;其五,电子商务在农业农村中迅速得以应用和扩展,其速度、广度和深度令人叹为观止。总之,我国正迎来一场极其深刻的、前所未有的农业大转型。①

在这样的背景下,农民合作社将呈现出一些值得关注的发展趋势:

(1)在农村基本经营制度改革、完善和调整中,农民合作社将越来越显现出核心作用。十八大以来,中央明确提出要"发展多种形式规模经营,构建集约化、专业化、组织化、社会化相结合的新型农业经营体系",这一纲领性原则充分体现了中央推动农村基本经营制度改革的新理念和未来方向。合作社恰恰顺应了农业产业化、农村市场化和农民组织化的潮流,昭示了加快农业经营方式转变的发展方向。诚然,在当前诸多农业经营主体中,家庭农场(或专业大户)是基础,合作社是关键,农业企业是龙头,社会化服务组织是支撑。而未来,各级政府和社会各界将日益认识到合作社这种制度的优越性和发展空间,日益自觉地将合作社这种制度形式移植到农业生产的各环节和农村生活的各方面,日益把关注和支持农业发展的着力点转移到发展农民合作社上来。

(2)农民合作社将呈现单体规模逐渐扩大,数量增加势头持续减缓的态势。可以预见,为了扩大经营规模,获得大量资本,增强市场竞争力,一些合作社之间将出现持续的合并与联合浪潮,将会出现一批具有一定生产规模、一定加工能力、一定品牌影响力、一定市场竞争力,以及组织规范、运作正常的大型合作社或合作社联合社。

(3)农民合作社将继续以农产品营销、农资供应为主体业务,并逐渐由专业性经营向综合性经营方向发展②;专业合作社这一组织形式将被引入农业生产经营各环节和农村经济发展各领域,将大量涌现服务型合作社③。此外,还将继续出现一批农民利用资本合作与劳动合作相结合的股份合作制机制,使合作创业成为广大农民创业的有效组织形式。

(4)农民合作社将越来越重视纵向一体化。合作社的纵向一体化,不仅包括农资供应合作与农业生产的一体化,而且包括农业生产合作与农产品营销、

---

① 如黄宗智和彭玉生认为,当前所处的变革时代是中国几千年未曾有过的中国农业三大历史性变迁的交汇点,即持续上升的大规模非农就业、持续下降的人口自然增长以及持续转型的食物消费和农业结构。这三大变迁的合力将导致长期以来务农人数的第一次显著下降,这样的下降又正好与农业向相对高附加值和高劳动需求的产品转型相同步,其结果必然是农民人均收入的提高。参见:黄宗智,彭玉生. 三大历史性变迁的交汇与中国小规模农业的前景[J]. 中国社会科学,2007(4):74-88.

② 这里所谓综合性经营的农民专业合作社是指合作社业务将不再局限于某一类农产品的某些环节,而是扩展到某一大类农产品的若干环节甚至所有环节。应该特别指出,这里所谓综合性经营的农民专业合作社并非是日本农协式的社区综合型合作社,这两者有着本质性差异,不可混淆。

③ 诸如农机合作社、消费合作社、旅游合作社、劳务合作社、物业合作社等合作组织形态。

深加工合作的一体化。后者将是农民合作社纵向一体化的主要标志。实际上,面对我国日益鲜明的以垂直协调为主要特征的农产品供应链管理趋势,合作社必须顺应农业产业发展趋势,紧随市场环境变化,对自身组织结构及经营机制进行及时而深刻的变革,主动地、积极地实施供应链管理策略,才可能顺利地摆脱困境,赢得挑战。可以预见,农民合作社,将会从"公司＋合作社＋农户"的模式,逐步发展到"合作社＋公司＋农户"的模式。这既是国外发达国家普遍盛行的方式,也是比较符合我国大部分地区实际情况的路径。

(5)农民合作社,尤其是那些介入农产品深加工领域的合作社的组织结构将会发生深刻的变革,除了进一步推广"新一代合作社"、"有限合作社"的组织形式,还可能引入可交易股份①等新型融资手段,当然也不排除会出现比较传统的合作社转变成有限责任公司的现象。可以预见,农民合作社的制度内涵将进一步与国际现代合作社形式接轨,相当一部分合作社及其社员在《农民专业合作社法》的基本框架下,将越来越倾向于股份化持股、差别化投票以及按股分配,在传统合作基础上引入灵活的资本联合形式。

(6)农民合作社的组织旨趣将日益由社员需求导向向市场需求导向转变,组织结构日益趋于精英专业管理与成员民主控制并重,企业化经营色彩将日益浓厚。随着合作社经营规模及业务量的不断扩大、非社员业务的增加以及向新的经营领域的拓展,合作社聘请专职管理人员也不可避免,传统的成员控制模式将逐渐为专业的委托管理所代替,全体社员大会将逐渐为代表大会所代替,特别是在那些规模大、综合经营的合作社中。同时,出于市场竞争的需要,合作社的非社员业务不断增长,社员与合作社的关系可能日渐疏远。而且,合作社与其成员之间越来越呈现商业化交易的态势,普遍运用严格的成本核算原则,以确保产品质量。这种控制在纵向一体化的合作社中尤为明显。

(7)农民合作社将进一步呈现合作社联合和联盟的普遍趋势。合作社联合和联盟是合作社发展到一定阶段的必然产物。农民合作社在快速发展过程中逐步暴露出单个合作社产业规模偏小,服务领域比较狭窄,经济协作难以开展,维护权益势单力薄等问题,迫切需要在专业合作社基础上进行再合作、再联合、再提升,进而参与、融入并获益于现代农业产业组织体系。未来,合作社联合社或联合会将得到积极兴办,组织规模、覆盖面及带动能力将大大提升。与此同时,以联合社或联合会为载体的区域性联合购销平台、联合加工平台、联合物流仓储平台、农技服务平台、信用评估平台、农村产权流转交易平台等

---

① 它包括允许在成员内部转让的股份和允许非成员拥有的股份。

将大量出现。还有,应该提及浙江的"三位一体"改革探索。所谓"三位一体",就是将农民专业合作、供销合作、信用合作三类组织及功能有机融合,进一步增强其在生产、供销和金融方面为农服务的综合功能,提高农业和农民组织化程度。这一模式从产生那天开始就充满了种种争议,根源就在于其涉及涉农部门之间的权利界定、职能转变和体制改革。目前,浙江省正积极推进"三位一体"试点工作,其他一些省份也开始了类似的模式探索,但总体而言,这一模式还有待进一步观察和思考。

(8)农民合作社将积极与其他农村组织制度的创新对接。除了专业合作社将进一步发展壮大之外,让农民通过股权分红获得土地长期收益的土地股份合作社,以及转变村级集体经济发展方式的社区股份合作社将大量组建。

(9)农民合作社将在农业社会化服务、农业技术推广、农产品质量安全控制、农业产业开发、现代商业业态创新等方面发挥越来越重要的作用。

(10)当前,农民合作社普遍处于有产品无品牌的初级阶段,而在客户导向的农产品供应链环境下,合作社要获得持续稳定的收入,简单地销售农产品是不够的。未来,合作社的农产品品牌化建设工作将成为一大工作重心。

(11)在信息社会中,农民合作社将充分利用电子商务进行产品销售、商品采购,积极参与农村电子商务服务业,以合作社或村为单位的配送点、配送中心将普遍建立,以合作社(包括联合社、联合会)为主要载体、广大农民参与的新型农村电子商务模式将得到普遍推广。

(12)农民合作社是弱势群体联合成立的互助性经济组织,"天然"地具有益贫性的组织特征,因此,在扶贫攻坚和产业扶贫中,贫困地区农民合作社(或农村合作组织)将扮演越来越关键的角色,将被视为合适的内源组织载体、外源介入载体和政策瞄准载体,大力发展贫困地区农民合作社(或农村合作组织)将被视为合适地实现精准扶贫、提升扶贫效应的实施路径。

可以预见,在未来5~10年间,中国农民合作社将进一步获得持续快速健康的发展,将进一步超越合作社经典模式,反映中国特色、体现时代特征,成为我国乃至世界农业经营制度创新的一大亮点。

二、农民合作社规范化建设检视

近年来,有关农民合作社规范化建设的讨论一直纷繁不断,这既因为合作社发展势头强劲,数量增长迅速,覆盖范围扩大,也因为当下合作社类型繁多,形形色色,更因为合作社发展不规范、不合意现象众多,良莠难辨。因此,特别检视如下。

(一)农民合作社的质性规定

发展与规范始终是农民合作社发展中并行交织的两条主线。而合作社规范化建设问题的内核则是合作社的本质规定性问题。

那么,一个有别于其他组织形式的"理想"的合作社究竟是怎样的?[①] 它大概应该符合以下几条:

(1)成员完全(或基本上)同质,均为合作社业务的使用者;

(2)加入自愿,退出自由;

(3)一人一票,理事会成员和监事从成员中选出;

(4)如果需要出资,则成员均等出资;

(5)如果存在出资,则成员资本金没有分红(或非常有限);

(6)如果存在盈余,则提取一定量的公共积累,且公共积累不可分配;

(7)如果存在盈余,则完全(或基本上)根据惠顾额来返还盈余。

不难看出,在这个合作社(或农民合作社)的"理想类型"中,一方面,众所周知,民主控制(就是一人一票)、资本报酬有限(就是成员资本金没有分红或非常有限)、按惠顾额分配盈余(这与资本报酬有限其实是一个硬币的两面)、公共积累(而且是不可分配),都是体现合作社制度内核的重要组成部分。而另一方面,成员的(禀赋)同质性是其基础,(身份)同一性是其核心。试想,在一个完全自愿进出和没有外部规制的情境中,如果成员禀赋(从业领域、利益诉求、业务规模、资源能力、文化背景等)不同质,其治理结构不可能建立在一人一票的基础上;如果成员身份(投资者、控制者、惠顾者或使用者)不同一,其收益分配不可能建立在按惠顾额分配盈利(其另一面是成员资本金没有分红)的基础上。质言之,服务成员、民主控制是其最为本质的制度规定性。

不难推断,如果真有一个"理想"的合作社,它的规模一定比较小,因为企业家偏好控制和指挥,资本偏好利润,而合作社经典原则恰恰限制了合作社企

[①] "理想类型"是社会学巨匠马克斯·韦伯提出的重要概念工具。"理想类型"概念首先是一种思维的建构。"理想类型""就其概念的纯粹而言,我们在经验现实中的任何地方都不能发现这种精神的构造。这是一种'乌托邦'。在每一种情况下,确定这种理想构造接近或离开现实的程度,乃是历史研究所面临的任务。"(转引自:于海.西方社会思想史[M].上海:复旦大学出版社,1996:90.)在一定意义上,所有的现实类型都是以与"理想类型"的差异性("接近或离开现实的程度")得以呈现的。显然,我们也可以通过参照合作社(农民合作社)的现实类型与"理想类型"接近或离开的程度来辨析农民合作社的质性问题。

业家的发挥和大量资本的流入;特别在日益激烈的市场竞争环境中,在经营范围或企业规模日益扩张的情形下,更是如此。所以,在很大程度上,只有在放宽成员资格、民主控制、资本收益等方面的规定时,合作社规模才有可能扩张。但是,合作社无论如何又不应突破它的本质规定性,否则就不是合作社了。所以,当成员出现异质性时,当成员身份不再同一时,当一人一票被打破时,当资本报酬不再有限时,当公共积累可以分配时,显然,合作社就必然地开始了"异化"①。当然,合作社的"异化"现象,一方面,势必程度各异地偏离了合作社的本质规定性;另一方面,还有程度问题,而且未必是坏事,因为这有利于合作社的规模扩张和业务提升。

譬如,当前土地股份合作社发展迅速,已成为促进农村土地流转和规模经营的"助推器",同时其成员中相当一部分并不直接从事农业生产,只是以土地入股分红,这样一种有悖于"使用者组织"性质的合作组织还是合作社吗? 如果是,在什么意义上是? 显然,这种基于我国特殊的农地制度和劳动力转移进程的组织制度现象,需要通透解释,但也不必急于简单定性。

再如,近些年来,不少合作社呈现出由涉农工商资本或少数农村精英控制、多数普通成员依附的产权结构,对此,有些人强调其在成员异质性情况下存在合理性,有些人直指其背离了合作社的初衷,有些人认为合作社对公平与效率的兼顾使其陷入理想与现实的两难。然而,也许应该进一步思考的是,究竟这种局面在多大程度上是必然的或是可避免的? 如果这种非对称制度安排漂移合作社质性规定,那么是接受还是改变现实中的合作社实践,抑或是力图将这种非对称性控制在某种程度内?

还有,当前各级政府通过财政途径积极扶持农民合作社发展,然而,这种政府财政扶持基本上是针对优秀合作社的,是锦上添花而非雪中送炭,是筛选的而非普惠的,因而也难免是被"钓鱼"的或被"寻租"的。对此,看似是财政扶持的分配效应问题,其背后实际上却是财政扶持的瞄准机制问题,即究竟应该如何进行财政扶持? 应该扶持什么样的合作社? 如何使财政扶持资金真正为广大普通成员服务,而不是只为少数核心成员所得?

一般而言,合作社的本质规定性是服务社员、民主控制,这是不可动摇的,动摇了就失去了这种制度形式的独特性以及对其扶持的正当性基础;基本原

---

① 所谓"异化",是指在实践中,合作社往往由发起企业或大股东控制,普通社员的利益不能得到改善,偏离合作社的本质。(转引自:马彦丽,黄胜忠.农民专业合作社:理论研究中的泛化和实践中的异化[J].新疆农垦经济,2013(8):7-12.)

则以国际合作社原则和我国法律规定原则为准,这也是基本稳定的,但并非不可改变;而质性程度则因时、因地、因社而异,但也有一个大致的却又常常缺乏共识的质性底线。当下,所谓真假合作社之辨(辩),表面上是对质性程度的界定,实际上是对质性底线的辨识,而本质上则是对本质规定性及其基本原则的研判。尽管缺乏共识,但合作社大致的质性底线应是自愿进出、社员使用(为主)、直接民主(为主)、惠顾返还(为主)。不过,应该清醒地看到,在当前我国农民合作社的现实实践中,各类合作社由于产业形态不同、具体制度不同、组织功能不同、所处环境不同,它们大多不同程度地漂移合作社质性底线——未必以社员使用为主,未必以直接民主为主,未必以惠顾返还为主,而且越来越可能出现若干种偏离"理想类型"合作社制度的制度形态,越来越趋于股份合作制色彩,特别是在合作社进入要素合作或追求附加值阶段。① 此外,随着农民异质性及农产品供应链管理环境对合作社的影响日益显著,一些农民合作社日益呈现股份化、企业化倾向。任何农民合作社都必须具有运营效率,而企业化管理对合作社绩效的提升有着重大的正向作用。而对质性底线的接受程度,就决定了对相应的合作社的"真假"判断:如果对质性底线的要求严格,"假合作社"会相对较多;反之,"真合作社"则必然相对较多。

事实上,在世界合作社运动160多年的历史进程中,合作社的质性规定和制度边界(特别是国际通行的合作社原则)的界定一直发生着微妙但深刻的嬗变,总体上向着有利于提高合作社竞争力、凝聚力、吸引力的方向发展。一种折中的态度就是试图在对理想的坚持和对实践的体认之间求得一种平衡。

由于合作社发展必然呈现阶段性,要允许不同类型的合作社并存,所以"只要是不违反法律的强制性规定,就不应以理想主义色彩的合作社理念来评价或者判断实践中的、丰富的、多元化的合作社的真或伪"②。

(二)合作社规范化建设为何如此纠结?

在农民合作社蓬勃发展的形势中,人们分明看到了合作社内部运行亟待规范、合作社领导人亟待培育、农民合作意识亟待提高、政府扶持政策亟待落实、各种所谓"假合作社"或"翻牌合作社"亟待引导等诸多问题。2014年10

---

① 当然,那些基于农村社区服务的、内敛性的,或者在贫困地区带有显著的益贫性的合作社,可能还是经典的、传统的居多。
② 张颖,任大鹏.论农民专业合作社的规范化——从合作社的真伪之辩谈起[J].农业经济问题,2010(4):41-45.

月,农业部、国家发改委、财政部等九部门专门下发了《关于引导和促进农民合作社规范发展的意见》,要求各级各有关部门把加强农民合作社规范化建设摆在更加突出的位置,把运行规范的农民合作社作为政策扶持重点。文件指出,当前和今后一个时期,应把规范化建设摆在更加突出的位置,不断提高合作社发展质量和水平。

自《农民专业合作社法》实施以来,农民合作社发展的主线始终是发展与规范,只是现实是——发展有点蓬勃、野蛮,规范有点纠结、勉强。

说合作社规范化建设有点纠结、勉强,一是相当多的合作社的组织结构与运行并不十分符合法律规定或政府要求,甚至这些年规范的合作社并未增多;二是即使那些比较规范的合作社也多有做表面文章之嫌;三是农民成员似乎对这件事也不是特别上心;四是政府主管部门倒是把合作社规范化建设常挂嘴上,屡屡出台指导性文件和政策,但效果其实一般;五是学者们也对这事各执一词,缺乏共识。

缘何合作社规范化建设如此纠结、勉强呢?

要理解合作社规范化建设问题,就要回答这样几个问题:为何要规范? 以何为规范? 为何不规范? 如何能规范? 事实上,这几个问题恰恰是很值得深入思考的。

1. 为何要规范?

从根本上讲,合作社规范化建设并非为了迎合政府规制要求(虽然这是重要动因之一),也非为了"使合作社像合作社"(因为"像合作社"并非办合作社的目的),而是我们相信:只有在规范的组织建设(即规范的产权安排和治理结构)下,才能够较好地维护普通农民成员的权利和利益,才能够较好地实现合作社的长远发展,才能够较好地实现经典的合作益贫旨趣和扶持发展的公共政策意图。可是,这里的问题是:普通成员对权利的理解真的与制度设计者们一样吗? 他们的权利真的只有在规范的组织架构中才能实现吗? 实际上,普通农民成员在很大程度上是实用主义的,是追求"帕累托改进"的。换言之,在一定的社会经济结构中,他们可能更在意切实到手的利益改进,而无所谓规范化及其迂回实现的利益公平。

2. 以何为规范?

从理论上讲,大致的合作社质性底线还是明确的:自愿和开放、基于使用(惠顾)、民主控制(直接民主为主)、盈余返还(按惠顾返还盈余为主)。然而在现实中,人们对质性底线的接受程度,就决定了相应的合作社的真假判断:如果对质性底线的要求严格,"假合作社"会相对较多;反之,"真合作社"则必然相对较多。因此,关于以何为规范的问题,一是要考虑到合作社的发展性和阶段性,要允许不同类型的合作社并存,特别对于一些新型合作社形态也没必要忙着规范它;二是只要不违反法律的强制性规定,就不宜以理想主义色彩的合作社理念来评价、判断和规范丰富多彩的合作社实践;三是尽管产权、治理无疑是体现合作社特质的核心要素,但归根到底对合作社(特别是所谓真假合作社)的界定和区分应该以《农民专业合作社法》为依据。所以,问题的关键是如何准确理解和把握《农民专业合作社法》的制度和思想。应该看到,现在的《农民专业合作社法》创造性地允许农业生产经营服务的提供者与利用者共存,允许存在非农民成员,允许附加表决权,允许对不高于 40% 的可分配盈余进行按比例返还,等等,这些条款都反映出该法鼓励合作社发展、着眼合作社激励兼容、允许合作社带有股份化印记的立法思想。坦率地说,在该法的框架下,合作社规范化建设必然是有限规范。

3.为何不规范?

一般说来,合作社规范化建设主要指对合作社组织建设的规范化,涉及章程、制度、机构和活动等,其实质是合作社规范治理问题。毋庸讳言,当前相当多合作社都是不太规范的,而且那些比较规范的合作社也多有做表面文章之嫌。为什么会这样呢?

其一,正如许多研究指出的,合作社发展必然深深地受制于我国社会经济结构的多重现实约束:基于农业生产经营主体异质性的"结构嵌入"、基于农产品供应链管理态势的"市场嵌入"、基于我国社会政治结构的"制度嵌入"、基于村社结构和乡土文化的"村社嵌入"①。显然,在这样多重嵌入中的合作社必然不符合传统的、理想的或标准的合作社范式;而且,合作社的嵌入程度越深,其组织结构及行为就越不规范。

其二,在异质性成员结构中(特别是那些营销型合作社),核心成员并不特别愿意追求益贫意旨,而更倾向于有利于自身的运营活动。而在日益激烈的市场竞争压力下,普通成员也未必乐于放弃对其有益的"帕累托改进",而去进行他们力所不及的权益博弈。许多议论者一厢情愿地坐而论道,却很少体会普通农民切身的资源约束及其现实意愿。

其三,现在的《农民专业合作社法》较多着眼于鼓励合作社发展、注重激励兼容、包容股份化成分,而缺乏较为明确且具操作性的罚则,这就根本地决定了合作社规范化建设必然是有限规范。同时,政府部门实际上一直将合作社

---

① 徐旭初.新形势下我国农民专业合作社的制度安排[J].农村经营管理,2008(11):13-16.

视为并引导其为"引领农民参与国内外市场竞争"的企业化主体,从而虽然一再在形式上强调和倡导规范性建设,但缺乏行之有效的规制措施。还有,有人或许认为国外合作社多是规范的,其实不然。世界各国合作社发展都具有鲜明的阶段性,且不说国外实际存在着大量不规范的合作社,就说他们今天的规范化也是长期不规范发展的结果。无论如何,我国农民合作社发展的阶段性和特殊性不可不察。

质言之,在现阶段的市场竞争、法律框架和政府规制下,大多数异质性显著、营利性迫切的合作社必然在形式上满足规范化建设要求,但它们实际上是追求运营效率和效益的,导致政府部门的规范化建设活动也就必然是纠结的、勉强的。其实,这与众多企业会去做一些与自身运营并无直接关系的社会活动、众多组织会制定很多规章制度但实际并不实行的普遍现象并无什么不同。

4.如何能规范?

其一,要充分认识合作社的自治组织属性,充分理解合作社发展的实际约束,充分尊重成员的现实选择,充分考虑市场经济环境下简化企业管制的普遍趋势,从而充分认识我国农民合作社发展的阶段性、特殊性及其有限规范性。

其二,要注意把握合作社规范化建设的对象要求,即要对所有合作社提倡规范化,而对示范性或财政扶持的合作社强调规范化。

其三,要着重强化合作社规范化建设的关键环节,一要明确资产产权权属关系,二要完善成员账户和档案,三要健全财务会计、社务管理、盈余分配等各项制度,四要发挥"三会"作用,尊重成员的主体地位,坚持"一人一票"的民主决策办法,五要加强合作社带头人、辅导员培养,六要加强对合作社法及相关法规政策的宣传,等等。

其四,要鼓励设计对合作社企业家有效激励的内生制度机制,将利益导向与奉献导向有机结合起来,以引导他们与农户真正形成利益共同体,进而接受并推进合作社规范化建设。

其五,从根本上讲,要搞好合作社规范化建设,重要的既非法律框架,也非政府引导和规制,而是成员建设!合作社是自治组织,成员建设最重要。没有专业化、规模化、集约化的成员,就难有规范化的合作社,除非是在封闭环境、精英领导、政府强势规制下。所以,适度规模的农户或家庭农场才是合作社规范化建设的基础和前提,以培育主体意识和合作文化为主旨的成员建设才是合作社规范化建设的根本和途径。

无论如何,规范是为了发展,为了长远发展。在当前中国情境中,必须坚持合作社的本质规定性,但同时要在维护合作社生命力和活力的前提下,在尊重农民成员意愿和权利的基础上,加强农民合作社规范化建设;要认识到中国合作社发展的特殊性和阶段性,尊重农民的自主选择,鼓励创新,不要急于对具有中国特色或尚在演进的合作社创新实践进行简单的定性;要深入研究合作社在中国情境中的具体表现形式,并探求合作社创新实践的合意性与合宜性的基本平衡;而且,更重要的是,或许也只有当农民成员真正成长为对自己权利有自觉追求的新型农业经营主体时,农民合作社规范化建设才能够真正开花结果,当然,这无疑不在今天,而在明天或后天。

三、《农民专业合作社法》修法讨论

如今,《农民专业合作社法》颁布施行已届满十年,有关法律修改的呼声、讨论层出不穷,法律修改的进程也已启动。因此,特别讨论如下:

(一)《农民专业合作社法》的修法背景

2006 年 10 月 31 日,中华人民共和国第十届全国人民代表大会常务委员会第 24 次会议,正式通过了《农民专业合作社法》,并自 2007 年 7 月 1 日起正式施行。《农民专业合作社法》立足中国国情,借鉴国际合作社运动的基本原则,正式赋予农民专业合作社法人资格,适度规范合作社的组织行为,明确规定国家的扶持政策,从而为促进和保证各类农民专业合作社发展提供了坚实的法制保障,对促进农村经济发展和农民稳定增收起到了极其重要的作用。这是新中国历史上第一部引导、支持和规范农民合作社的法律,更是我国农民合作组织发展进程中的一个里程碑,也成了继家庭承包经营、发展乡镇企业、农业产业化经营之后中国农村又一项重大的体制创新。

应该指出,与我国农民合作社蓬勃发展同时出现的,是合作社法律制度建设空白所引发的一系列制度性问题(应瑞瑶、何军,2002[①];任大鹏等,2004[②];杜吟棠,2008[③])。世界上绝大多数国家都已经通过相关立法为农业合作社的健康发展创造了一个良好的制度框架,譬如美国、加拿大、法国、德国、丹麦和日本等国均有比较完备的合作社法律体系。相比之下,我国在农民合作组织

---

① 应瑞瑶,何军.中国农业合作社立法若干理论问题研究[J].农业经济问题,2002(7):2-7.
② 任大鹏,潘晓红,龚诚,等.有关农民合作经济组织立法的几个问题[J].中国农村经济,2004(7):41-45.
③ 杜吟棠.《农民专业合作社法》的立法背景,基本特色及其实施问题[J].青岛农业大学学报:社会科学版,2008(2):33-37.

方面的立法则显得相对滞后,在 2006 年之前仍仅仅局限于试点省份的地方性立法(尤以 2004 年 11 月 11 日通过、2005 年 1 月 1 日实施的《浙江省农民专业合作社条例》为典型),一直缺乏更具包容性、全面性、规定性的国家层面上的合作社法律。而《农民专业合作社法》作为中国第一部关于农民合作社的全国性法规,在很大程度上满足了我国农民合作社的相关立法诉求,但其最大的贡献或许在于将原本带有某些"草根"性质的农民合作组织纳入国家正式制度框架之中,从而为政府对农民合作社的种种赋权行为提供制度性基础和保障。

近年来,在《农民专业合作社法》促进下,我国农民合作社发展势头强劲蓬勃,覆盖范围遍及乡村,合作水平大幅提升。合作社规范化发展《农民专业合作社法》首居其功。但是,《农民专业合作社法》在实施中却始终乱象杂呈,众议纷纷,这其中的原因端赖于法律逻辑与实践逻辑之间的背离。我国政府一直以来都是合作社发展过程中包括政治合法性、法律合法性和行政合法性的强势赋权者(苑鹏,2001[①]、2009[②];夏英,2008[③])。在我国整体社会特性和政府全面治理体制中,一个新生组织获取来自政府的合法性支持显得尤为关键。近些年来,无论是在中央还是地方各级政府的视野中,农民合作社都日益成为肩负农业农村经济发展重任的一大重要载体。在《农民专业合作社法》的实践逻辑中,极为重要的一环可能是地方政府。自《农民专业合作社法》颁布实施以来,各级地方政府期望益重,介入日深,影响甚大,从而既有效地促进了合作社的顺利组建和快速扩展,也在一定程度上导致了政策优惠资源的错配,破坏了合作社的独立性和自主性,并对合作社的成员资格、民主控制等内部合法性问题关注不多(郭红东,2002[④];任大鹏、郭海霞,2009[⑤];马彦丽,2013[⑥])。

(二)《农民专业合作社法》的实施问题

《农民专业合作社法》在实施过程中存在的主要问题大致包括:

---

① 苑鹏.中国农村市场化进程中的农民合作组织研究[J].中国社会科学,2001(6):63-73.
② 苑鹏.部分西方发达国家政府与合作社关系的历史演变及其对中国的启示[J].中国农村经济,2009(8):89-96.
③ 夏英.我国农民专业合作经济组织发展中的政府行为与相关政策法规[J].农村经营管理,2008(11):17-21.
④ 郭红东.当前我国政府扶持农村专业合作经济组织发展的行为选择[J].农村合作经济经营管理,2002(5):37-38.
⑤ 任大鹏,郭海霞.多主体干预下的合作社发展态势[J].农村经营管理,2009(3):22-24.
⑥ 马彦丽.论中国农民专业合作社的识别和判定[J].中国农村观察,2013(3):65-71.

1.调整对象问题

一方面,《农民专业合作社法》允许"同类农业生产经营服务的提供者、利用者"共同组建合作社,这体现出对我国农业产业化进程中龙头企业占据主导地位的现状的客观认可(抑或是无奈接受)。同时,该法进一步明确规定"农民至少应占成员总数的80％","成员以农民为主体",力图强调农民专业合作社的"民办、民管、民受益"性质。但实践中,随着各地农民合作社的迅猛发展,一些龙头企业和乡村能人领办合作社后,利用自身的资金、市场、人才优势,构建不平衡的出资结构、治理结构和分配结构,实际上掌握对合作社的控制权和受益权。各种所谓"假合作社"、"翻牌合作社"、"精英俘获"、"大农吃小农"等不合意现象令人议论纷繁。在这些合作社中,基于显著的成员异质性,企业或能人与其他普通成员在共同应对外部市场竞争的同时,大多也形成了内化于合作社内部的某种购销关系,一部分社员赚另一部分社员的钱(张晓山,2009[①];苑鹏,2013[②];徐旭初,2013[③])。显然,这并不符合传统的、理想的或标准的合作社范式。此外,有些合作社成立的目的就是套取国家扶持政策,甚至就是相关主体参与"寻租"的手段。这些合作社的行为违背了《农民专业合作社法》的立法本意,但缺乏相应的规制。

另一方面,《农民专业合作社法》调整对象偏窄,既未将非农民合作社(如消费合作、住房合作、工人合作等)和农民的非专业合作社(如综合性合作社)涵盖在内,也没有对农民专业合作社之间的联合与联盟作出规定,特别是没有涵盖广大农民迫切需要的资金互助类合作社。而与之形成鲜明映照的是,近年来许多新型的农民合作组织如土地股份合作社、社区股份合作社、资金互助合作社、农机合作社、手工业合作社、劳务合作社、旅游合作社等不断出现和发展,既缺乏相应的法律地位,也难辨其合作社质性。因此,应该思考合作社是否仍然强调专业性? 是否应当在基层社基础上包含联合社? 是否应当包含农民资金互助类合作社、农村社会服务类合作社等农业生产经营领域之外的其他合作社类型?

2.登记注册问题

《农民专业合作社法》对合作社的标准规定较为宽松,对合作社登记注册设定的门槛较低(如只须5人以上,有符合章程规定的成员出资等)。同时,

---

① 张晓山.农民专业合作社的发展趋势探析[J].管理世界,2009(5):89-96.
② 苑鹏.中国特色的农民合作社制度的变异现象研究[J].中国农村观察,2013(3):40-46.
③ 徐旭初.科学把握合作社的质性规定与制度安排[J].中国农民合作社,2013(10):37.

《农民专业合作社登记管理条例》规定合作社登记实行备案制，而不是审批制。登记注册中还存在企业注册成合作社、合作社出资不实、工商部门审核不严等问题。调研中不难发现，有的合作社的全部社员都来自一个家庭；有的合作社就是企业的"翻牌"，企业主一个人说了算，却号称有上千成员、实行民主管理；有的合作社出资不实，名义注册出资动辄数百万。更须指出的是，目前普遍存在着名义成员（注册成员）问题，即合作社在名义上只有少数成员，大多数成员并不在注册名单中；有些地方的工商部门并不认真（或者确实没有精力）对合作社登记材料进行审核，而相关部门却因《农民专业合作社法》未予赋权而缺少相应的前置审核权，等等。当然，还要认识到，合作社的主要功能在于扶弱济贫，由弱小者组织起来去对抗强势者。如果我们要求他们过一个"筛子"，把弱小者淘汰，强势者去办合作社，就背离了合作社本来的价值目标。另外，合作社是不是需要设立合作社年检制度？目前，公司年检制度已经取消，由公示报告制度替代，合作社更无需年检制度。

3.成员出资问题

成员出资问题是合作社的重要问题之一。与 2005 年实施的《浙江省农民专业合作社条例》规定成员人人必须出资、每个成员出资不得超过 20％不同，《农民专业合作社法》规定"有符合章程规定的成员出资"，并未对成员出资作出法律限制。这照顾了许多低收入农民参加合作社的意愿和能力，但也意味着在合作社里有些成员可以不出资。虽然有些成员也不愿意出资，但也有些合作社的核心成员有意拒绝成员出资，更有些合作社在章程中就明确设立股东成员和非股东成员，并且有意设置不平衡的权利。

有专家强调指出，持有股份是成员身份的重要标志，也是成员行使民主权利的基础(潘劲，2011[①])。实际上，虽然社员持股或股权结构并不是合作社最关键的问题(治理结构及机制才是最关键的)，但可以预知，股份化(资本化)倾向愈显著，则所有权结构就愈会对合作社的治理结构产生影响。显然，这种不平衡的股份化出资结构，通常直接导致了合作社的治理结构、分配结构的不平衡，也深深影响了成员对合作社的认同、对合作社事务的参与度和合作社成员的凝聚力。正如有社员说："反正我也没有股份，我愿意(把农产品)卖给它(合作社)就卖给它，不愿意就不卖。它不管我，我也不管它。"

4.合作社章程问题

为体现合作社"民办、民管、民受益"性质，《农民专业合作社法》对许多问

---

① 潘劲.中国农民专业合作社：数据背后的解读[J].中国农村观察，2011(6)：2-11.

题并未规定,而是留给合作社章程加以规定。据统计,《农民专业合作社法》中有 41 处提到合作社章程,其中有 39 处规定要由章程决定,这就充分意味着章程在合作社中的基础性地位。但是,许多合作社在创立时没有根据合作社的具体情况,对合作社章程进行深入细致的研究和起草,而是照抄照搬国家出台的示范章程,千篇一律地向工商部门提供。但示范章程不能代替各合作社的章程,这些合作社的现状是一种十分不理想的"章程虚置"现象,极大地妨碍了合作社及其成员发挥主观能动性、实行民主管理。

《农民专业合作社法》规定合作社设立大会时"章程应当由全体设立人一致通过",而且也规定成员大会行使"修改章程"职权。但不少合作社由于出资结构、治理结构的不平衡,事实上普通社员很难修改对自己并不有利的条款,从而他们也就选择无视章程、自行其是的做法。与之相应,社员违反章程行为的可诉性也值得怀疑,社员违反章程约定的出资义务、交易义务、质量保障义务等,甚至对合作社整体利益构成损害的,合作社很难让其承担相应的责任。

5. 治理结构问题

不难发现,在《农民专业合作社法》实施过程中存在的最大问题是合作社的治理结构问题。虽然《农民专业合作社法》明确规定了合作社的法定机构(成员大会、理事会和监事会)及其职责,更明确规定了基本表决权与附加表决权相结合,许多合作社也在章程中有着相应的民主管理的条款,但现实中,相当部分合作社治理结构形同虚设,民主管理有名无实。有的合作社从不召开成员大会;有的合作社尽管不足 150 人也只开几个人的所谓成员代表大会;有的合作社从不公开财务;有的合作社干脆按股投票。许多合作社受核心成员影响很大,普遍存在"选举不过是确认,讨论不过是告知,监督不过是附议"的现象。尽管这些情况中有一部分属于普通成员自愿让渡决策权的情况,但大多数情况则无疑违背了合作社的本质属性,也难以保护成员的合法权利。

实际上,由于合作社的剩余索取权既不可转让,也不可分离,它们不能市场化,这样就会在合作社内部存在许多代理或控制问题,这主要表现为普通成员与核心成员(龙头企业或能人大户)之间的委托代理关系。有专家认为,农民社员能否成为专业合作社的主体,合作社的资产所有权、控制决策权和受益权是否能主要由他们拥有,这应是农民专业合作社未来走向健康与否的试金石,而这也必须由实践来检验(张晓山,2009[1])。

---

[1] 张晓山. 农民专业合作社的发展趋势探析[J]. 管理世界,2009(5):89-96.

6. 盈余分配问题

尽管《农民专业合作社法》明确规定了合作社的分配原则,但许多合作社没有做到《农民专业合作社法》规定的二次返利不得低于可分配盈余的 60%,大多数盈余被一些核心成员(往往是企业、大户)获得。调研中不难发现,一些学者和社会人士对此反应强烈,批评纷繁;但同时普通农民社员并没有想象中的那么大的意见,他们大多是将自己与合作社的关系定位成类组织的关系交易,而不是合作社内部的交易和分配关系。其实,在当下合作社存在鲜明的资本化趋势的情形下,农民社员会根据收益、成本和风险的边际水平和风险偏好来选择资本参与、业务参与、管理参与的程度,并利用择机交易和适时退出来实现对自身利益的基本保护。但是无论如何,盈余分配问题都是当下一个最敏感的现实问题,毕竟社员参与合作社的根本目的在于利益,毕竟社会各界格外关注合作社现实形态的合宜性。

7. 土地入股的法律规范问题

土地经营权入股农民合作社其实有两种类型,一部分是农民专业合作社吸收了农民的土地经营权作为股份,还有一部分是合作社的组建就以农民的土地经营权入股为基础。不论哪一种类型,都会涉及一人一票与一股一票之间的冲突。如果土地经营权转化为股份,作为合作社的成员,体现的则是股份的话语权,而不再是成员身份的话语权。所以股份的概念与合作社制度是否兼容的问题没有通行的答案。现行合作社法律制度不能完全涵盖土地经营权股份或土地经营权入股的现象,尤其是目前相关法律政策还在改进,包括2014 年中央一号文件提出土地承包经营权抵押,将来对于土地承包经营权清偿能力可能会有越来越宽松的环境,那时土地才会真正确立股份的概念,现阶段其实还不是,因为家庭承包土地目前并不具备完全的清偿能力,所以土地股份与货币股份不同值,这时又怎样理解同股同权、同股同利的原则?

8. 政府扶持和监管问题

《农民专业合作社法》明确规定"国家通过财政支持、税收优惠和金融、科技、人才的扶持以及产业政策引导等措施,促进农民专业合作社的发展","国家鼓励和支持社会各方面力量为农民专业合作社提供服务","县级以上各级人民政府应当组织农业行政主管部门和其他有关部门及有关组织,依照本法规定,依据各自职责,对农民专业合作社的建设和发展给予指导、扶持和服务",也相继出台了相应的税收优惠政策和许多财政扶持政策。

但现实中,一方面有些地方政府依然"干打雷不下雨",缺乏实质性扶持;有些税务部门迟迟不落实相关优惠政策;依然很难看见有什么"社会各方面力量"提供服务;此外有些地方至今还是"九龙治水",扶持资金分散,主管部门不明。

而另一方面,不少人认为政府对合作社的干预使得合作社的边界有泛化倾向(马彦丽、黄胜忠,2013①;任大鹏,2014②)。

实际上,不少地方政府一直以来就视合作社为能带动当地农村经济发展的农村小微企业,更强调和激励的是合作社对社员和非社员的带动性,而不太注意对合作社运作规范性的规制。可以认为,未来我国农民合作社发展的核心问题在很大程度上就转化为如何建构合作社自治与政府规制的合理平衡的问题。

9. 合作社之间联合与联盟问题

在国际合作社联盟的《关于合作社特征的声明》中,明确规定了"合作社之间的合作"原则,提倡"合作社通过地方、全国、地区和国际层次的合作,最有效地服务成员和加强合作社运动。"目前,在农业市场化、产业化、国际化的背景下,合作社的发展面临着更加激烈的竞争,然而在《农民专业合作社法》中并没有相关的合作社与合作社之间的法律规定,这不利于合作社联合社的建立和推广。目前,各地具有实质性经营服务活动且运行规范的合作社联合社并不多,也缺乏具有实质性功能和活动的合作社联盟(如合作社联合会)。

10. 培训、教育以及社区服务方面的问题

国际合作社联盟在《关于合作社特征的声明》中明确规定了"关心社区事业。通过成员同意的政策,合作社为社区的可持续发展服务。"而《农民专业合作社法》缺乏这方面的规定。

(三)《农民专业合作社法》的修法思考

关于《农民专业合作社法》修法问题,以下问题或许是值得认真思考的:

1. 如何看待合作社立法意旨

合作社立法意旨问题,实质上是回答合作社的功能期待问题,即政府和立法机构希望合作社起什么作用的问题。这个问题的本质是合作社的理论(理想)功能与实际(实践)功能如何平衡的问题。

与其他农业生产经营主体不同,合作社被外界赋予了过多的功能期待。

---

① 马彦丽,黄胜忠.农民专业合作社:理论研究中的泛化和实践中的异化[J].新疆农垦经济,2013 (8):7-12.
② 任大鹏.农民专业合作社法律修订的几个问题[J].中国农民合作社,2014(4):49-50.

与此有点相似的是龙头企业。合作社实质上是市场主体,要为社员提供他们需要的(而不是别人认为他们需要的)服务,要面向市场,要参与竞争。国际合作社运动170多年的历程,可以看作是一个从社会组织向经济组织与社会组织兼顾、进而以经济组织为主的组织转型的过程,原来社会运动的色彩日益得以调整和修正。譬如:在对公平、平等的认识上,从惠顾者人与人之间的公平、平等转向惠顾要素之间的公平、平等;在成员权利与成员责任的关系上,从两者不挂钩到挂钩;在企业治理方面,从依赖成员的自我约束、自我管理、自我奉献,转向更多依靠现代企业治理方法和激励手段;在成员权利方面,从无前置条件的权利转向多种约束下的权利;对于资本的认识方面,逐步从轻视、敌视转向重视、包容;新型农民合作社不再认为成员可以自由进入和退出,不再认为成员惠顾可以随意变化,不再认为成员出资靠自觉自愿,不再认为成员资本的使用是免费或者低成本的,不再认为合作社的业务局限在合作社内部;随着相关认知的变化,新型农民合作社在资本来源方面,日益采用"请进来,走出去","请进来"指允许非成员向合作社提供资本并赋予剩余索取权,"走出去"指发挥合作社资本的杠杆作用,去控制、调动更多的外部资本;在资本与所有权关系方面,从资本与所有权分配不关联到允许资本与非核心所有权(剩余所有权)发生关联;在资本安排方面,为了让出资产权明晰,可以让资本数量固定、资本不可退回和出资可流转;等等。

此问题的核心在于如何合理地规制一个处于不断深刻变化又具有相对稳定制度属性的组织发展问题。"合作社法律或者合作社政策的制定,须建构在一定的价值目标、基本原则基础上。"[①]显然,不宜让这部法律承载太多东西,也不宜让合作社承载太多东西,否则,一定会出现许多名实不符的问题和现象。

2.如何看待合作社发展现状

近年来,农民合作社发展成效很大,问题很多。但是必须认识到,这些问题有些是法律规定的问题,还有很多并不是法律规定的问题,而是政府行为问题、基层异化问题等。后者即便法律有针对性地规范,也不一定能够解决。要避免在修法时试图规范那些并非法律规范能够解决的问题。

特别是中国国情与他国不同,主要如经济社会变迁太快,许多问题并非贯序出现,而是混合涌现。我国农村集体经济制度的因素,我国强势政府行为惯

---

① 任大鹏.农民专业合作社法律修订的几个问题[J].中国农民合作社,2014(4):49-50.

性的因素,我国农村社会基础秩序因素,农村从业人口变迁趋势、农村电子商务发展趋势、工商资本进入农村农业的趋势等,所有这些,都意味着不能简单、片面地评价农民合作社发展现状。相应地,合作社修法还是要开口子,不要一味地堵。

3.如何看待合作社国际经验

合作社发展的国际经验值得借鉴,特别是要站在国际合作社实践发展和法律变迁的角度加以借鉴。

譬如,美国农业合作社大致有三大类:传统农业营销合作社、新一代合作社、有限合作社,其法律也相应地对应此三大类合作社发展实践。传统农业营销合作社的基本特征是成员资格开放、创办资本和创办出资少、资本流动性弱、成员只有交付权而没有交付义务、成员只能获得少量的"惠顾返还的现款",它是由农民增强讨价还价力量的客观需要与股份公司这种组织方式之间的矛盾催生的。新一代合作社基本特征是成员资格"闭锁"、合作社所需的资本巨大和创办成员出资多、资本流动性强、成员有交易的权利和义务、成员可以获得大量的"惠顾返还的现款",它是由农民进入食品加工环节的客观需要与传统合作社的束缚之间的矛盾催生的。有限合作社的基本特征是成员分为"惠顾成员"和"投资成员","惠顾成员"表决权和收益权受到特殊维护。它是农民借助"外部资本"进入食品加工环节的客观需要与传统合作社制度之间的矛盾催生的。从立法角度来看,我国既有占大多数的传统农业营销合作社,也有少量的新一代合作社和类似有限合作社的股份合作社形式,所以,我们在修法中要立足传统农业营销合作社,更要包容新一代合作社和类似有限合作社的股份合作社形式,因为今后我国可能有越来越多的合作社趋于后两种,而非前者。

再如,2011年韩国农业合作社法调整,强调管理民主化、业务多样化(粮食土地股份合作、果菜花专业合作、加工与出口贸易、城乡交流等)、社员多元化(正社员＋准社员＋会员,农民合作社→农村居民合作社)、经营企业化等;日本市场化改革中推进日本农协市场化;我国台湾地区农业合作社法律调整,主要强调综合立法→专门(分业)立法,社务辅导→业务辅导,更趋符合国际合作社联盟(ICA)合作社原则,更趋向反映与指导农业合作社实践,规避与其他合作社法律的冲突等。

以上有几点值得在修法时加以注意:要考虑合作社的市场竞争和产业化发展;要考虑合作社在专业化基础上的综合化发展(这里的综合化发展并非是

日本农协模式,而是指合作社业务多样化);要考虑成员资格多样化,但更要坚持保护惠顾者成员(主要是农业生产者成员)的权益;要强调社务指导和业务指导①;等等。

4.如何看待股份合作

近年来,在所谓"假合作社"、"翻牌合作社"、"精英俘获"、"大农吃小农"等批评的背后,很大程度上存在一个无法回避的理论问题,即何看待股份合作制度、组织及形态的问题。

农业农村领域中的股份合作组织及形式大致有三大类:农民专业合作社的股份合作形式、土地股份合作组织、社区股份合作组织。从修法上看,面临着两个问题:一是如何适当规制农民专业合作社的股份合作形态,使之既能够有效包容新一代合作社和有限合作社形式,又不过于背离合作社基本原则?二是如何解释土地股份合作组织、社区股份合作组织的合作社属性?

解释土地股份合作组织、社区股份合作组织的合作社属性问题,核心是解释在这两种组织形态中的成员惠顾。如果他们是合作社,那么社员们对合作社的惠顾体现在哪里?这也许是中国的合作社理论的最大挑战和对合作社理论的最大贡献。

从理论上讲,任何经济组织都是基于某种基本要素来建构,并进行所有权安排的。企业是基于资本,合作社是基于惠顾。现在看来,惠顾可能要分为直接惠顾和间接惠顾,前者是指成员以其生产的生产成果进行投售(农民专业合作社就是如此),后者是指成员以其拥有的基本生产要素(如土地)进行委托生产并进行投售。据此,或许可以认为合作社可以分为业务惠顾型合作社与要素惠顾型合作社。这样,后者与公司又有什么区别呢?区别就在于要素惠顾型合作社实行根据人本的民主控制,这也是合作社与企业的根本区别。一方面,合作社与企业都是为成员服务,合作社为成员提供业务交易服务,旨在获得业务交易收益最大化;公司为成员提供资本交易服务,旨在获得资本交易收益最大化。正是在此意义上,合作社与企业有差异,但差异不大。所以,美国著名法学家汉斯曼(Hansmann)甚至认为,"总的来说,合作社是一种由客户掌握所有权的企业,而向企业投入资本的人只是合作社众多客户中的一种,所

---

① 在我国农民合作社发展的现阶段,考虑到合作社知识的缺乏和治理结构的不对称,对合作社的社务指导是至关重要的。同时,考虑到管理经营知识和市场营销能力的缺乏,对合作社的业务指导也是不可或缺的。

以,商事公司其实只是合作社的一种特殊表现形式。"①另一方面,合作社是基于人本的控制,企业则是基于资本的控制,这才是合作社与企业最本质的区别。所以,如果修法将土地股份合作社、社区股份合作社放进去,民主控制的底线一定要守住,惠顾者(包括直接惠顾者和间接惠顾者)民主控制的底线要守住,因此要坚持维护惠顾者成员(主要是农业生产者成员)的权益,严格限制外来资本(或非农业生产者)的投票权。

5. 大改、中改还是小改

所谓"大改",就是将《农民专业合作社法》改为"合作社法",类似中国台湾地区的"合作社法",涵盖所有的合作社类型。所谓"中改",就是将《农民专业合作社法》改为"农民合作社法"。所谓"小改"即还是《农民专业合作社法》。

正如有学者认为的,"在揭示合作社的法律属性上,我国《农民专业合作社法》比以往任何一部法律都更接近于正确。"②我们认为,《农民专业合作社法》不宜"大改",可以"中改"或"小改",最好"小改"。理由主要如下:第一,从现实看,中国农民合作社发展还处于初级阶段,这个时候如果要出台"合作社法",理论上势必要包括城市的、农村的,工业的、农业的、第三产业等各类合作社,如此则法律调整对象太多,很多问题说不清楚。第二,如果有可能改为"农民合作社法",从历史上看,中国现实中具备合作性质的组织有五类:专业合作社、社区合作社、供销合作社、信用合作社、手工业合作社。其中,信用合作社已经基本上向商业银行转变,越来越不具备合作社性质,而我们应该关心真正的合作金融;供销社因为产权的复杂性和历史的沿革,基层供销社已经基本瓦解,现在的供销社最终所有权不清晰,或者说最终所有者(即投资者主体)缺位,各级供销社实际上是由几个或一群拥有控制权而缺乏收益权的内部人(主要是各级供销社的中高级管理人员)控制的商业组织,具有一定的特殊性和公益性,但可以肯定的是已经不具备合作社性质,从产权上说与农民已经没有什么关系了,以后应该进行单独立法处理;社区合作社,严格说起来不是合作制,而是集体所有制、共有制,其财产是不能分割的(例如土地),但它又具有一定的合作社性质,在某种程度上符合合作社"服务成员、民主控制"的制度规定

---

① Hansmann H B. The Ownership of Enterprise[M]. Cambridge:The Belknap Press,1996:12. 汉斯曼的这个观点近年来被不少合作经济研究者广泛引用,其实在一定程度上是误用。从汉斯曼的这一观点出发,可以得到两个基本推论:(1)合作社本质上是一种企业形式;(2)合作社是一种由客户(即与合作社有交易关系的惠顾者成员)掌握所有权(这里的所有权是以剩余控制权和剩余索取权为主的广义所有权)的组织。

② 马跃进. 合作社的法律属性[J]. 法学研究,2007(6):31-43.

性,也宜专门立法,或者也可在"农民合作社法"中略有提及;手工业合作社比较少,也不必专门提及了。

基于此,现行《农民专业合作社法》的修改,应该基于农民专业合作社来适当扩大调整范围,应该包括土地股份合作组织、联合社,也可以审慎地涉及合作社内部开展信用合作;但没有必要涉及社区股份合作组织,也不宜涉及类似日韩模式的合作社联盟,更不可涉及供销社改革问题。

(四)《农民专业合作社法》的修法建议

基于《农民专业合作社法》的修法预期,建议对《农民专业合作社法》以下若干方面进行适当修改:

1. 应适当扩大合作社法的调整范围

(1)本法的农业概念所指的是大农业,包括农业副产品和体现农业多种功能的相关产品,涵盖农机合作社、乡村旅游合作社、农村手工合作社等新兴合作社组织形态。

(2)应取消关于合作社营业范围为某一类特定农产品的限制,养猪的为什么不能销售本社成员生产的蔬菜?

(3)应适应当前及未来一段时间内农业规模经营和土地制度变革的现实发展,将以农村土地经营权入股的合作社(即土地股份合作社)列入调整对象。

(4)应适应我国合作金融发展现实,将资金互助合作社、专业合作社开展内部资金互助列入调整对象,但应对其主管和监管作出特别说明。本法第二条第二款可改为"农民专业合作社以其成员为主要服务对象,提供农业生产资料的购买,农产品的销售、加工、运输、贮藏,与农业生产经营有关的技术、信息、资金互助,与农村生活相关的手工品的制作、销售、运输、贮藏以及农村旅游资源开发、经营等服务"。

(5)应包括以基层社为基础设立的合作社联合社,并独立成章、设立条款。"以基层社为基础设立的合作社联合社适用本法"。

(6)现实中的沼气合作社、劳务合作社、富民合作社、农村用水户协会等是否列入调整范围,需要进一步研究。最好不要明确列入这些界定模糊的合作社形态,但也不禁止。

(7)由农村集体经济组织股份制改造形成的农村社区股份合作社不宜适用本法,宜另行专门立法调整,或简单提一下。

(8)不包括类似日本、韩国和我国台湾地区的综合农协的形态,也不宜包括如浙江省"三位一体"的农民合作经济组织联盟形式,那些是社会团体性质主体。

(9)那些非农业农村领域的合作社可另行立法,或待更长时间以后再行合并立法。

2. 应适当限制合作社的成员资格

(1)应继续保持80%的农民比例。应继续坚持低门槛的登记制度,毕竟国家、社会支持农民合作社发展是有着显著的益贫旨趣的。

(2)应以户入社。从农村以家庭承包经营为基础来看,以户计更为适宜。

(3)应将农民概念扩展到依法取得土地经营权并直接从事农业生产经营的城镇居民、从事农业生产经营的大学生、国有农场(林场、牧场)的职工等。

(4)可以考虑将成员出资义务法定化,即每个成员必须出资。但此问题依然值得进一步探讨。

(5)可以考虑将"企业、事业单位或社会团体成员"列为类如日韩的"准社员",对其投票权、收益权作出不同于农民社员的规定。不过,这一做法要慎重,需要进一步探讨。

(6)可以考虑设立优先股。不过,这一做法要慎重,需要进一步探讨。

(7)在坚持入社自愿原则的前提下,合作社的成员资格固然不宜统一规定,但也不宜过分依从设立人的意见,应通过一定的法律规定使得合作社的成员资格问题具备实质上的可操作性和可监控性。

3. 应适当规范合作社的内部组织机制

(1)应考虑将成员出资义务法定化,即每个成员必须出资。但此问题依然值得进一步探讨。

(2)应坚持合作社在法律框架内自主制定章程。合作社是一种自治组织,自我规制一定要坚持。目前一些因部分合作社出现的不规范现象而要求加强对合作社进行各种外部规制的想法是有悖市场经济法则的。

(3)一人一票为主,附加表决权为辅,应坚持。

(4)民主控制的底线一定要守住。惠顾者(包括直接惠顾者和间接惠顾者)民主控制的底线要守住,因此应严格限制外来资本的投票权。

(5)保留超过150人可以设立成员代表大会的规定,但应设立成员代表的下限(譬如至少20%),以在一定程度上减少"内部人控制"问题。

(6)不应设立合作社年检制度,但应强调对接受财政支持的合作社在项目期内提出年报的要求。

(7)可以考虑建立合作社成员权救济制度,如涉及成员的退社权、决议的无效或可撤销、查阅财务会计材料、成员代表诉讼、派生诉讼、解散合作社等。可考虑让农业行政主管部门承担此职责。此问题值得进一步探讨。

4. 应适当规范合作社的盈余分配机制

（1）应坚持二次返利不低于 60%，其余部分按比例分配的分配原则。不过，应将"本社接受国家财政直接补助和他人捐赠形成的财产平均量化到成员的份额"说得更清楚些，现在该说法容易引人误解。

（2）能否以一次让利方式替代二次返利，需要进一步探讨，不应在法律中规定。

（3）应提出经理人员等的工资应在经营成本中列支。看起来这句话说不说没有多大区别，实际上说了是有作用的，有利于为激励经理人员提供法律依据。

（4）可以提出"公益金"概念，并明确上限（如 10%）。在理论上，公益金不同于公积金，公积金是要量化到人的，公益金无须量化到人，实际上为内部人控制。

（5）应明确规定合作社以与成员交易为主，与非成员交易比例不得高于50%；与非成员交易部分应依法纳税。

5. 应适当规范土地股份合作社

（1）本法所指的土地股份合作社，是在农村家庭承包经营基础上，农户自愿以承包地经营权入股，并据此参与民主管理和盈余分配的农民专业合作社。

（2）土地股份合作社是中国特定土地制度下的阶段性产物，它的生产经营方式突破了"生产在户、服务在社"的农民专业合作社的经典特征。

土地股份合作社基本符合本法定义的"在农村家庭承包经营基础上，同类农产品的生产经营者或者同类农业生产经营服务的提供者、利用者，自愿联合、民主管理的互助性经济组织"范畴，即可以将土地入股农户视为同类农业生产经营服务的提供者或利用者，入股农户与合作社之间的惠顾要素是承包地经营权，合作社仍然符合自愿联合、民主管理的本质规定性。

（3）基于中央的政策精神和各地的土地股份合作社实践，可以明确土地入股的应是经营权而非承包经营权。这也意味着，入股的经营权是更应该具有债权属性的，而不应是具有用益物权性质的承包经营权。当然，理论界对此问题仍存在争议，值得进一步探讨。

（4）土地入股折价是否应该计入合作社出资总额，土地股份合作社中如何体现惠顾额返还？如果计入出资总额，可能导致合作社在破产情况下将入股土地抵债。因此，鉴于相关上位法限制，为降低承包地财产纠纷可能，不宜将入股土地计入合作社出资总额，仅作为参与合作社盈余分配或亏损承担的依据。这可以呼应土地入股的债权属性，也可以呼应实践中大量土地股份合作社存在的基于债权属性的"保底收益"分配方式。进一步而言，由于多数土地股份合作社根据粮食产量折算土地入股金额与保底收益，所以，可以将入股土地面积视为土地入股农户对土地股份合作社的惠顾额（量），并据此分配经营利润，这也呼应了实践中多数土地股份合作社在"保底收益"之外同时存在的基于入股土地面积的二次返利分配方式。这种操作思路也符合本法第三十七条可分配盈余"按成员与本社的交易量（额）比例返还，返还总额不得低于可分配盈余的百分之六十"的规定。

（5）合作社清算时土地入股农户如何承担责任，土地入股成员如何申请退社？一旦合作社清算，土地入股农户仅以入股土地的折价出资总额为限承担保证责任，这样也符合仅将入股土地记作经营利润分配或亏损承担依据。基于本法第三条"入社自愿、退社自由"的原则规定，土地入股成员可以申请退社，但鉴于土地要素的特殊性，应要求土地股份合作社在章程中约定土地入股成员的退社具体程序与方式。比如在退社时间上，土地入股农户成员应该在本年度生产结束之后、下年度生产开始之前提出申请；如果入股土地已经建设成为设施农业用地不方便退出，则合作社可以与退社农户协商继续在一定时间内持有该地块，并以该区域农地的平均租金价格给予土地入股农户合理的经济补偿；土地入股农户也可以同合作社协商置换成其他地段的等面积、等质量的土地进行耕作。

（6）土地股份合作社的民主决策与其他类型农民专业合作社相同。

6. 应适当规范合作社开展信用合作

（1）农村合作金融或农民信用合作，组织机构复杂，运营风险较大，在实际运营中难以保障农民的实际权益，应慎重对待。但考虑到中央的政策精神和各地的农村合作金融实践，应在本法中有所体现。无论如何，此事应尽可能立法谦抑，宜粗不宜细。

（2）合作金融，是指以合作制为制度内核和运行准则的金融制度、金融组织以及金融活动形态，其以满足成员信贷需求为目的，成员兼具所有者（投资者）和客户（消费者）的双重身份，并基于民主控制原则运营。

在当今中国的情境下，合作金融大致包括经银行业监督管理机构批准成立的农村资金互助社，以财政扶贫资金为引导的村级发展互助资金，以国内外非政府组织扶贫资金为引导的社区发展基金，在农民专业合作社内部开展的信用合作，以及由非政府组织、银行、信用社、部分农村居民等发起提供的各类小额信贷。本法如欲规制,则大体应是前四种形式,而不包括小额信贷。

(3)资金互助合作社,或合作社内部开展信用合作,应坚持"社员制、封闭性原则",即可以在成员内部吸收存款和发放贷款,但不可以向非成员吸收存款或者发放贷款。

(4)如成立专门的资金互助合作社,应先经银监部门审核,再办理工商注册登记。如合作社内部开展信用合作,则无须经银监部门审核,也无须办理工商注册登记(因为合作社注册登记了),但应向银监部门、农业行政主管部门报备。

(5)应对资金互助合作社,或合作社内部开展信用合作的从业人员资格、存贷利率作出明确规定。

(6)应明确规定资金互助合作社,或合作社内部开展信用合作的从业人员的法律责任。

7. 应适当规范合作社联合社

(1)两个以上的农民合作社可以设立合作社联合社,经工商行政管理部门登记注册取得法人资格。联合社以其全部财产对债务承担有限责任。

(2)合作社加入联合社,应当按照联合社的章程规定出资,并以该出资额对联合社的债务承担有限责任。

(3)联合社应实行一社一票,不宜设附加表决权。

(4)盈余分配,60%的可分配盈余应当按照基层社与联合社之间的交易额惠顾返还,其余部分按照基层社在联合社中的出资比例分享。

(5)应允许各地以适当形式进行合作社联盟的建设。

8. 应适当规范政府部门对合作社的扶持行为

(1)应强调对合作社的普惠政策,而非目前流行的选拔式扶持。

(2)应明确提出政府对合作社培训教育、人才培养等方面的支持。

(3)应允许各省(区、市)出台既依据本法又契合当地实际的地方性实施条例,确保地方立法的自由度。

四、以改革精神推进中国农民合作社事业

农民合作社是在我国农村基本经营制度基础上农业生产经营者自愿联合、民主管理的互助性经济组织。在当今中国农业转型和农村发展的时代情境中,要以改革精神推进中国农民合作社事业。

（一）要建立和坚定使市场在资源配置中发挥决定性作用和更好发挥政府作用的理念

这意味着在农民合作社发展进程中，要尊重市场规律和合作社发展规律，尊重农民和基层的创造性，尊重农民专业合作社发展经验，求真务实，勇于创新。要继续坚持我国农民专业合作社的发展特色和宝贵经验。近些年来我国农民专业合作社发展的特色和经验大致可概括为：服务社员、面向市场，民主管理、多元参与，强调共赢、注重公平三个方面。这也是今后农民合作社建设和发展中应继续坚持的基本理念。

（二）要深刻把握中国特色和国情，科学借鉴国际合作社发展经验，积极探索中国特色农民合作社道路

一方面，要深刻把握我国农村基本经营制度的阶段性、特殊性和演化性，高度重视我国工业化、市场化和新型城镇化背景下农村劳动力流动、人口分化等对合作社发展的影响，深入研判我国现代农业发展的集约化、规模化、社会化和组织化要求与合作社发展的实践关系；另一方面，要科学借鉴国际合作社发展经验（特别是其历史发展趋势及其对我国农民合作社发展的适用性），既用心汲取，也不简单照搬，同时更要勇于探索中国特色农民合作社道路。

（三）要积极拓展农民合作的领域和功能，勇于探索既适应中国农业农村发展实际又符合合作社核心理念和发展趋势的各类农民合作社发展模式，把合作社的制度优势引入农业农村发展各环节各领域中

要进一步解放思想，不死抱理论教条和法律条文，只要有利于农民增收、农业发展和农村进步，都可以允许农民和合作社大胆探索；只要是政策法规没有禁止或限制性规定，都可以允许农民和合作社自主尝试。要积极发展联合社及其他形式的合作社之间的联合体，积极发展有利于促进农业规模经营的土地股份合作社，积极探索以农民为主体、服务社员、民主管理的资金互助合作社，积极探索各类服务社员、民主管理的社区股份合作社，积极鼓励逐步建构多层次、多功能、覆盖大多数农民的、有中国特色的合作经济组织体系。

（四）要积极促进农民专业合作社创新经营机制，提高竞争能力，真正成为引领农民参与国内外市场竞争的现代农业经营组织

要积极鼓励和支持合作社在经营规模、品牌提升、科技进步、市场影响、加工能力、商业潜力等方面的创新经营机制。要争取在大多数优势产业、主导产业中培养出一些有规模、有品牌、有技术、有市场、有加工、有潜力,同时产权安排平衡、治理结构健全、分配制度规范、联结社员紧密、辐射范围宽广型合作社或合作社联合社。要鼓励有条件的合作社自办加工企业,逐步从"公司＋合作社＋农户"模式发展到"合作社＋公司＋农户"模式。要探索专业合作与信用合作相结合、专业合作与社区合作相结合的有效形式。

(五)要积极创新农民合作社发展中的政府行为

要在确保合作社质性底线的基础上,掌握好合作社发展的合意性与合宜性的平衡。要在维护合作社生命力和活力的前提下,在符合法律基本要求和体现合作社核心理念的层面上,推进农民合作社规范化建设和持续健康发展。要深刻体认我国农民合作社发展的现实水平,不对合作社发展进行过于刻板的规制,使合作社发展具有更大的包容性。同时,要重视合作社内部组织建设(特别是治理结构和收益分配),着重加强示范性合作社规范化建设,加强对财政扶持资金发放、使用的监管和评估。要建立健全并落实相关配套的法规政策支持体系,特别是进行《农民专业合作社法》修改工作。要鼓励合作社运用现代经营管理的科学方法提高其盈利能力、竞争能力和自我发展能力。要着力打造各地合作社的公共服务平台。要注重普及合作社知识及相关政策法规,培育合作社文化,等等。

第二章
《农民专业合作社法》修改问题观点选编①

马彦丽：北美农业合作社修法对我国的启示②

在北美，虽然确实出现了许多合作社异化为公司的现象，但是一般商业机构会自主在注册为合作社还是公司制企业之间选择，并没有出现我国存在的大量由加工企业、运销公司、经纪公司等牵头组建"假"合作社的问题。北美地区对新型农业合作社的立法有两点值得借鉴：一是强调惠顾者成员的出资义务；二是在"有限合作组织"中分别限定惠顾者成员和投资者成员的权利，在合作社层面上，它更类似于一个由惠顾者成员组成的合作社与外部投资者共同投资组成的合伙企业，各自发挥不同的作用，同时又有合作的空间。

强调惠顾者成员的出资义务是保障合作社惠顾者所有的基础。美国各州的农业合作社一直通过"资本赎回计划"努力使合作社成员的惠顾额与投资额挂钩，这样会使按投资额分配还是按惠顾额分配由两个问题变为一个问题，使合作社内部的产权变得更加明晰，也能提高成员参与合作社事务的积极性。

分别限定惠顾者成员和投资者成员的权利可使双方的责权利更加清晰。在"有限合作组织"中，惠顾者成员和投资者成员虽均享有表决权，但两者的权利是有差别的，惠顾者成员是按一人一票原则进行投票，而投资者成员遵循一股一票或章程规定，两者之间投票权的分配依法律规定或者按双方的贡献由章程自治。

虽然一些细微的合作原则被舍弃，但是北美地区的合作社一直未突破"使

---

① 几点说明：主要选编了近年来关于修法的讨论观点，较少涉及前几年对合作社法的讨论；依据作者姓氏笔画对观点进行了排序；出于编辑考虑，也对个别文字和标点符号进行了必要修改。

② 马彦丽. 北美农业合作社修法对我国的启示[J]. 中国农民合作社，2014(9)：36-37.

用者所有、使用者控制和基于使用进行分配"这一框架,在较高的程度上为农民和社会所接受。张晓山提到合作社内部利益分配问题时曾说:"在合作社内部,龙头企业与农民成员如何建立紧密型利益联结机制?这种机制应该是公平合理的利益联结机制,它能否建立就要看合作社内部的所有权、控制权和受益权在作为成员的专业农户与龙头企业之间怎么划分。"从北美的经验看,这种权利的划分和利益联结机制的建立,不能仅仅依靠合作社大股东的奉献精神,更要有完善的立法作为保障。

孔祥智:《农民专业合作社法》修订应关注 5 个问题①

1. 盈余分配问题

《农民专业合作社法》第三十七条明确表示合作社的盈余是由交易量(额)产生的,没有交易量,就没有合作社盈余。这在逻辑上当然是没有问题的,但问题在于:交易量是怎样产生的?

从发达国家看,不论是消费者合作社,还是生产者合作社,同质性的比例较大,而当前我国的农民合作社,大都呈现出较强的异质性特征,其交易量存在的基础是资金、固定资产、劳动等要素的投入,如果合作社盈余主要按照交易量(额)进行分配,显然是极不公平的。解决这个问题有三个途径:一是要求成员都要入股,每个合作社成员都要规定基本股金,强调基本股金是按交易量分配的依据;二是对个别股金较多的成员,超过基本股金以上的部分按照银行利率给予分红,或者规定合作社将盈余按一定比例用于股金分红;三是对于包括理事长在内的少数核心成员的劳动投入要通过付给报酬给予承认。

2. 联合社问题

由于多方面的制约,合作社法没有涉及合作社之间的联合,即联合社问题,这是本法的最大缺陷之一。从目前情况看,各地的联合社主要有两种类型:①同业合作社之间的联合,又可分为紧密型联合和非紧密型联合。②不同业合作社之间的联合,这种联合的主要作用是形成群体力量,共同促进某项政策的出台等,也有的具有共同销售农产品的职能。在修改法律过程中,要对这两种联合社的多种情况进行深入研究,衡量哪些情况应该纳入法律中进行规范,哪些情况不应该纳入。当然,如果联合社问题被纳入法律,那么必然要涉及联合社的决策方式。在 1995 年修订的国际合作社原则中,对于"民主控制"的解释指出:在基层合作社,社员享有平等的投票权(一人一票),其他层次的

---

① 孔祥智.《农民专业合作社法》修订应关注 5 个问题[J].农村经营管理,2015(4):21-23.

合作社也要实行民主控制。在许多第二级或第三级合作社(即合作社联合社)里,采取的是按比例投票的制度,以反映不同的利益、不同合作社的社员规模和各参与合作社的承诺。我认为,这条原则应该体现在我国修订后的合作社法中。

3. 土地股份合作社问题

土地股份合作社或土地流转合作社大体上可以分为两种类型:①村集体牵头成立土地股份合作社,将土地整理后通过合作社转租,在土地流转中发挥中介作用,实际上是村集体组织"统"的职能的体现。②村集体或农户成立土地股份合作社自己经营。黑龙江省克山县仁发农机专业合作社实际上就是一个标准的土地股份合作社,这类合作社和以农产品生产为主的合作社不一样,不存在成员与合作社之间的交易问题。现实中这类合作社很多,事实上它们已经到工商管理部门注册为农民专业合作社,这次修法应该纳入,并应对其分配方式进行专门界定。

4. 规范化问题

要求每个成员必须入股以作为按交易量(额)分配的条件,这也是合作社规范化的基础。此外,还应该要求合作社在注册时履行验资等相关手续,设立后要进行年检,成员变更后要及时到工商部门履行变更手续等。

5. 范围问题

2013年中央一号文件第一次明确提出"多元化、多类型合作社",即"农民合作社"问题。按照笔者的理解,其根本原因是近年来合作社发展进入了快车道,已经突破了《农民专业合作社法》所规定的范围,农民专业合作社已经容纳不了广大农民红红火火的实践。那么,修改后的《合作社法》是否不再使用"专业合作社"的概念? 如果是这样,扩大到什么范围呢? 这是一个需要认真研究的重大问题。当前农民合作社大体上有五种类型:一是土地流转合作社或土地股份合作社;二是农机合作社;三是社区股份合作社;四是资金合作社,又叫资金互助合作社或资金互助社;五是专业合作社。目前,农机合作社已经被纳入专业合作社的范围。资金合作社虽然暂不合法,但各地农口部门都在适应农民的需求,积极推进合作社下设资金互助社或独立的资金合作社。据了解,金融部门对农口部门的这个做法不支持甚至持反对态度。从农民的需求看,应该把资金合作社纳入这次修法的范围,但如何和金融部门协商一致,则是这次修法面临的最大问题之一。土地股份合作社前面已经进行了讨论,社区股份合作社是否应该纳入,或者怎样纳入,也是需要认真研究的问题之一。

孔祥智、周振:分配理论与农民专业合作社盈余分配原则——兼谈《农民专业合作社法》的修改①

利益分配是农民专业合作社制度的核心构建,也是合作社发展壮大的关键。从经济学收入分配理论的演变看,主要有两大类观点,一是按劳分配,二是按要素分配。从国际合作社分配原则的演进看,我国合作社的盈余分配制度在公共积累、交易量(额)返还上存在着重大缺陷,合作社的盈余分配存在着严重忽视管理者才能的现象。

合作社盈余分配制度的确立取决于对合作社盈余来源和性质的深刻把握,不同的盈余应当根据其来源的性质确定分配方式。

当代的收入分配方式以体现要素的贡献为基本原则。

总结合作社盈余分配原则的发展脉络,主要呈现出如下规律:一是强调盈余按交易量(额)返还,同时交易量(额)的内涵从最初的销售量、购买量扩展到包括劳动在内的多种贡献。合作社盈余分配的依据不是服从于投资者的,而是服从于惠顾者的。按股本分配意味着剩余权是事先按股份确定的,而按交易量(额)分配意味着剩余索取权是事后按惠顾额确定的。两者的差异表明按股本分配实际上代表资本提供者的利益,而按交易量(额)分配则真正代表内部交易对象的利益,使交易的合作剩余充分内部化,从而真正保护交易对象的利益。二是始终强调限制资本有限利息,逐渐形成"扩大投资"享有分红的共识。合作社自始至终都强调基本股金有限利息,基本股金仅仅能获得相当于银行利率的利息;直到1995年合作社原则再次修订,扩大投资享有红利制度才被正式确立,这为合作社的发展获得额外资本奠定了制度基础。三是合作社剩余分配的内容逐渐丰富,从增加公积金再到支持社员认可的活动,充分体现了合作社剩余分配内容的多样化。

我国合作社盈余分配原则的缺陷如下。首先,合作社公共积累存在两大问题。一是合作社法未对盈余中提取公益金的用途作出说明;二是合作社法对公积金是否可分割,尚未作出明确的说明。其次,按交易量(额)返还的基础是股金的一致性,然而这一点与我国当前合作社普遍存在的异质性特征不一致。再次,《农民专业合作社法》中的交易量(额)并不适应国内兴起的土地合作社与农机合作社。最后,合作社管理者的贡献没有纳入盈余分配中。

---

① 孔祥智,周振.分配理论与农民专业合作社盈余分配原则——兼谈《中华人民共和国农民专业合作社法》的修改[J].东岳论丛,2014(4):79-85.

针对我国合作社盈余分配存在的现实问题,根据现代收入分配理论的观点,以及结合国际通用的合作社分配原则,我们认为,必须修改当前《合作社法》中有关盈余分配的原则,通过法律的引领性与规范性作用,进一步完善我国合作社的盈余分配制度,进而促进合作社发展的规范化。首先,盈余分配应先提取公益金,并强调合作社公积金中至少有一部分是不可分割的。其次,要求成员入社必须入股,每个合作社都要规定基本股金,作为成员的资格股金,强调资格股金是按交易量分配的依据。再次,扩大合作社交易量(额)的范畴。最后,合作社盈余分配原则应体现对管理者贡献的认可。

叶新才:合作社法修法建议①

在调整对象上,社区性合作社不纳入本法范畴。社区性农村集体经济组织是村级集体经济存在和发展的外在形态和组织载体,与农业生产经营者自愿联合组建的互助性经济组织有本质不同,不宜在本法中统一规范,而应进行专门立法。

从法律名称看,"农民合作社"包含的农民生产生活的范围较广,而"农民专业合作社"是以农产品生产者之间的联合为主的合作社,针对性较强,建议对原法律名称不作修改,仍为"农民专业合作社法"。

明确联合社法律地位。目前合作社规模相对较小、服务能力较弱,劳动力、资金、销售互补协作相对困难,组建合作社联合社是有效办法。建议将联合社概念包含在合作社之中,在原法律第二条中加入农民专业合作社联合社概念,明确"联合社经济性质是农民专业合作社",并将修改稿中"农民专业合作社、联合社"表述统一为"农民专业合作社"。

任大鹏:合作社法修订的几个问题②

合作社法该不该修订,我们的立足点在于合作社法要实现的立法目标,包括制度目标和价值目标是不是已经得到体现,以及这些目标实现的障碍是不是制度本身导致的。

合作社法的价值目标在于,通过合作社组织,凝聚经济与社会发展中的弱势群体,改善其竞争能力与话语权,以促进社会经济发展的实质公平。简单地讲,就是通过合作社的发展实现产业发展目标与社会发展目标的交织。

---

① 叶新才.合作社法修法建议[J].农村经营管理,2015(4):15-17.
② 任大鹏.合作社法修订的几个问题[J].农村经营管理,2014(4):28-30.

当然,目标实现也存在一些不足。第一,在财税政策上,不当的财税政策导致合作社之间的竞争不公平。第二,从登记环节来看,登记泛化与登记限制并存,有一些不符合法定条件的组织也注册为合作社,而有的地方因合作社数量太多而停止登记;"休眠合作社"、伪合作社不少,大量合作社登记之后没有开展任何经营活动,等待国家扶持政策的馅饼"砸"过来;登记成员与实有成员数量之间差异较大。第三,在财产权利上,成员与合作社财产权属及财产利益界限不清,合作社支配的不少财产尤其是国家财政补助形成的财产归属不明。第四,合作社内部风险共担的机制没有形成,惠顾额返还原则旨在保护小规模成员在合作社中的经济利益,这个制度在很多合作社是落空的,不能得到遵守。第五,关于机构设置的问题,从实践来看,机构表面上是设置了,但更多时候资本话语权大于交易话语权,或者说出资成员话语权大于普通生产者话语权。第六,关于社会认知,市场对合作社信用和交易安全保障的信赖机制没有形成。比如合作社贷款,银行可能还会质疑,合作社是什么组织? 合作社还能贷款? 合作社拿什么抵押? 显然,合作社比公司贷款的程序要复杂,成本要大。

(1)关于修改适用范围。应该思考合作社是否仍然强调专业性,是否应当在基层社基础上包含联合社,是否应当包含农民资金互助合作社、农村社会服务合作社等农业生产经营领域之外的其他合作社类型。目前来看,我们的合作社其实还包含过去农业生产合作社的另外一个内涵,仍然限定在生产领域。而资金互助不见得在生产领域,社会服务的合作社如沼气、灌溉用水甚至红白喜事合作社,按照合作社的原则组建起来,能不能适用法律?

(2)关于门槛化问题。体现为是不是要抬高合作社的设立门槛和成员入社的门槛。目前这种低门槛的设置是不是在很大程度上限制了合作社"做大做强"? 这个需要从合作社的价值目标去思考。合作社的主要功能在于扶弱济贫,由弱小者组织起来去对抗强势者。如果我们要求他们过一个"筛子",把弱小者淘汰,强势者去办合作社,就背离了合作社本来的价值目标。另外,合作社是不是需要设立合作社年检制度。目前,公司年检制度已经取消,由公示报告制度替代,合作社更无需年检制度。

(3)关于合作社的治理结构。首先要明确合作社中法律规制与意思自治的关系。合作社是自治组织,更多的治理权在合作社,而不应由法律去直接规制。所以当前合作社发展中存在的大户控制问题、成员"被代表"问题,都应该通过合作社的自我完善来解决。

(4)关于合作社的盈余分配制度。现行法中规定了60%以上的惠顾返还原则,有人提出这忽视了资本在合作社中的作用,忽视了资本贡献者其实是起到了合作社经营风险最终承担者的作用,所以主张改这个规则,应该更多体现资本报酬。改还是不改,还是要回归到合作社价值目标中来考量。如果资本的话语权过大,利益更高,追求更多的资本回报,那么支持合作社发展的基础已经不存在,完全没必要办合作社,直接办公司即可。

(5)关于土地入股的法律规范。土地股份合作社其实有两种类型,一部分是农民专业合作社吸收了农民的土地作为股份,还有一部分是合作社的组建就以农民的土地入股为基础。不论哪一种类型,都会涉及一人一票与一股一票之间的冲突。股份的概念与合作社制度是否兼容,这个问题没有通行的答案。现行合作社法律制度不能完全涵盖土地股份或土地入股的现象,尤其是目前相关法律政策还在改进,包括2014年中央一号文件提出土地承包经营权抵押,将来对于土地承包经营权清偿能力可能会有越来越宽松的环境,那时土地才会真正确立股份的概念,现阶段其实还不是,所以土地股份与货币股份不同值,这时又怎样理解同股同权、同股同利的原则?

(6)关于资金互助合作社的法律规范。农村金融这种表现形式的合作社,到底是金融业态,还是合作形态,这之间的关联在什么地方?

(7)关于扶持政策。财政扶持措施怎样才能更贴合法律的价值目标? 实践中,财政扶持的引导性和普惠性存在一定矛盾,引导性是把有限的资金使用在少量的、可以体现出标志性和示范性的合作社身上,普惠性是所有的合作社都能享受到公共财政的阳光普照。那么我们应该作出怎样的选择,才能既体现效率又体现公平?

任大鹏:农民合作社的发展与合作社学者的使命[①]

合作社法律,或者合作社政策的制定,须建构在一定的价值目标、基本原则基础上,而随着农民合作社的去传统化特征显现,如何认识和明确合作社法律或政策的意旨?

就具体制度而言,促进也罢,规范也罢,为何以及如何? 农民合作社归根结底是一个自治组织,但如果自治权的外延和内涵不清,就可能导致成员至少是部分成员利益被侵犯或者剥夺。因此,需要明确合作社的自治权有哪些,国家通过法律和政策约束合作社行为的边界在哪里。

---

① 任大鹏.农民合作社的发展与合作社学者的使命[J].中国农民合作社,2014(6):16-17.

任大鹏：土地经营权入股合作社的法律问题①

承包土地的经营权入股合作社，会产生一系列法律问题，诸如土地经营权的作价机制，土地股与货币股、实物股之间的关系以及由此决定的利益分配机制，以土地经营权入股的农户选择退社时其退社自由的权利与合作社整体利益的冲突及解决机制等，均需要在《农民专业合作社法》修订时给出答案。

以土地承包经营权入股合作社，符合《中华人民共和国农村土地承包法》的规定。在"三权分置"的背景下，具有身份属性的土地承包权隶属于具有农村集体成员资格的承包农户，不具有可转让性，当然不能入股，可以入股的只能是土地的经营权。

从法理、实践出发，以土地向合作社出资入股的，应当是土地承包权人享有的土地经营权，而不是租赁、转包的受让方通过流转获得的土地经营权。因此，具有出资资格的主体，应当是土地的承包权人。

成员向合作社让渡的不是土地的所有权，也不是作为用益物权的土地承包经营权，而是从中分离出来的土地经营权。因此，合作社对作为出资的土地经营权的行使，应以不损害土地所有权和土地承包权为前提。

需要重申的是，这里的土地经营权，是指承包人享有的对土地经营的权利，即只有承包人才可以其土地经营权向合作社出资。如果是通过转包或者租赁方式获得土地经营权，再向合作社出资的，合作社对该土地经营权的处分，如设定抵押、对外投资等，有损害土地承包人利益之虞。土地经营权出资后，该权利转移至合作社，合作社对财产权利的处分无须征得出资人同意。意即，农户以其承包土地的经营权向合作社出资，应当视为其已经承诺将该土地经营权的处分权能转移至合作社。

刘小红：论《农民专业合作社法》的立法完善——以经济法的干预方式为进路②

《农民专业合作社法》存在一些缺失和不足：①农民专业合作社的概念界定模糊泛化，欠缺合理，使得不应该享受扶持的市场主体，利用法律条文的空隙享受各种优惠，背离了国家干预的初衷；②实行成员资格严格限定制度，有

———————————

① 任大鹏.土地经营权入股合作社的法律问题[J].农业经济与管理,2015(5):31-38.
② 刘小红.论《农民专业合作社法》的立法完善——以经济法的干预方式为进路[J].农业经济问题,
  2009(7):31-36.

违立法本意;③"一人一票"的民主表决机制不尽合理;④扶持措施模糊和不确定,欠缺可操作性;⑤对农民专业合作社的设立、运作等,模糊性较为突出。

针对《农民专业合作社法》的以上缺陷与不足,笔者认为,应主要从合理界定农民专业合作社概念、放宽成员资格限制、健全民主表决机制、具体细化扶持措施、完善相关立法等角度完善《农民专业合作社法》,以期真正促进农民专业合作社的健康发展。

刘水林:农民组织法律问题研究①

《农民专业合作社法》本身存有缺陷,相关政策又落实不够,缺乏有力支持。合作社是一个特定的经济组织,既不同于公司性企业,也有别于社团类的协会。在国外,农民合作社属于第五类法人,享受国家政策扶持。而在我国,《农民专业合作社法》虽已颁布实施,中央和地方政府也明确了相关扶持政策,但因缺乏配套法规和措施,因而扶持难以兑现。

在《农民专业合作社法》中,存在农民利益诉求难以在法律和政策中体现的现实,未适度创新、设立自下而上反映农民利益诉求的纵向层级机制。

如按《中华人民共和国宪法》(以下简称《宪法》)规定将"合作经济"等同于"集体所有制经济",不仅会产生《农民专业合作社法》与《宪法》规定的冲突,而且可能使合作社成为一些有权势者借集体所有之名、行侵害社员权益之实的工具。为避免《农民专业合作社法》与《宪法》的冲突,防止侵害社员经济权益现象的发生,我们别无他途——要么修改《农民专业合作社法》,要么修订《宪法》。按法理本应修改《农民专业合作社法》,但从《农民专业合作社法》的规定来看,与国际社会有关合作社的一般原则是相适应的,而《宪法》的规定则带有较强的计划经济时代的烙印。因此,理性的选择是对《宪法》第8条进行必要的修订。

在现行《农民专业合作社法》中,有以下几点不利于社员权益的保护,应予修改:①合作组织立法不必限定成员身份。合作社社员必须是农民,这一身份限制从表面看是对农民权益的保护,实则限制了农民对资本和先进技术、管理方式的利用,从而损害了农民权益;②合作组织立法不必限定专业内容。地少人多的现实决定了我国农户规模普遍偏小,农民本身的专业化程度很低,在此基础上,片面强调欧美式的所谓专业合作并不适宜。

制定、完善与《农民专业合作社法》相关的配套法规,并加大法规、政策的

---

① 刘水林.农民组织法律问题研究[J].法商研究,2010(3):103-112.

贯彻落实力度。这主要体现在金融法律法规和财税法律法规两个方面。

刘勇:农民专业合作社法律属性的经济学分析①

我国《农民专业合作社法》所揭示的法律属性中,"社员所有,所有者与惠顾者身份同一"是农民专业合作社最本质的属性。社员拥有、控制农民专业合作社的正当性,渊源于"社员所有,所有者与惠顾者身份同一"的经济合理性。"自愿与开放的社员资格"向"封闭的社员资格"的制度变迁,是一个以强制性的封闭的社员资格制度来消除农民专业合作社中"搭便车"行为的过程。"一人一票"向"一人多票的附加表决权"和"按股投票"的制度变迁,以及"按交易量(额)比例返还盈余,资本报酬有限"向"按股分红"的制度变迁,是为促成农民专业合作社内由少数控股社员构成的小集团出现而采取的选择性激励措施,少数控股社员构成的小集团是农民专业合作社这一集体物品的提供者。控股社员在农民专业合作社中贡献了关键和稀缺的资本资源和人力资源,控股社员必然会采用股份化的所有权结构,通过占有合作社的多数股份,享有合作社的剩余控制权和剩余索取权。

因此,我国《农民专业合作社法》将以表决权为主的结构性规则和以盈余分配为主的分配性规则作为强制性规定,这并不具有经济合理性,其正当性当然面临诸多责难,在实践中这些强制性规则也面临巨大挑战。《农民专业合作社法》中的结构性规则和分配性规则应作为赋权性规则或补充性规则由合作社章程约定才具有经济合理性,进而获得正当性。

米新丽:论农民专业合作社的盈余分配制度——兼评我国《农民专业合作社法》相关规定②

农民专业合作社作为一类特殊的商事主体,在盈余分配制度上存在着不同于普通营利性企业的特点。合作社盈余在性质上属于向社员"多收"或"少付"的款项,需遵循合理的分配顺序。同时,可分配盈余须遵循这样的分配原则:依据社员与合作社交易额(量)进行分配和资本报酬有限。合作社从盈余中提取的公共积累能否分割是合作社盈余分配制度中又一个重要内容。公共积累应否分割要分层考虑、区别对待。在合作社存续期间社员资格终止时以

---

① 刘勇.农民专业合作社法律属性的经济学分析[J].华南农业大学学报(社会科学版),2011(1):25-35.
② 米新丽.论农民专业合作社的盈余分配制度——兼评我国《农民专业合作社法》相关规定[J].法律科学(西北政法学院学报),2008(6):89-96.

及合作社终止时,公共积累应否分割宜采取不同的做法。总之,我国《农民专业合作社法》的相关规定需要进一步完善。

许英:农业合作社联合行为豁免适用反垄断法问题研究①

《中华人民共和国反垄断法》(以下简称"《反垄断法》")第 56 条的规定并非针对整个农业领域实施行业豁免,而是对农业领域特定行为的豁免。所以,我国《反垄断法》第 56 条关于农业领域适用除外制度的概括性和模糊性凸显了立法缺陷和不足,但也为制度的进一步完善留下了空间。

遵循现行《反垄断法》的制度安排,农民专业合作社实施联合或协同行为,可以豁免适用《反垄断法》的禁止规定。豁免适用的实际后果往往是合作社的企业成员获得了垄断利润,农民成员和农产品市场的消费者利益受损。当制度实施的现实与其设立的目标相冲突时,就需要人们重新审视制度的正当性。尽管制度设立具有正当性基础,但制定反垄断法的国家通常又基于产业政策和竞争政策的变化,对适用除外制度进行调整,旨在协调和统一社会公平与竞争公平的反垄断法适用除外制度并不是一成不变的。尤其是随着我国农业产业化转型和农业市场化发展,我国农村经济组织内外部经济条件也不断发生着变化,农业领域的反垄断豁免制度能否实现其价值目标就遭到现实的拷问。因此,基于各国农业豁免制度的立法和实施经验,并结合我国市场经济发展的现实,必然需要完善我国农业领域的反垄断豁免制度,否则制度本身的价值目标将难以实现甚至扭曲。

完善我国农业反垄断适用除外制度:①确立合理原则为适用原则。农业领域适用除外制度的安排并非意味着对整个农业领域的完全放纵,而是在一定限度和范围内承认和保护这种垄断权利,同时又需通过限制条件或程序控制防止该权利被滥用。②完善现行《反垄断法》第 56 条规定。在我国现行关于农业领域特定行为不适用《反垄断法》的规定中附加例外或禁止规定,表明我国《反垄断法》对农业领域特定行为的豁免并不是绝对的,我国《反垄断法》农业领域适用除外制度的初衷主要是保护农业生产者对抗强大的市场交易主体,防止买家垄断。因此,如果农村经济组织的行为涉嫌牺牲消费者的利益和社会公共利益,那么该行为仍然要受到《反垄断法》的追究。③在合作社法中增加反垄断的规定。在农业领域特定行为豁免适用《反垄断法》的行为主体上,我国《反垄断法》只是笼统规定为农业生产者及农村经济组织。农民专业

---

① 许英.农业合作社联合行为豁免适用反垄断法问题研究[J].商业研究,2013(8):162-167.

合作社作为农业产业化经营背景下发展起来的农村经济组织,在实践中存在大量异化现象。因此,对已异化的农民专业合作社适用《反垄断法》的豁免制度更应审慎对待。

根据我国农民专业合作社的实际运作情况,解决"类型豁免"可能产生的新的不公平问题的有效路径,便是在我国现行农民专业合作社法中运用"个案豁免"的做法作出与《反垄断法》相衔接的规定。具体来说,可以借鉴欧共体的立法模式,在农民专业合作社法中规定具体豁免条件。农民专业合作社在经营活动中实施联合或协同行为时,如要得到《反垄断法》豁免,必须满足具体豁免条件(包括效率的提高、消费者利益的满足、必要性、非排除竞争性)。只有全部满足了豁免条件,行为才能得以豁免而获得合法性评价。也可以借鉴日本禁止垄断法的规定,对作为适用对象的合作社设定适用条件,只有满足相关条件才可适用除外制度,否则仍受反垄断法规制。通过在合作社法中设定豁免条件的做法,实现我国农业领域的豁免制度由《反垄断法》中一般豁免与合作社法中特殊豁免相结合,一方面有利于加强法律规范之间的衔接,另一方面也有利于强化我国《农民专业合作社法》规范农民专业合作社的行为,保护农民专业合作社及其成员的合法权益,促进农业和农村经济的发展。

杜吟棠:《农民专业合作社法》的立法背景、基本特色及其实施问题[1]

我国的《农民专业合作社法》的四大特色,也给合作社法的实施带来了一些相应的问题:①由于法律明确规定对合作社企业要给予税收优惠、政策性金融和财政、项目支持,所以,给人们带来了一种寻租的预期。②由于《农民专业合作社法》对于合作社标准采取较为宽松的尺度,对合作社登记注册设定的门槛较低,同时《农民专业合作社登记管理条例》对于合作社登记实行的是备案制,而不是审批制。这就给一些不符合合作社标准的企业按合作社企业进行登记造成了可乘之机。③由于合作社法对合作社的注册资金没有规定最低要求,同时又规定合作社对于债务只承担有限责任,这就使得农民专业合作社的债务承担能力大大降低,外部机构与合作社发生业务往来时的商业、金融风险大大提高。这种"优惠"政策反过来成了制约合作社拓展业务的一种障碍。④由于这部《农民专业合作社法》是一部覆盖范围很小的法,既不能将非农民合作社涵盖在内,也不能将农民的非专业合作社涵盖在内,甚至没有对农民专

---

① 杜吟棠.《农民专业合作社法》的立法背景、基本特色及其实施问题[J].青岛农业大学学报(社会科学版),2008,20(2):33-37.

业合作社本身的多级合作、联盟发展作出规定。而现实生活中,消费合作、住房合作、工人合作等多种其他合作社发展的要求,以及农民专业合作社本身进一步发展壮大、多级联盟的要求,已经呈现出一种日益增强的趋势。因此,《农民专业合作社法》刚一实施,就已经面临立法落后于现实的问题。针对上述问题,显然存在着对合作社法进行进一步修改的需要。

吴义茂:土地承包经营权入股与农民专业合作社的法律兼容性①

中国目前实践中的土地承包经营权入股农民专业合作社,究其实质而言,名为入股,实为租赁;所谓"入股农民专业合作社能够避免农民失去土地"之独特功效值得怀疑;土地承包经营权入股的资本化本质与农民专业合作社的法律特性难以兼容。

土地承包经营权入股不仅具有政策性,更具有法律性,对入股组织形式的选择不能为了追求政策取向的正确而置法律的可行性于不顾。从法律科学的角度来看,土地承包经营权入股的本质在于土地承包经营权的资本化,与农民专业合作社的服务其成员的宗旨和"交易"的特质之间存在难以兼容的冲突。在所有农业发达国家,农民专业合作社并不是以土地入股来建立的。如果无视法律可行性,以土地承包经营权入股农民专业合作社必然会造成法律规定与实践操作之间的紧张关系,导致法律关系的紊乱和法律调整的困难。

宋刚、马俊驹:农业专业合作社若干问题研究——兼评我国《农民专业合作社法》②

我国刚颁布的《农民专业合作社法》是第一部合作社方面的立法,该法有三个方面的重大贡献,即确立合作社的法人地位,促进资金和技术与农村劳动力结合,确保农民在加入合作社后财产权利不受影响。但是,该法也有两个不足,一是限制成员资格,二是不作最低资本金限制。该法还有三个方面的缺失:没有合作社联合社的相关规定,没有关于合作社对于培训、教育以及社区服务方面的规定,没有合作社成员对于其份额的处分问题。但总体而言,该部立法是一部成功的立法。

---

① 吴义茂.土地承包经营权入股与农民专业合作社的法律兼容性[J].中国土地科学,2011,25(7)31-36.
② 宋刚,马俊驹.农业专业合作社若干问题研究——兼评我国《农民专业合作社法》[J].浙江社会科学,2007(5):59-65.

张红宇：修改《农民专业合作社法》的几点思考①

关于法律修改的必要性：修改《农民专业合作社法》是实践发展的迫切需要，是中央的明确要求，是社会各方面的强烈呼吁。

按照党的十八大、十八届三中全会关于鼓励发展专业合作和股份合作等多元化多类型合作社这一总体要求，根据十八届四中全会全面推进依法治国的战略部署，在修改《农民专业合作社法》的总体思路上，应立足于依法建社、依法治社、依法兴社，完善合作社法人治理机制，提高合作社治理能力和水平。

我认为，在修法时要着重体现三个"结合"：一要坚持大稳定与小调整相结合。《农民专业合作社法》实施几年来的实践证明，其立法的指导思想、法律的基本架构、确立的原则制度仍然具有很大的现实意义。在保持现行法律总体框架、基本原则和主要制度稳定的前提下，应当重点修改不符合当前合作社发展实际的有关条款，适当调整、完善专业合作以外的合作内容。同时，要力求进一步增强法律条文的针对性和可操作性。二要坚持顶层设计与基层实践相结合。农民合作社作为重要的新型农业生产经营主体，既涉及农民的经济利益和民主权利，又关系到农业现代化建设、农村经济发展和社会稳定。在修改完善农民合作社法律制度的过程中，必须从全局性、方向性上总体把握。同时，考虑到我国各地经济发展水平和农民的文化观念差异，需要合理吸收地方农民合作社立法经验和各有关部门促进农民合作社规范化建设的政策措施，将实践证明行之有效的做法上升为法律，以体现法律的适应性和指导性。三要坚持合作社基本原则与尊重农民自主权相结合。农民合作社是农民群众自我管理、自我服务的互助性经济组织，既要始终坚持合作社的基本原则，又要广泛调动农民群众的积极性，体现民办、民管、民受益的性质。在法律修改中，要充分尊重农民的主体地位，有关农民合作社经营决策、机构设立、盈余分配等内部事务，在法律规定范围内，授权合作社章程或成员大会自主决定，也为未来农民合作社的创新发展留出适当空间。

修法要突出问题导向，围绕法律实施过程中出现的新情况和新问题，重点对关系合作社规范与发展的普遍性问题进行修改完善，该改的要改、该废的要废、该增的要增。法律修改的重点，至少应当包括以下几方面内容：

（1）扩大法律的适用范围。现行法的适用范围要体现实践发展的需要适当拓展，只要是农民按照合作制原则并经过一定程序、符合基本要件组建的合

---

① 张红宇. 修改《农民专业合作社法》的几点思考[J]. 农村经营管理，2015(4)：18-21.

作社,法律都要包容、规范、保护。

(2)明确农民以户为单位作为合作社成员。在修改法律时,应将农民成员明确为"拥有农村集体土地家庭承包经营权的承包经营户"。

(3)增加土地承包经营权作价出资的法律规定。在法律修改时,需要进一步明确农民合作社成员可以货币、实物、知识产权或者承包土地经营权向合作社出资;对以实物、知识产权和承包土地经营权出资的,应当作价并由全体成员签字确认;承包土地经营权出资的作价,应当以土地的承包期剩余期限和预期收益为依据;对以家庭承包的土地经营权出资的,农民合作社享有占有、使用的权利。

(4)确立联合社法律地位。有必要在合作社的法律修改中,对联合社的法律地位、组织性质、内部管理、责任能力及承担方式等方面进行界定,体现联合社功能定位上的经济性、价值取向上的服务性、内部管理上的民主性。

(5)规范合作社的内部信用合作。必须加强制度约束,在修法时将信用合作纳入合作社的业务范围,作出具体明确的规定。既要鼓励其有序发展,又要加强风险防控,严格遵循社员制、封闭性,坚持"限于成员内部、服务产业发展、对内不对外、吸股不吸储、分红不分息、风险可掌控"的原则,防止对外吸储放贷、高息揽储、无产业依托搞资金存贷。

(6)建立合作社信息公开制度。在修法时,要结合市场主体公示制度改革,建立合作社年度报告公示制度,督促合作社信息公开,进一步强化对合作社的监督管理。

(7)完善扶持政策。在修法时,要明确鼓励和支持政策性、商业性保险机构为农民合作社提供保险服务,允许农民合作社开展社内互助合作保险业务。同时,根据党的十八届三中全会的要求,规定国家财政补助形成的资产可以转交农民合作社持有和管护。

需要重点研究的几个问题:

(1)关于合作社农民成员的概念界定。农民成员的身份在户籍制度改革以后如何界定,已成为迫切需要解决的基本问题。

(2)关于盈余返还问题。在调研中发现,相当一部分合作社没有按照法律规定的比例进行盈余分配。这一问题,到底是制度设计上的不完善,还是执行过程中的不到位?需要结合产业特点进行分类解剖,厘清症结,提出对策。

(3)关于土地经营权入股合作社。一是权责关系。基于土地经营权的特殊性质,在债务清偿能力上,与货币、实物、知识产权不处于同一地位,同股同权的法律原则难以得到体现。因此,需要研究作为股权的土地经营权在债务清偿、亏损分担、成员退社等情形下的法律权责关系。二是交易量。在有土地股份的合作社中,农民以土地经营权入股的方式,替代了其与合作社的产品和生产资料的惠顾方式,入股的土地面积是否可以视同交易量? 如何体现法律规定的 60% 惠顾返还原则?

(4)关于农村集体经济股份合作的法律适用问题。农村集体经济股份合作社是基于集体经济组织成员身份建立的,合作社入社自愿、退社自由的原则不能很好地体现;股份合作社破产之后,责任分担情况、债务清偿情况,也与专业合作社破产的法律适用不同。能否把这类合作社纳入农民合作社法的调整范围,需要深入探讨。

(5)关于合作社破产解散清算时国家补助形成资产的处理。随着合作社快速发展和市场竞争的日趋激烈,合作社破产、解散将逐渐成为常态,需要在修法时,对国家补助形成资产的处置原则、方式给予界定。

(6)关于合作社理事长的利益保护。为推动我国合作社健康发展和农业现代化,能否按照权责利相一致的原则,对理事长和核心成员的利益给予特殊保护,采取股权激励、利益分红、劳动报酬等方式给予适当倾斜,让他们安心、热心、倾心于合作社事业。

张晓山:修改《农民专业合作社法》要注意几个问题①

围绕党的十八大、十八届三中全会关于鼓励发展专业合作和股份合作等多元化多类型合作社这一总体要求,关于修法的基本思路和指导原则应主要把握以下几点:①坚持大稳定与小调整相结合;②凝聚共识,获取最大公约数;③坚持顶层设计与基层实践相结合;④明确修法的目的及基本宗旨;⑤坚持合作社基本原则与尊重农民自主权相结合。

我认为,当前修法,主要涉及以下几个问题:

(1)关于法律名称。建议将《农民专业合作社法》的名称修改为"农民合作社法"。

(2)关于成员资格界定。修法有关成员资格界定的基点是尊重成员资格的多样化,但底线是以从事农业生产经营的农户为成员主体。立法和修法支持的权利主体首先是拥有家庭承包经营权、经营农业、收入主要来源于农业的农户。具有成员资格的也包括一部分直接从事初级产品生产或从事农业服务的农业企业。建议将现行法中的"企业"进一步限定为"中国内资企业"。为了

---

① 张晓山.修改《农民专业合作社法》要注意几个问题[J].中国农民合作社,2015(4):8-11.

承袭本法对原界定的农民成员权益的保护,建议修法时将农民成员明确为"拥有农村集体土地家庭承包经营权的承包经营户"。在国有农场参照适用方面,建议规定"国有农场职工家庭承包经营户兴办的农民合作社参照本法执行"。

(3)关于承包土地经营权作价出资。为了保护农村家庭承包经营户在合作社中的利益,完善合作社出资结构,建议修法时增加承包土地经营权作价出资入股合作社的内容。

(4)关于联合社。现行的《农民专业合作社法》对联合社没有作出规定,制约了联合社的发展。建议修法时对联合社的注册登记、组织机构、成员身份及其权利义务、治理结构、盈余分配和其他相关问题的法律适用作出具体规定,且只针对经营实体型的联合社,不包括社团型的联合社。

(5)关于信用合作。鉴于信用合作风险较高、专业性较强,建议修法时对农民合作社开展信用合作的原则、资金的使用管理等方面作出相应规定,加强信用合作的制度约束,强化风险防控措施。

(6)关于社区股份合作社。社区股份合作社作为我国村级集体经济存在和发展的一种外在形态和组织载体,在农村集体产权制度改革和发展壮大农村集体经济过程中具有重要意义,迫切需要赋予其法律地位。但考虑到农村集体经济有效实现形式仍在积极探索中,社区股份合作社涉及的成员边界、财产关系、组织功能等方面都具有特殊性和复杂性,对此,建议修法时提出原则性规定:农村集体经济组织在产权明晰的基础上,可以组建社区股份合作社,具体办法由国务院规定。

(7)关于主管部门。实践中,主管部门不明确已经成为一些农民合作社财务管理不规范、治理机制不健全、利益分配不公平、国家财政补助形成的利益不能均享、小规模农户成员利益得不到保护的一个重要因素。同时,由于涉及农民合作社发展的部门之间职责不清,在制定合作社发展政策,为合作社提供资金项目支持,确立合作社规范发展的标准,查处合作社违法行为,保护合作社及其成员利益等方面存在着扯皮推诿、监管不力等问题,迫切需要在法律中建立一个对农民专业合作社进行有效管理的体系。由于这个问题涉及多个部门,较为敏感,建议在地方政府各个相关部门之上成立一个协调领导小组来统一指导、扶持、服务、协调和监管农民专业合作社。

苑鹏：关于修订《农民专业合作社法》的几点思考①

从农民专业合作社在发展实践中对法律制度的需求入手，今后修订《农民专业合作社法》中，需要重点研究以下四大基本方面：

（1）立法目的。如何规范农民专业合作社的组织和行为，使之真正成为一种以农民为主体的新型市场主体，并保护成员的基本权益，相比之下，法律的约束作用显得苍白，相应的核心条款如关于合作社的基本原则规定等在大量合作社中形同虚设。合作社与农村中大量存在的个体私营企业、合伙企业的区分边界模糊，成为学界、政府部门乃至社会争论的一个焦点问题。立法的最终目的存在着绕不开的核心问题，即发展合作社的直接目标到底是指向农民、农户还是农业、农村？尽管两者之间关系紧密，相互交织、相互影响，但是以农产品初级生产者为导向，还是以农业产业、农村区域为导向发展合作社，对于农民生产者的福利影响相差较大。前者紧紧围绕农民的福利增进，以提升农户市场竞争力为核心，增进农民利益；而后者则是围绕提升农产品的市场竞争力，农业产业的可持续发展和农村区域的和谐稳定，在某种程度上与增进农户利益有冲突，合作社的组织基础强调的是专业化、规模化农户，而不是兼业农户。因为这是提升农产品竞争力的基本前提。

（2）法律名称、调整对象和适用范围。对于法律名称的争议始终不断，焦点是"宽法"——"农村合作经济组织法"，包括社区合作组织、农村合作金融组织等其他类型的合作组织，还是"窄法"——"农民专业合作社法"，仅包括以农民为主体、自发形成的合作社。

（3）联合社问题。农民专业合作社发展起来后，横向联合和纵向一体化是必然趋势。在现行法律下，只有为实体性联合社提供法律地位，才能为合作社所需要。因此，完善《农民专业合作社登记管理条例》势在必行。

（4）政府与合作社关系。运行中暴露出两大问题，一是由于缺乏政府的专门监管，很多的合作社扶持资金、税收优惠被冒名合作社所占用，影响了合作社的健康发展，抑制了真正的农民专业合作社的发展；二是由于政府指导部门不明确，在一些地方出现相关利益部门互争指导权的现象，增加了行政成本。

从未来完善法律的方面看，《农民专业合作社法》的立法目的应当向着少目标、单一目标转型，突出合作社的农户目标导向，强调合作社作为维护广大农户生产经营者的经济权益、提升农户的市场竞争力的组织载体，具有农户自

---

① 苑鹏.关于修订《农民专业合作社法》的几点思考[J].湖南农业大学学报（社会科学版），2013（4）6-8.

我互助、为农户所利用的组织属性。

在法律调整范围方面,在坚持已有法律名称的前提下,扩大法律的调整范围,不仅包括第一产业,而且包括第二、第三产业的经营。但是鉴于金融业务的独特性,如果合作社开展融资,应当仅限于成员内部,并且资金的使用用途应当限定在合作社的经营业务范围内。同时成员可以从合作社中获得的互助资金总量需要与个人的入股金总额挂钩,以便有效控制风险。

(5)关于合作社联合社。首先,应明确联合社的法人地位视同农民专业合作社法人,并参照农民专业合作社的相关设立制度进行登记注册,其注册资金、最低成员数量应当有明确规定,成员以合作社法人为基本成员。其次,在业务范围上,可以允许联合社的业务范围拓展到金融服务,但是为防止利用联合社从事民间高利贷,联合社的服务功能应严格限定在中介服务和成员内部资金融通,不能开展直接的金融活动。最后,应当明确联合社与成员社的关系。成员社以其入社股金为限,对联合社承担有限责任。联合社以成员社的入股金总额为限,对外承担有限法律责任。成员社的入股金额应当与其在联合社中的交易额挂钩。

在政府与合作社关系上,应当考虑增加政府行政监督的法律条款。行政监督的重点是对获得政府财政扶持资金、金融优惠服务和税收优惠的合作社,发挥政府的监管职能,重点是合作社的成员账户建立、"三会"会议记录以及年终财务报表等,促进合作社健康发展。

林滢、任大鹏:农民专业合作社联合社法律制度探析①

农民专业合作社联合社具有独立的责任能力,也是其享有独立法人资格的重要条件。在联合社能够对特定的资本享有独立支配权的前提下,其债权人可以通过联合社的自有资本实现债权,基层社仅以对联合社的出资为限对联合社承担责任。在这种情形下,农民专业合作社联合社具有独立的民事责任能力,享有独立的法人资格。

对于农民专业合作社联合社而言,其独立法律人格的标志体现在脱离个别基层社的团体意思,这种团体意思应当通过联合社的成员大会或成员代表大会进行表达。在联合社的治理中,需要注重基层社的意志,基层社在联合社中的权利义务是基于其联合社成员的身份而非资本,因此联合社应当将表决权平等地赋予每一个基层社,即实行一人一票的民主制度。按照简单多数或

---

① 林滢,任大鹏.农民专业合作社联合社法律制度探析[J].农村经营管理,2010(5):16-17.

者绝对多数的规则议事,可以凸显联合社作为基层社自愿联合的经济组织体的个性,同时也是联合社独立法律人格的体现。

基于农民专业合作社联合社的快速发展和现行法律制度的缺失,笔者认为赋予联合社独立的法人资格并给予相应的制度规范刻不容缓。

首先,对于不同类别的联合社应当进行区分,避免市场交易主体的混淆。

其次,应当有条件地承认农民专业合作社联合社的独立法人资格。

再次,必须明确农民专业合作社联合社法人的设立,不能影响基层社的法律人格。

最后,对于联合社的设立,应采用较之农民专业合作社更为严格的方式。

徐旭初:关于《农民专业合作社法》修订的思考和意见①

如何看待合作社立法意旨问题? 合作社立法意旨问题,实质上是回答合作社的功能期待问题,即政府和立法机构希望合作社起什么作用的问题。这个问题的本质是合作社的理论(理想)功能与实际(实践)功能如何平衡的问题。与其他农业生产经营主体不同,合作社被外界附丽了过多的功能期待。不宜让这部法律承载太多东西,也不宜让合作社承载太多东西。否则,一定会出现许多名实不符的问题和现象。此问题的核心在于如何合理地规制一个处于不断深刻变化又具有相对稳定制度属性的组织发展问题。

近年来,合作社发展,成效很大,问题很多。但是必须认识到,这些问题有些是法律规定的问题,还有很多并不是法律规定的问题,而是政府行为问题、基层异化问题等。后者即便法律有针对性地规范,也不一定能够解决。要避免在修法时试图规范那些并非法律规范能够解决的问题。特别是中国国情有与他国不同之处,这意味着不能简单地、片面地评价合作社发展现状。相应地,合作社修法还是要开口子,不要一味地堵。

合作社国际经验,值得借鉴,特别是要站在国际合作社实践发展和法律变迁的角度加以借鉴。有几点值得我们注意:要考虑合作社的市场竞争和产业化发展;要考虑合作社在专业化基础上的综合化发展(这里的综合化发展并不是日本农协模式,而是指合作社业务多样化);要考虑成员资格多样化,但坚持保护农业生产者成员的权益;要强调社务指导和业务指导……

如何看待股份合作? 这是目前合作社发展的核心理论问题。这个问题实际上无法回避,也就是如何看待股份合作制度、组织及形态的问题。

---

① 徐旭初.关于《农民专业合作社法》修订的思考和意见[J].农村经营管理,2016(2):21-25.

农业农村领域中的股份合作组织及形式大致有三大类:农民专业合作社的股份合作形态、土地股份合作组织、社区股份合作组织。从修法上看,两个问题:一是如何适当规制农民专业合作社的股份合作形态,使之既能够有效包容新一代合作社和有限合作社形式,又不过于背离合作社基本原则? 二是如何解释土地股份合作组织、社区股份合作组织的合作社属性?

关于土地股份合作组织、社区股份合作组织的合作社属性问题,核心是如何解释在这两种组织形态中的成员惠顾。如果他们是合作社,那么社员们对合作社的惠顾体现在哪里? 这也许是中国面临的合作社理论的最大挑战和对合作社理论的最大贡献。

我目前的基本观点是:任何经济组织都是基于某种基本要素来建构,并进行所有权安排的。企业是基于资本,合作社是基于惠顾。现在看来,惠顾可能要分为直接惠顾和间接惠顾,前者是指成员以其自己生产的成果进行投售(农民专业合作社就是如此),后者是指成员以其自己拥有的基本生产要素(如土地)进行委托生产并进行投售。据此,或许可以认为合作社可以分为业务惠顾型合作社与要素惠顾型合作社。这样,后者与公司又有什么区别呢? 就是民主控制,根据人本的民主控制! 这也是合作社与企业的根本区别。所以,如果修法将土地股份合作社、社区股份合作社放进去,民主控制的底线一定要守住,惠顾者(包括直接惠顾者和间接惠顾者)民主控制的底线要守住,因此要严格限制外来资本(或非农业生产者)的投票权。

"大改"、"中改"还是"小改"? 所谓"大改",就是将《农民专业合作社法》改为"合作社法",类似台湾地区的"合作社法",涵盖所有的合作社类型。所谓"中改",就是将《农民专业合作社法》改为"农民合作社法"。所谓"小改"即还是《农民专业合作社法》。我认为不宜"大改",可以"中改"或"小改",最好"小改"。现行法律的修改,应依然基于专业合作社进行,但要扩大调整范围,应包括土地股份合作社、联合社等,也可审慎涉及合作社内部开展信用合作。不过,不必涉及社区股份合作组织,不宜涉及类似日韩模式及我国台湾地区模式的合作社联盟,更不可涉及供销社改革问题。

高海:农地入股合作社的组织属性与立法模式——从土地股份合作社的名实不符谈起①

尽管农地入股的合作社突破了《农民专业合作社法》,但是从入社自愿与

---

① 高海.农地入股合作社的组织属性与立法模式——从土地股份合作社的名实不符谈起[J].南京农业大学学报:社会科学版,2014(1):83-92.

民主控制、出资与产权性质、惠顾与利益分配、社员责任形态、限制自由退社等角度看,并没有超出国际合作社的基本范畴,仍然不失为基于特定历史阶段土地承包经营权的特殊社会功能而产生的具有中国特色的合作社的亚形态。

既然农地入股的合作社是一种特殊的农民合作社,而且已经突破《农民专业合作社法》的规定,那么在我国合作社基本法缺位的情况下,亟须合理确定农地入股合作社的立法模式,并完善相关法律制度,为农地入股合作社提供长效发展机制。

农地入股合作社不仅可以而且应当纳入《农民专业合作社法》的立法框架。首先,农地入股合作社与农民专业合作社具有专业服务的共性;其次,《农民专业合作社法》具有一定程度的开放性;最后,有利于节约立法成本并提高立法效率。

近期,在不能修改《农民专业合作社法》增加农地入股合作社特殊规则的情况下,考虑到现实的需求,应当鼓励《农民专业合作社法》的司法解释、各省区市的配套规范性文件补充、完善农地入股合作社的特殊规则。各省区市的规范性文件应当主要是指"农民专业合作社条例"和"实施《农民专业合作社法》办法",而不仅仅是类似于"农村土地承包经营权作价出资农民专业合作社登记暂行办法"。

黄胜忠:关于《农民专业合作社法》修订完善的几点思考①

(1)高度重视成员异质性问题。由于对成员异质性问题的认识不足,《农民专业合作社法》语境下的农民专业合作社主要指向农民、农户,强调公平逻辑,侧重保护生产者成员的利益;而大户农业生产者、农业投资者、农业企业、农产品销售商、农资供应商、技术推广服务机构、社区领袖、供销社等主体领办和主导的现实中的农民专业合作社则主要指向农业、农村,强调效益的逻辑,侧重保护自身利益。当法律的制度逻辑与多数农民专业合作社现实运行的实践逻辑出入较大时,有必要对《农民专业合作社法》立法的宗旨、目标进行重新检视和调整。

(2)高度重视章程虚置问题。鉴于合作社章程的重要性和实践中存在严重虚置问题,《农民专业合作社法》在修订时有必要对合作社章程的有关内容进行完善,对章程的核心内容、程序性问题、成员违反章程行为的可诉性等提出明确的可操作性意见。

① 黄胜忠.关于《农民专业合作社法》修订完善的几点思考[J].中国农民合作社,2015(3):29-32.

（3）厘清成员资格界定问题。考虑到成员异质性问题和农村改革发展中出现的新情况新问题，《农民专业合作社法》应当对成员资格问题进行重新审视，并对实践中涌现的各类情况进行充分梳理，使得成员资格界定具备适应性和可操作性。

（4）明确成员出资问题。《农民专业合作社法》对成员的出资行为，包括是否必须出资、出资的比例、出资的方式、出资参与盈余分配等问题，需要进一步明确规定，同时对合作社出资的内外部监管机制也要予以明确。

（5）完善盈余分配问题。《农民专业合作社》在确定盈余分配时，要从成员异质性的现实出发，妥善处理好要素贡献与收益分配之间的关系，成员参与收益分配之间的关系、风险分担和收益分配之间的关系，制定出兼顾各方利益诉求的制度。

曾文革、王热：《农民专业合作社法》关于社员权相关规定的缺失及其完善①

社员权是社员基于其社员资格而享有的权利，是社员权利和义务的统一。《农民专业合作社法》在社员之社员权的内容、社员权的取得与丧失、社员权的行使与救济等方面均存在缺失，需要在未来修订该法时予以补充或修正。

我国《农民专业合作社法》在具体列举的基础上，通过大量任意性规范将社员权留给农民专业合作社章程去规定，这种做法虽然彰显了法律对于合作社意思自治的尊重，并为实践中的制度创新提供了大量的空间，但是这种过于简略的规定对于农民专业合作社的发展，对于实践中可能发生的纠纷以及社员和合作社权利的救济却未必妥当。

社员权的取得，根据原因的不同，可以分为入社取得、受让取得和继承取得三种类型，我国《农民专业合作社法》在这三个方面的规定都有不足之处。①缺乏关于合作社不得拒绝符合条件的公民入社的规定；②缺乏关于社员权转让和出质的规定；③缺乏社员死亡时其继承人入社的规定。

社员权与社员资格共始终，社员权的丧失即为社员资格的丧失，社员资格的丧失就是社员退出合作社。我国《农民专业合作社法》仅对社员自愿退社的程序及其效果进行了规定。社员退社是容易发生纠纷的阶段，该法关于社员退社过于简约的规定，不利于发挥法律的指引功能和纠纷的解决。概而言之，

---

① 曾文革，王热.《农民专业合作社法》关于社员权相关规定的缺失及其完善[J].法治研究，2010(6)：21-25.

该法在社员权的丧失上具有以下几个方面的缺失。①缺乏关于法定退社的规定;②缺乏关于社员除名的规定;③关于社员资格终止后的利益安排不妥。

关于社员权的行使与救济之规定的缺失包括以下两个方面。①缺失关于社员权的行使之规定;②缺乏关于社员权的救济的规定。

第三章
农民合作社规范化建设问题观点选编[1]

马彦丽：论中国农民专业合作社的识别和判定[2]

合作社的"泛化"和"异化"不仅起了错误的示范作用，而且挤占了真正的合作社的发展空间，特别是导致政策优惠资源的错配，从长期看将损害中国农民专业合作社的发展基础。

从中国农民专业合作社的概念出发，综合考虑合作社的演进历史、各个国家和地区的合作社立法及实践，本文认为，可从以下几个方面判定一个组织是否是农民专业合作社：第一，合作社是经济实体，以此区别于松散的、非营利性质的社会团体，也不同于政府的派出机构。第二，合作社是弱者的联合互助组织，由生产者联合拥有，在生产层次上，社员是独立决策的，有进入和退出的自由。第三，合作社的所有者通常就是其使用者，即合作社的所有者和惠顾者身份同一。第四，合作社谋求社员利益最大化，在与其成员的交易中是不盈利的。

根据上述标准，人民公社、农村社区合作社、供销合作社、信用合作社、农产品行业协会、土地流转合作社等均不适合由《农民专业合作社法》来规范。当前，亟须通过完善立法来防止合作社的异化。

---

① 几点说明：主要选编了近年来关于农民合作社规范化建设问题的讨论观点，较少涉及前些年对合作社规范化建设的讨论；依据作者姓氏笔画对观点排序；出于编辑考虑，也对个别文字和标点符号进行了必要修改。

② 马彦丽. 论中国农民专业合作社的识别和判定[J]. 中国农村观察，2013(3)：65-71.

马彦丽、黄胜忠：农民专业合作社：理论研究中的泛化和实践中的异化①

农民专业合作社的异化通常有两种途径，一是原有的投资者所有的企业经过包装，注册为合作社；二是原本的农民专业合作社逐步被大股东控制，逐渐失去"合作社"的性质。根据笔者的调研经验，在我国，由合作社异化为投资者所有企业的情况较少，由投资者所有企业包装而成的合作社更加普遍，"公司＋农户"、"农民经纪人＋农户"以及农民合伙企业等多种非合作社经济组织被归到了农民专业合作社名下。正是因为所谓的合作社并非真正的合作社，才出现前述合作社发展的"内卷化"问题。

中国农民专业合作社"异化"的原因：①与投资者所有企业相比，农民专业合作社是低效率的经济组织。②中国的合作社立法及政府规制未能遏制合作社异化的倾向。③合作社的"名实分离"与中国政府的资源选择性再分配体系相关。

要完善立法和政府规制，遏制农民专业合作社的异化倾向。合作社之所以成为合作社，必须要有一些超出经济效率之外的价值追求，它是弱者的联合组织，除经济诉求外，还有对社会与文化的需求与抱负，否则，单从经济效率出发，投资者所有的企业被证明是有效率的，不必另起炉灶发展合作社。正是如此，各国一方面从政策上给予合作社一系列的优惠和扶持政策，另一方面，在法律上严格界定合作社的范围，我国同样应当如此。当前，应主要从完善立法的角度遏制合作社的异化。对此，一些学者提出了一些观点和建议，值得借鉴。苑鹏（2008）认为，政府应当在工商注册登记、税收政策优惠以及信贷政策优惠等实施中强化对于公司领办合作社的外部监督，在工商注册环节应当对是否合作社的成立大会由全体设立人参加、是否合作社的章程由全体设立人一致同意进行实质性的而不是程序性的审核。应通过外部强制性审计合作社的财务管理状况、收益分配状况以及民主管理原则的落实情况等。② 潘劲（2011）提出持有股份是成员身份的重要标志，也是成员行使民主权利的基础，应该创造条件实现潜在成员持股，使其能在使用合作社服务的同时，承担起对

① 马彦丽，黄胜忠.农民专业合作社：理论研究中的泛化和实践中的异化[J].新疆农垦经济，2013 (8)：7-12.
② 苑鹏.《农民专业合作社法》颁布后的新动向及相关建议[J].中国经贸导刊，2008(1)：37-38.

合作社的责任,成为真正意义上的合作社成员。① 在此基础上,本文认为,明确规定与社员交易和与非社员交易的比例也是限制虚假合作社出现的重要手段。从长远看,如何构建政府资源分配更公平有效的分配机制,为合作社的发展提供正向激励,是今后一个重要的研究方向。

王军:中国农民合作社变异的经济逻辑②

不同要素能够获得与其贡献相对等的利益是一个经济组织保持活力的根本,也是其持续发展的关键。合作社的发展壮大必须整合不同的资源,而资源禀赋的差异导致了成员的异质性。在缺乏企业家市场、财务资本市场和经理人市场的情况下,这些要素无法通过市场合约的形式获得,只能从要素市场上获得。而在合作社的制度框架内,许多资源无法获得合理的回报,特别是作为决定合作社成败的企业家才能在合作社的契约集合中很少体现。在这种情况下,具有能动性的企业家才能所有者积极寻求合作社的控制权以谋求人力资本的回报,并按照对自己有利的方式运营合作社,是中国农民合作社变异的基本逻辑。合作社变异进而带来了"合作社企业家悖论",因此,合作社面临的已经不再是如何激励企业家充分发挥其才能的问题,而是如何给企业家人力资本定价以减少其对合作社控制权的掌控,如何约束企业家的行为以谋求合作社整体利益的最大化的问题。

孔祥智:国际合作社原则的变与不变③

《农民专业合作社法》第3条规定了我国农民专业合作社应当遵循的五项原则:"(一)成员以农民为主体;(二)以服务成员为宗旨,谋求全体成员的共同利益;(三)入社自愿、退社自由;(四)成员地位平等,实行民主管理;(五)盈余主要按照成员与农民专业合作社的交易量(额)比例返还。"第37条又对第5条原则作了进一步规定:"在弥补亏损、提取公积金后的当年盈余,为农民专业合作社的可分配盈余。可分配盈余按照下列规定返还或者分配给成员,具体分配办法按照章程规定或者经成员大会决议确定:(一)按成员与本社的交易量(额)比例返还,返还总额不得低于可分配盈余的百分之六十;(二)按前项规定返还后的剩余部分,以成员账户中记载的出资额和公积金份额,以及本社接受国家财政直接补助和他人捐赠形成的财产平均量化到成员的份额,按比例

① 潘劲.中国农民专业合作社:数据背后的解读[J].中国农村观察,2011(6):2-11.
② 王军.中国农民合作社变异的经济逻辑[J].经济与管理研究,2015(1):34-39.
③ 孔祥智.国际合作社原则的变与不变[J].中国农民合作社,2014(7):38.

分配给本社成员。"

经济基础决定上层建筑。在上述五项原则中,第一项属于基本条件——如果一个组织不是以农民为主体,那自然不能叫作"农民专业合作社";第二、三、四项是合作社理念和管理方面的原则,属于"上层建筑";第五项原则属于"经济基础",它决定了第二、三、四项原则能否真正实现——只有盈余分配主要以交易量(额)为基础了,才谈得上"谋求全体成员的共同利益"和"民主管理","入社自愿"也就有了现实意义。因此,第五项原则是我国合作社原则的基础,也有的专家把能否遵循这一原则看作是区分真假合作社的试金石。

毋庸讳言,由于成员异质性现象的广泛存在,现实中合作社的分配方式差异极大,多种多样。从对农民有利的角度看,只要成员的收益增加了,合作水平、合作内容都是农民自己选择的,都无可厚非。但从规范或政策引导的角度看,标准的分配方式只有一种,那就是符合第37条要求的第三种模式的第二种类型,即合作社收购成员产品时先记账,不支付或仅支付部分货款,待最终交易完成后按既定原则支付全部货款,扣除成本后的剩余部分就是合作社盈余,即可以按照第37条进行分配。这就是标准的合作社分配模式。

邓衡山、王文烂:合作社的本质规定与现实检视——中国到底有没有真正的农民合作社?[①]

要判定一个组织是否符合合作社的本质规定,就需要判断其所有者与惠顾者是否同一。所有者即拥有所有权的人。笔者认为,一个相对宽泛的标准是,至少超过一半的社员应是"所有者与惠顾者同一"的。

现实中合作社不具有"所有者与惠顾者同一"本质的原因有两个:一是农户间存在着明显的异质性,在无外部干预的情况下,异质性将使得具有本质规定的合作社难以自发生成。二是国家目前的政策干预不能有效地促使具有本质规定的合作社产生。

由于农户间异质性和现行的政策环境,中国绝大部分合作社都不具备"所有者与惠顾者同一"的本质。要使现实中的合作社具备本质规定,进行外部支持就是必要的。事实上,从世界各国合作社的发展实践来看,合作社很少完全自发形成。日本以及中国台湾等国家和地区农户间异质性的情况与中国大陆极为相近,这些地方都对合作社进行了外部支持。而欧美国家尽管农场主间

---

① 邓衡山,王文烂.合作社的本质规定与现实检视——中国到底有没有真正的农民合作社?[J].中国农村经济,2014(7):15-26.

异质性的情况比中国要轻得多,但由于合作社固有的"搭便车"等问题,外部支持在合作社产生和发展过程中同样起到了极其重要的作用。因此,外部支持是否值得以及能否成功,将关乎合作社在中国的前途。

仝志辉、温铁军:资本和部门下乡与小农户经济的组织化道路——兼对专业合作社道路提出质疑①

农户经济在家庭承包制下的发展逻辑:农户承包制首先会使小规模农户的兼业化趋势获得发展,取得农业劳动专业化和家庭层面专业多样化的均衡;具有农户兼业化内涵的农业劳动的专业化会扩大农业生产规模,推动农业商业化,进而促进农户的生产职能和经营职能之间的分工;生产职能和经营职能分工促进了农产品加工品种和规模的增加,农业龙头企业的出现,使农业产业化得到发展;在日益壮大的农业经营资本面前,分散的小规模农户无法承担市场交易成本,开始主动寻求联合,农户组织化在农业商业化和产业化发展中被提出。小农户经济在产权相对明晰的家庭承包制下的前途是组织化,从而突破家庭组织方式对分工的限制。

农户分化:大农和小农的分化。大农和小农分化的背后是农村内部资本的形成、资本作用半径的扩大和作用的增大、多数小农在市场化环境中改善自身处境的能力下降。但应该指出的是,由于城乡二元结构的抑制、人多地少决定的农户土地规模不可能太大,所谓大农,其实规模也不大。

资本下乡:农村资本和城市资本的结合。资本下乡是农业商业化和产业化的重要推动力量。资本的作用是内含在农村商业化和产业化过程中的,没有资本也就没有今日的农业市场化。

部门下乡:公益性服务和营利性服务相互支撑。部门下乡选择的是建立营利性的公司、进行垄断性收费,甚至限制农户对服务机构的选择空间,成为面对分散农户的营利性企业和官办行政性收费机构,自保的目标在一定程度上实现,但很多时候增加了农户的经营成本。部门下乡带动的农户增收有限,这也进一步限制了下了乡的部门的营利空间。

以上谈及的三个趋势其实是纠结在一起的,应该是一个互相加强的趋势。当然,其中也有互相竞争和抵消。首先,部门下乡和资本下乡是相互加强的。其次,部门下乡过程中,"官办资本"甚至私人化的"官僚资本"形成。再次,农

① 仝志辉,温铁军.资本和部门下乡与小农户经济的组织化道路——兼对专业合作社道路提出质疑[J].开放时代,2009(4):5-26.

户分化在资本下乡和部门下乡中加剧。总之,我们在上述过程中看到的是什么呢?是大农、资本、部门各自利用自身优势资源进行联合。联合后从何获利?只能是盘剥小农获益。

"大农吃小农"的合作社成为专业合作社发展的主流。在农民合作经济组织对于资本和部门的获利具有双重效应的基础上,资本和部门的选择就是扶持大农、压制小农。所以,在现实中出现的情况就是"大农吃小农"的合作组织成为合作经济组织的主要形式。

"大农吃小农"的合作社实质上是在部门和资本有限组织农民的情况下,帮助了部门和资本对小农的组织,增加了一个中间商,但并不能解决小农在市场上的弱势地位,也并不能帮助小农加入生产环节之外的加工和经营环节,获取更多利润。这种合作社的大量存在造成了合作社发展的虚假繁荣局面,改变了财政专项扶持资金的公益性质,降低了财政专项扶持资金的效率。

目前涉农部门营利性的部门性质和资本下乡的实际格局使得当前财政投入不足以引导出一个健康发展的农民合作经济组织发展格局。示范合作社建设只能扶大扶强,进一步加大小农和大农的分化。

资本和部门下乡格局下"大农吃小农"的合作社发展局面不是多数兼业小农利益之所在,也违背了政府推动合作社发展的初衷,更不符合推动农民组织化,从而建设和谐社会的长远利益。这种局面必须打破。但是,如果"头疼医头、脚疼医脚",政策措施的效果也只能是杯水车薪,甚至南辕北辙,致使局面更加复杂。在诊治"大农吃小农"的合作社这一由部门和资本推动形成的"怪胎"时,需要到部门和资本下乡的背后找原因,需要基于我们要达成的农民组织化的最终目标找对策。

首先要确立中国农村合作经济组织发展的目标模式,作为新政策的基础。①与中国以兼业小农为主的全体农户需求相合的合作组织的主导形式应该是综合合作组织;②部门下乡和资本下乡不支持农民综合合作经济组织发展,只会有限度地扶持专业合作社;③以专业合作社为主发展农民合作社只会强化资本和部门优势;④多层次的综合合作才能为兼业小农提供足够收益,满足其综合需求;⑤在中国发展综合性农民合作体系要解决的三个突出问题:一是现有的专业合作社由于部门和资本对其限制和利用而致的合作收益低的问题;二是现有的有一定合作收益的专业合作社覆盖范围有限,不足以惠及大多数农户的问题;三是国家发展合作社的财政支持,因依赖部门操作而产生的高额代理成本和效率损失。其中,第一个问题是最核心的问题。

多层次的综合合作体系应该成为中国农村合作组织发展的目标模式。这一目标模式的内涵或本质规定:除组织小农的生产合作外,逐步将涉农的金融、流通和科技事业整合进合作体系内部,使其合作收益为小农共享;组织多层次合作,充分发挥分工和专业化好处,以更大的合作规模和多种服务产生足够的合作收益;与市场经济体系内的企业和其他经济主体具有法律上的平等市场关系,并因其在农村地区对某些产业和服务的特许定位和基于客户(即加入合作体系的小农)数量庞大的经营优势而取得可观利润;承接和使用国家用于弥补农户务农的机会成本上升,以稳定务农者劳动投入;获得农业提供的非经济的多功能性公共物品而支付的财政资源。

仝志辉、楼栋:农民专业合作社"大农吃小农"逻辑的形成与延续①

在合作社的兴办过程中,我们看到部门、资本、大农各自利用自身优势资源进行联合。联合后从何获利?只能是盘剥小农获益。这样的盘剥有三个层次,其一是合作社内部大农对小农的盘剥,其二是合作社对社外小农的盘剥,其三是大合作社对小合作社的盘剥。

农民专业合作社"大农吃小农"的发展逻辑并没有因为《农民专业合作社法》的实施而消除或逐步减弱,反而大有在合作社兴办中继续发挥作用的态势,其外在表现便是在有法可依的情况下大多数组建的合作社还是大户领办、合作性质少、运作不规范、发展不健康。其中,政府部门扶持农民专业合作社发展的公益性目标、政府部门的营利性目标、资本的营利性目标,与大农的选择形成利益共谋,并形成路径依赖,不以《农民专业合作社法》的实施而转移。

一定要警惕示范合作社建设过程中的扶大扶强和合作社发展过程中"大农吃小农"逻辑的延续而带来的合作社分化和农民分化进一步加大的趋势:财政支持方面,努力构建普惠的财政支持体制,让尽可能多的农民专业合作社和小农受益,减小因合作社而导致的农民分化。政策支持方面,加大对农民专业合作社社长的培训和农户的合作化教育,提高他们的合作意识并尊重农民的首创精神,让他们在制度安排和治理结构设计上进行探索,看是否可以突破"大农吃小农"的逻辑锁定,真正使农民专业合作社成为各方利益紧密联结的合作性组织。人力支持方面,政府财政出资为农民专业合作社输入经过专业培训的合作社建设人才,以解决如今合作社普遍存在的人才短缺现象,也可以帮助政府更好、更深刻地了解合作社的实际运营状况;大学毕业生将是一个不

---

① 仝志辉,楼栋.农民专业合作社"大农吃小农"逻辑的形成与延续[J].中国合作经济,2010(4):60-
61.

错的选择群体,当前一些地方也开始尝试实施"一个合作社配备一名大学生"工程,同时一些涉农高校也开始专门开设合作社专业及相关课程,培养专业的合作社人才。

任大鹏、王敬培:法律与政策对合作社益贫性的引导价值[①]

合作社生存环境,对合作社形成了强大的塑造力,使得农民专业合作社在属性和功能上呈现出多面性和复杂性。我国的农民合作社作为一类独立的市场主体,其自身存在着内在的趋利性,然而,由于其特殊的生存环境,这类市场主体的特别之处在于其客观上促进了弱势的农民群体及其所在农村社区的发展。法律与支持政策的出发点和目标是通过强化合作社的社区服务功能,引导合作社带动更多的小规模农业生产者来抵御市场风险。由于现阶段我国农民合作社的现实情况,组织内部存在明显的成员分层及成员异质性问题,尤其是合作社的领办人往往是掌握着特殊资源、在合作社发展中起关键作用的成员,所以,合作社的趋利性突出表现为合作社核心成员对个人经济利益最大化的追求,并进而构成对弱小农户在合作社中利益的损害。通过法律与政策的引导,合作社的核心成员最初往往将政府的支持政策作为其牺牲一定的经济利益来带动弱势群体发展的交换条件。虽然法律与政策的特别支持引发了一些备受关注的问题,如合作社发展中广受诟病的"套取政策支持"现象,但是不得不承认,为了达到"套取"的目的,合作社必须满足一些硬性的指标,而要达到这些指标就要有一些带动小规模农业生产者发展甚至其所在农村社区发展的行为。这些行为虽带有某种交易色彩,却可以将合作社的社会服务功能内化为合作社的自身需求,成为其持续发展的内在动力。要实现对合作社领办人过度追求自身利益而损害弱小农户利益取向的矫正,须通过完善法律和政策设计,防范政策实施中的寻租行为,以期法律与政策得到有效实施。

任大鹏、郭海霞:合作社制度的理想主义与现实主义——基于集体行动理论视角的思考[②]

合作社制度源于经济弱势群体"保住阵地"的一种自卫行为,它与经济强势集团成立股份公司"扩大领地"的进攻性行为有着天壤之别。合作社使弱者

① 任大鹏,王敬培.法律与政策对合作社益贫性的引导价值[J].中国行政管理,2015(5):120-124.
② 任大鹏,郭海霞.合作社制度的理想主义与现实主义——基于集体行动理论视角的思考[J].农业经济问题,2008(3):90-94.

通过联合行动促进共同利益的实现。100多年来,合作社原则虽历经修改,但"成员民主管理、按惠顾额返还盈余以及资本报酬有限"作为合作社的本质属性基本未变;同时,合作社作为一个独立的市场主体,要在竞争的市场条件下生存就要考虑效率问题。兼顾公平和效率使得合作社制度充满着理想主义和现实主义的矛盾,而实践中的合作社更是不断地调节理想主义和现实主义的平衡。

对于小集团来说,存在和认可团体成员的不平等是集体物品被提供的重要前提;而对于规模较大的群体而言,一定程度的强制性则是实现集体行动的必要条件。在实践中,我国的农民专业合作社综合运用"一定程度的强制性措施"、"一定程度上承认资金的权力从而承认成员间的不平等"以及"向合作社成员提供选择性激励等措施"来促成集体行动的实现。

从整体来看,我国的农民专业合作社还处于发展的初步阶段,分散、小规模的农户往往陷入集体行动的困境使得合作社发展缓慢;"骨干成员"存在的合作社由于能促成集体行动而发展较快;当前我国农民专业合作社面临着农业的产业化变革、市场环境的变化以及公司等营利主体的竞争压力,不得不调整自身的内部制度来适应,在实践中运用"一定的强制"、"承认差别"以及"向成员提供选择性激励"等措施,来促成集体行动的实现;合作社制度安排的特殊性以及合作社制度作为国家发展经济和稳定社会的政策工具,使得合作社天然需要政府的扶持,与专业合作社发展初期我国政府的行政介入相比较,当前政府对合作社的扶持应转到完善外部环境上来。

任梅:农民专业合作社政府规制的价值取向:偏差与矫正[①]

政府对农民专业合作社的规制,需要在确立适宜的价值取向的基础上展开。规制的价值取向,既可以体现在规制法规的拟定、出台和具体实施中,也可以体现在规制内容的偏重、规制方法的选择、规制机构的设置和职能部署以及规制主体的绩效评价中,甚至可以从规制结果中反观之。它会影响到规制者在行政过程中的行为选择,影响到规制对象对合作社发展的信心,还会影响到社会对合作社的评价及接纳程度。目前,农民专业合作社政府规制的价值取向存在一些偏差,主要体现在对农民主体地位的维护、对"规范"与"发展"的平衡和对"公平"与"效率"的取舍过程中,亟须适度矫正。

重视并大力保障弱势小农户的主体地位,是真正贯彻"维护农民主体地

---

① 任梅.农民专业合作社政府规制的价值取向:偏差与矫正[J].中国行政管理,2013(10):47-51.

位"的政府规制核心价值的关键。终归,农民专业合作社中的"农民",不应单纯以户籍定性为标准,还应以"从事农业生产"和"处于市场竞争劣势并具有合作需求"为必要条件,分散经营且为数众多的弱势小农户理应成为其中的主体,这直接决定了合作社是否能够保持其本质特征并且避免发生异化。

目前弱势小农户在合作社中主体地位没有得到体现,是市场经济规律和中国农村现实条件使然;政府的责任是通过规制扭转这一局面。在对农民专业合作社规制中,必须将更多注意力放在培养弱势小农户主体的意识上;通过促使合作社发展更多地在经济利益上惠及小农户,吸引其对合作社的关注,激发其对参与合作事业的热情;通过外部监管维护弱势小农户对合作社管理和监督的权力,为其体验民主管理提供保障;通过合作社知识的教育和培训,引导弱势小农户自觉参与合作社事务。

"先规范,再发展",是强调将"规范化"作为合作社享受政府扶持政策的必要条件,完善对规范化的引导、测量、评价、监督和推动,只扶持规范的合作社,只助力真正的合作社。

针对目前中国农民专业合作社发展状况,"公平"应当被置于更加突出的位置。政府目前对合作社的规制,应该是在维护其"公平"性的前提下,通过扶持政策引导其逐渐提高"效率",只有在合作社因"效率"劣势无法应对市场竞争时,政府才进行适度干预。

刘老石:合作社实践与本土评价标准[①]

真假合作社问题的争论关系到对今天合作社运动整体形势的判断和未来政策的走向的决定。这种判断的关键分歧不是对现有的合作社运动状态的描述,而是对合作社标准的不同把握。影响比较大的合作社判定标准有四种,即国际合作社联盟标准、严格的合作社法标准、宽泛的合作社法标准和在实践中的"多元兼容和混合标准",采用第四个标准更加符合丰富多彩的合作社现实实践。

穷究于这个盈余分配究竟是我们的理念呢,还是农民的现实利益选择?一个比较成熟的西方合作社标准是否适应我们现实的合作社发展状况?是不是在简化了合作社的标准的同时,也简化了甚至忽略了更为复杂的国内合作社发展极其复杂的经济和社会环境呢?在现有的农民非常急切地想有资金介入的情况下,是不是可以允许大股东(大户)多分多得的不均衡分配方式的存

① 刘老石.合作社实践与本土评价标准[J].开放时代,2010(12):53-67.

在,允许大股东多分得一些利益,农民少得到一些利益(不是不要利益或者被剥夺利益)?这种分配方式是不是就一定是公司专有的?农民专业合作社本质上是农民自己的公司(它有公益性质,但是绝对不是公益机构),一个合作社如果不以赚钱为第一目标是不可能生存下来的。由此我们应寻找适合我国本土的合作社评定的第四种标准,这个标准也可以叫作"民主的多元兼容和混合标准",或者叫作本土自治的合作社标准。

按此标准,今天的合作社 70% 是真的;或者说真假合作社的争论没有意义,应该留给合作社更多实践的空间。我们要能够从合作社的现实实践中寻找到我们本土的评价标准。从今天的合作社发展现实而言,重要的不是马上严格规范,而是给它们以宽松的发展环境,在实践中摸索标准,边发展边规范。

回头看看,农村很多问题搞糟了,不是因为农民自身的创造力的问题,而是因为我们太过于相信所谓的规范和制度,形成制度崇拜,以至于让这些东西伤害了民间活力。我们宁可相信没有规范,也不要相信相反方向的规范。今天的合作社还是让它们先走一走再谈严格规范的问题可能更符合实际,否则人为地加上太多的条条框框,捆绑着它们朝着我们期待的方向上走未必是好事情。

谈论合作社的规范与否确实是真问题,但是谈合作社的真假却是个假问题。

李琳琳、任大鹏:不稳定的边界——合作社成员边界游移现象的研究[①]

合作社的成员是合作社内基本的行动与权利享有单位,而在我国农民专业合作社的发展实践中,出现了一种被扭曲的成员边界关系,合作社成员身份的模糊、合作社对成员分层等方式使得部分成员被边缘化,多数成员不能有效地参与合作社的治理,甚至普通成员很难参与到分红环节,尤其是我国合作社实践中出现了一种游移的成员边界现象,如"谁是成员"、"什么时候是成员,什么时候不是成员"等影响合作社发展过程的最基本问题,使得合作社成员受具体情境的影响变成了一个可以伸缩的单元,并以这种可以伸缩的成员边界构成了合作社的成员结构甚至组织结构和治理结构。这是合作社核心成员逃避风险、获得最大收益的策略,但是也直接影响到合作社团结弱势群体的固有价值,使得合作社内部形成了权力和资源的固定格局,弱势群体因此受到阻隔,难以借助合作社的平台改变其弱势地位。

---

① 李琳琳,任大鹏.不稳定的边界——合作社成员边界游移现象的研究[J].东岳论丛,2014(4):93-98.

成员边界的不同维度：第一个维度是交易。与成员交易是合作社的特性之一，因此要把与合作社之间存在交易关系作为合作社成员的必需要素。第二个维度是治理。治理维度意味着合作社成员在交易的同时，还参与了合作社的治理。第三个维度是出资。经典合作社理论认为合作社是"所有者、受益者和惠顾者"三者的统一，成员出资才能体现出成员是合作社的所有者。因此，引出"出资"作为成员边界的第三个维度。

在逐步明晰合作社成员边界的过程中，出现了交易成员和治理成员的交集，出资成员和治理成员的交集，出资成员和交易成员的交集，以及由三个维度的交集形成的更狭隘的成员边界，即合作社成员为出资并与合作社发生交易，同时也参与合作社治理的人，或者另一种更宽泛的理解，只要与合作社之间存在联系就是合作社的成员。

合作社依据不同的价值和目标在具体情境下选择成员的维度，形成不同的成员边界，进而成员边界成为一个可伸缩的弹性范围，体现了合作社的利益相关群体对合作社性质认识的模糊，在大多数情况下表现为具有实用主义色彩的功能性模糊，"看合作社想干什么，看我的目的是什么"，并基于不同的目标按照不同的维度选择成员。

针对成员边界游移导致的一系列后果，需要对合作社的相关制度进行调试。从稳定成员边界的目标出发，调试不能在制度层面去界定成员，而是需要通过制度调试控制成员边界游移的动力，进而控制成员边界游移导致的后果，最后达到成员维度的逐渐稳定。首先，关于以交易维度选择成员边界导致的税收规避，可以调整对合作社支持政策的一些误区，比如严肃成员登记规则，对于实践中出现的设立阶段与存续阶段导致的实有成员和注册成员不一致的现象，设立相关的年检或者变更登记制度，并且保证相关手续具有简便的可操作性。其次，针对生产者成员或交易者成员贡献的被忽视，需要限制出资成员的最高出资比例，或者规定出资与其生产规模的一致，可以保证生产者的利益，从而削弱过于强势的资本话语权。再次，针对合作社内部风险和贡献不统一现象，导致核心成员治理权的集中和普通成员对权利和风险的漠视，可以通过健全合作社内部风险承担制度、明确承担风险和获得收益之间的关系来解决。最后，除了刚性的法律和政策调整，还要给合作社自身留出相应的弹性。比如以治理维度选择成员，相关的后果是导致合作社被少数人控制，制度调试并不意味着为了消除成员边界游移现象就要剥夺治理权；或者以出资维度作为成员边界导致出资成员独享剩余索取权，这也不是意味着法律要规定合作社成员的统一出资，而是要根据合作社自身实际对出资作出最高限额的规定，以改变合作社内部的过分异质性。

吴彬、徐旭初：合作社治理结构——一个新的分析框架①

诚如 Bonus(1986)所言,"合作社常处于向心力(集体组织优势)和离心力(独立经营优势)作用下的不稳定均衡状态中,而这种均衡在任何时候都可能消失,因此,它是不稳定的。"②换言之,合作社这种特殊的治理结构的非稳定态是常态。这不仅是因为合作社属于"市场-科层"治理结构谱系中游离的中间状态,而且与合作社本身就固有双重属性(共同体属性和企业属性)是密不可分的,其中,合作社的理想与旨趣更多地倾向于共同体属性,而途径和手段则主要倾向于企业属性。应当承认,在日益市场化的经济环境下,合作社的身份确证矛盾越来越突出,具体而言,其内在的共同体属性渐益模糊,而企业属性愈发明显。毕竟,当人们更多地关注于合作社在市场经济环境中的有效存续问题时,看到的更多是合作社企业;但同时,如何在发展合作社企业的同时有效保持合作社特有的理想与旨趣,则又成为更为深刻的困扰。

从根本上说,合作社治理结构的特殊性在于成员身份的同一性,即既是惠顾者,又是投资者,还是控制者。可以认为,合作社治理结构的不断演变,也是其努力适应外部环境的必然结果。虽然,以协会型合作社或传统型合作社作为起点,合作社治理结构正逐步走向股份化、逐步重视对资本的掌控力,旨在进一步加强自身的生命力和竞争力,但并不能说现代的合作社治理结构就一定比传统的合作社治理结构更好,两者之间并不存在孰优孰劣的问题,这是因为不同类别的合作社治理结构分别适用于不同发展阶段,传统的合作社治理结构是为了解决成员弱势地位带来的问题,意在"互助益贫",而现代的合作社治理结构则在一定程度上肯定了资本的贡献和作用,寻求"合作共赢"。

张红宇：把合作社规范化建设摆在更加突出的位置③

近年来,农民合作社快速发展,在建设现代农业、促进农民增收、建设社会主义新农村中发挥了重要作用。但一些地方重数量、轻质量,一些合作社有名无实、流于形式,制约了合作社功能作用的充分发挥,迫切要求加强合作社规

---

① 吴彬,徐旭初.合作社治理结构:一个新的分析框架[J].经济学家,2013(10):79-88.

② Bonus H. The Cooperative Association as a Business Enterprise: A Study in the Economics of Transactions[J]. Journal of Institutional and Theoretical Economics (JITE), 1986, 142(2): 310-339.

③ 张红宇.把合作社规范化建设摆在更加突出的位置[J].农村经营管理,2014(10):1.

范化建设。日前,农业部、国家发改委、财政部等九部委下发了《关于引导和促进农民合作社规范发展的意见》,要求各级各有关部门把加强农民合作社规范化建设摆在更加突出的位置,把运行规范的农民合作社作为政策扶持重点。这既是加快构建新型农业经营体系、推进农业现代化的重要举措,也是维护成员合法权益、增强合作社发展内生动力的客观要求,还是承接国家涉农项目、创新财政支农方式的重要基础。当前和今后一个时期,应把规范化建设摆在更加突出的位置,不断提高合作社发展质量和水平。

把规范化建设摆在更加突出的位置,必须健全合作社规章制度。章程是决定合作社发展方向的根本制度,要指导合作社制定并完善符合自身特点的章程。引导合作社加强制度建设,建立健全财务会计、社务管理、盈余分配等各项制度,完善成员账户和档案,进一步明确资产产权权属关系,使合作社做到依法依规办社、照章程制度办事。

把规范化建设摆在更加突出的位置,必须完善合作社运行机制。要充分发挥成员(代表)大会、理事会、监事会的作用,尊重成员的主体地位,坚持"一人一票"的民主决策办法。"三会"要切实履行好各自的决策、执行和监督职责,有效运转、密切配合。

把规范化建设摆在更加突出的位置,必须加强合作社带头人培养。理事长是合作社的"领头雁",合作社发展好不好、规范不规范,带头人至关重要。要强化合作社带头人培养,将培养对象纳入现代农业人才支撑计划、新型职业农民培育工程等项目培训对象。制定优惠政策,鼓励农技人员、农村能人、高校毕业生等领头创办合作社,提高合作社依法办社能力。

把规范化建设摆在更加突出的位置,必须发挥合作社辅导员作用。辅导员制度是我国合作社发展中一个特有的制度安排,要充分发挥这一制度优势,加快推进辅导员队伍建设,建立多层次的指导服务体系。建立健全辅导员联系合作社制度,围绕影响合作社规范发展的突出问题和薄弱环节,深入开展调查研究,通过结对帮扶、包社服务、送策入社等方式,面对面、手把手帮助合作社完善规章制度,提高规范化管理水平。

把规范化建设摆在更加突出的位置,必须推进合作社示范社建设。引导示范是促进合作社规范发展的有效手段。要深入推进示范社创建,评定一批各级示范社,加强动态管理,实行优胜劣汰。把运行规范的合作社作为政策扶持重点,进一步完善财政、税收、金融等支持政策,引导合作社加强制度建设,完善民主管理,增强服务意识,让广大农民群众更多受益,提高合作社凝聚力和吸引力。认真总结推广各地依法办社的先进典型和经验做法,树立一批可学可比的标杆和样板,营造规范办社、比学赶超、争创先进的良好氛围。

张晓山:农民专业合作社的发展趋势探析①

合作社的功能越多,享有的政策优惠越多,各个利益相关方就越有积极性来建立、利用和发展合作社这个平台。但同时,合作社在发展中又暴露出种种不规范的问题。在实地调查中发现的种种问题会使我们发问:这样发展的合作社是我们所期望的合作社吗?应该说,农村改革发展中暴露出来的问题也同样体现在合作社的发展中,中国农民专业合作社创立和发展的实践必然会丰富有关合作社的政策,促进相关法律的完善,正在发展的合作社也将不断面临挑战。

从现实情况看,没有大农(专业大户)的加入,没有合作社的企业家,就不可能有成功的合作社。目前,发展好的专业合作社,往往是大户主导,设立门槛,排斥小农。如果我们的基本判断能够成立,即当今中国农村农户的构成将长期保持少数专业种植、养殖和营销专业户与大量的小规模兼业农户并存的格局,那么在鼓励和扶持农村专业大户和技术能手组织起来、成立合作社的同时,在合作社内部大户社员和普通小农户社员之间能否建立一个合理的利益联结机制?这些大户及他们发起组织的协会或合作社能否起示范效应和带动效应,把他们的技能、知识、管理和市场渠道扩散给其他的群众,尤其是村里的弱势群体,是否能建立一种机制促使和保证他们这样做?这两个问题是合作社能否健康发展、合作社能否恪守其基本原则和价值观念的关键。

原有的农业产业化经营中的"公司加农户"的形式或是内部化于合作社之中,或是公司越来越多地利用合作社作为中介来与农民交易。

龙头企业内部化于合作社中,外部矛盾转化为内部矛盾究竟是利大还是弊大?一些地方的实践表明,开展初加工、深加工和营销服务的多数是依托龙头企业创办的合作组织;农民自主创办的合作组织基本上以技术信息服务和对产品进行简单包装为主。在合作社内部,龙头企业与农民社员如何建立紧密型利益联结机制?这种机制应该是公平合理的利益联结机制,它能否建立就要看合作社内部的所有权、控制权和受益权在作为社员的专业农户与龙头企业之间怎么划分。

在《农民专业合作社法》颁布后,随着地方政府重视程度的提高,专业合作社的功能增加、作用增强。合作社在经济上越活跃,与村、社区组织之间产生

---

① 张晓山.农民专业合作社的发展趋势探析[J].管理世界,2009(5):89-96.

的经济联系就越多,中国村一级范围内的专业合作社与社区合作社的碰撞与融合的问题也就越突出。

在审视中国当前涌现出的农民专业合作社时,必须牢记,我们处在社会主义初级阶段,《农民专业合作社法》是社会主义初级阶段的一部法律,它将随着合作社的发展而不断修改和完善。尽管《农民专业合作社法》已经对合作社的基本原则、成员构成、组织机构和法律责任等作了规定,有关部门也出台了《农民专业合作社财务会计制度(试行)》《农民专业合作社示范章程》等文件,但由中国农业现代化的发展模式所决定,处于社会主义初级阶段的合作社在实践中必然呈现异质性和多样性的特点,它们只有在发展中才有可能逐步规范。关键是合作社朝什么方向发展。在今后合作社的发展进程中,作为社员的农民(从事农产品专业生产或营销的专业农户)能否成为专业合作社的利益主体,他们在合作社中的经济利益是否能得到维护,民主权利能否得到保障,他们获取的剩余能否增加,合作社的资产所有权、控制决策权和受益权是否能主要由他们拥有,这应是农民专业合作社未来走向健康与否的试金石,而这也必须由实践来检验。如果农民专业合作社真正能以专业农民为主体,由他们在制度安排上进行大胆的探索,他们必能应对面临的挑战,解决令我们困惑的问题,其成功或失败的经历都将丰富合作社的理论与实践,并为国际合作社运动作出应有的贡献。

张晓山:农民专业合作社规范化发展及其路径[①]

中国农民专业合作社发展走的是"先发展,后规范,在发展中规范"的路子,现在看来是发展有余,规范不足。究竟什么样的合作社是规范的合作社?规范的合作社在中国有没有发展的空间?有没有生命力?如何促进规范的合作社的发展?这些问题值得深思。

农民专业合作社发展多样化、异质性具有必然性:第一,混合型多样化的农业经营模式为农民专业合作社的异质性发展提供了现实可能。第二,《农民专业合作社法》的相关条款为农民专业合作社的异质性发展提供了法理依据。

农民专业合作社规范发展的难点是龙头企业与农民社员之间建立公平合理的利益联结机制。在农业产业化经营中,工商及金融资本以龙头企业的形式进入农业,是剥夺小农户利益还是实现双赢,这是一个不可回避的问题。同样的问题也出现在农民专业合作社的发展之中。龙头企业内部化于合作社

---

① 张晓山.农民专业合作社规范化发展及其路径[J].农村经营管理,2014(12):25-26.

中,外部矛盾转化为内部矛盾究竟是利大还是弊大? 在合作社内部,龙头企业与农民社员如何建立紧密型利益联结机制? 这种机制应该是公平合理的利益联结机制,它能否建立就要看合作社内部的所有权、控制决策权和剩余索取权在农户社员与龙头企业之间怎么划分。

实践证明,龙头企业领办的合作社中,龙头企业与普通农户社员对合作社行使的权利差异很大。鉴于龙头企业拥有了合作社经营成功所需的资本、技术、营销渠道、品牌等核心稀缺资源,并承担了经营风险,这种制度安排决定了龙头企业成为合作社资产的主要所有者,是控制决策权和剩余索取权的主要掌握者。这也将造成普通农户社员在合作社的决策以及剩余分配中更加处于相对弱势的地位,从而与龙头企业的经营实力、收入差距进一步拉大。

农民专业合作社规范化是发展路径的选择。没有合作社企业家,就不可能有成功的合作社。目前,发展得好的农民专业合作社,一种是大户主导,设立门槛,排斥小农,另一种是龙头企业领办,资本占据主导地位。在中国农民专业合作社事业发展的初期,专业大户领办或资本所有者领办合作社有其现实的合理性。政府政策的着力点应当顺应合作社的发展趋势,在继续鼓励、引导各类社会精英带领农民发展合作社的同时,强化对政府扶持资金的用途和收益分配的监督力度,以保障扶持资金最大可能地让广大普通农户受益,而非被个别领办人或企业占有。

新一代合作社的特点是合作社办企业。中国农民专业合作社当前的特点是企业进入并领办合作社。要想改变资本对普通农户社员处于支配地位的现状,让农户社员逐渐获取更多的合作社资产所有权、控制决策权和剩余索取权,唯一的途径是社员通过入股和扩股向农产品销售、加工和流通环节发展,使农户社员逐渐掌控资本,成为企业的所有者或大股东。持有股份应成为合作社成员的重要标志,因为成员以其出资额在合作社中承担相应的责任,也享有相应的权利;出资也是合作社成员行使民主权利的基础。以股东社员为主组成的合作社自身成为龙头企业,将经济活动向农产品流通和加工领域拓展,使从事第一产业的农民社员能分享初级农产品进入二、三产业的增值收益,最终实现服务利用者和服务提供者身份的统一。这是发展现代农业、增加农民收入的最佳途径,是应该鼓励和倡导的发展方向。通过这条途径可使合作社成为社员具有同质性的组织,也就促进了合作社的规范化。

张晓山：关于中国农民合作社可持续发展的几个问题①

如何促使农民专业合作社和其他各种类型的农民合作社遵循合作社的基本原则，健康、可持续地发展？以下几个方面的问题可能需要重视。

1. 农民专业合作社可持续发展的底蕴来自于合作社的理念、价值观和人文精神的培育

中国农民组建或加入合作社，在很大程度上不是追求某种理念，而是因为合作社这种组织可以满足社员的需求，保障和增进他们的经济利益。但这种具有浓重功利主义色彩的合作社的盛行必然影响合作社的健康可持续发展。

中国农民合作社能否可持续发展则取决于农民社员民主意识的发育、人文精神的觉醒及对合作社理念的执着追求。这在很大程度上，也与农村基层民主制度的发展与完善密切相关。合作社是民主的大学校，农民在这里学习政治民主和经济民主，培养共同的价值观，这是最宝贵的财富，也是合作社可持续发展的底蕴。中国存在合作社发展的土壤，但只有在我国的经济民主和政治民主不断发展壮大的制度环境下，合作社才能真正健康发展，而不是发展为异化的、充满实用主义的合作社。

2. 中国农民合作社可持续发展需要理论创新、法律修订和合作社企业家的涌现

在全球化的大背景下，中国合作社的理论工作者要从中国的基本国情出发，随着社会经济生活的变化，对合作社的基本原则和技术细则作出符合中国具体国情的理论创新及诠释，争取创建合作理论的中国学派。

《农民专业合作社法》还是一部处于社会转型期的法律，它应在正确理论的指导下，随着形势的变化和合作社的发展而不断修改和完善，为合作社制度安排上的探索提供法律依据。

合作社的创立与发展既需要具有奉献精神和崇高理念的先驱者、思想家，也需要善于经营的合作社企业家。没有优秀的合作社企业家，就不可能有成功的可持续发展的合作社。应培养一批合作社企业家，提升合作社企业家群体的素质，引导他们与农户形成利益共同体，由此奠定中国农民合作社下一步健康可持续发展的人才基础。

---

① 张晓山.关于中国农民合作社可持续发展的几个问题[J].中国合作经济，2014(10)：4-6.

3.充分保障农民社员利益的产权制度和有效的激励机制是合作社可持续发展的重要条件

合作社社员的合作理念的形成以及政治民主和经济民主意识的养成与他们和合作社资产以及经济活动之间的关联度有直接关系。我国广大农民社员明晰合作社产权的强烈愿望有理论依据、历史原因和现实原因以及法律依据。

4.正确处理政府扶持与合作社内生发展之间的关系是合作社可持续发展的关键所在

中国农民合作社可持续发展与否的一个重要问题是如何防止合作社发展的异化。各级政府官员传统的政绩观和考核晋升机制尚未退出历史舞台,这也必然会扭曲政府与合作社之间的关系。在发展农民合作社尚未成为主要政策导向时,各级地方官员对合作社漠然待之,任其自生自灭;当农民合作社的发展受到中央高度重视时,各级地方官员又表现出过度热情,甚至定指标、下任务,揠苗助长。

中国农民合作社的发展实践表明,如果没有政府的财政支持,农民作为所有者主体的合作社很难发展起来。政府要作为第一推动力,使合作社度过艰难的起步阶段。但政府的过度扶持又会损害合作社自身发展的主动性。实践中,地方政府在鼓励和倡导创立合作社时,往往给合作社提供许多优惠条件。其结果是,合作社的创办者往往不是从最初的理念出发,不再是为了实现社会公平之类的目标,而是将合作社视为获取政府拨款和优惠政策的名目。

在龙头企业领办和大户领办的合作社中,当政府资金和优惠政策注入时,如何防止和避免出现"精英俘获"的现象,使普通农民社员也能从政策优惠和扶持项目中受益?在目前形势下,建立示范社或规范社的名录,普及合作社财务管理软件系统,通过信息化手段并结合实地考察及抽查对列为规范社或示范社的合作社进行有效的动态监管,让不合格的合作社限期整改或退出,这可能是一种可行的做法。

关于政府扶持的合理度的问题,从理论上讲,无论何时,只要政府援助一旦撤销,这个合作社若是日渐衰败,甚至有消亡的危险,就表明这样的合作社主要靠政府的扶持过日子,缺乏自身发展的活力和可持续性。但在实践中往往很难识别这样的合作社。治本之策是使合作社提高自立的程度,合作社摆脱依赖性、获取内生发展动力的一个重要条件是合作社的财政独立。"谁出资谁做主"在很大程度上是正确的。合作社必须努力使比重越来越大的财政资源由合作社内部产生,而使政府扶持的比重持续下降。

张颖、任大鹏：论农民专业合作社的规范化——从合作社的真伪之辩
谈起①

整体来看，合作社是具有发展阶段性特征的，要允许不同类型的合作社同时并存，所以只要是不违反法律的强制性规定，就不应以理想主义色彩的合作社理念来评价或者判断实践中的、丰富的、多元化的合作社的真或伪。与此同时，产权、治理无疑是体现合作社特质的核心要素，但归根结底真伪合作社的界定和区分应该以《农民专业合作社法》为依据，所以问题的关键是如何准确理解和把握《农民专业合作社法》的制度和思想。真伪合作社的概念是基于实践中的争论，并不是本文作者的首创。必须说明的是，一些所谓的伪合作社虽然在某些方面不符合合作社的特征和《农民专业合作社法》的规定，但在提高农民进入市场的组织化程度、解决农产品销售困难问题、农业和农村经济的繁荣和发展中，也发挥着一定程度的作用。真伪问题的实质在于，伪合作社使用合作社名义获得了国家对合作社的扶持，会挤压真正的合作社的利益空间，因此需要在合作社登记和运行过程中辨别、区分。农民专业合作社的规范化运行本质是要有符合合作社特质和法律规定的产权制度安排和治理结构。

邵科、徐旭初：农民专业合作社发展的价值遵循、实践创新与未来取向②

如何认识和看待合作社，一直有着理想主义和实用主义者之间的价值分歧。理想主义者对合作社寄予了更多的社会与政治方面的价值期望与功能要求，他们对合作社自身的制度安排有着较为强烈的公平优先的组织目标导向；其中的一些原教旨主义者更是没有放弃对借助合作社实现乌托邦理想国的价值追求，对合作社组织制度安排有着近乎苛刻的理念原则要求。而实用主义者则相信，与其乌托邦式地空想，还不如更加脚踏实地地做事；合作社可以根据市场与社会环境要求相对灵活安排组织制度、创新组织运营模式，让组织在日益激烈的市场竞争环境中生存和发展。

当前中国的农民专业合作社发展，不应赋予合作社太多的意识形态色彩，不应以乌托邦式的理想主义要求其规范发展。中国的农民专业合作社应努力致力于掌握市场生存技能（学会提高产品品质、提升品牌价值等），累积合作社

---

① 张颖,任大鹏.论农民专业合作社的规范化——从合作社的真伪之辩谈起[J].农业经济问题,2010
(4):41-45.
② 邵科,徐旭初.农民专业合作社发展的价值遵循、实践创新与未来取向[J].农村工作通讯,2014
(19):37-40.

发展壮大所需资金设备（通过市价销售和提取公积金等）；学会公平而不是平等地对待每一个成员；通过事后分配方式分享利润，推动成员更为积极地关心合作社事务。也即中国当下的农民专业合作社实践，不应机械化地照搬（坚守）西方合作社的传统价值理念，更应（暂时）放弃对依托合作社改造社会制度的乌托邦构想，基于本土情境推行实用主义的发展思路，把合作社打造成为能适应社会主义市场经济环境的造福弱质农业、弱势农民的益贫性组织化平台。

由于自然环境的丰富性和行业特征的多样性，中国当下的农民专业合作社实践，表现出了差异化的创新实践。这其中有不少合作社的业务发展模式与组织制度安排，已经相对超越了传统合作社的发展原则与思路，体现出了中国情境下的阶段性、复杂性或变异性特征。现象一：单个农村能人在同区域领（创）办多家合作社或多类主体。现象二：老板投资的合作社与农业公司分别负责农产品集货与销售。现象三：合作社核心成员投资租地建设核心（示范）基地并雇工经营。现象四：村干部领办农地股份合作社，实行自我经营或者转租他人。可以说，上述四种现象是当前中国农民专业合作社发展过程中涌现出来的新情况、新问题的代表，这些现象是属于经营模式创新还是合作社组织的变异存在一些争议。上述现象都或多或少体现了我国农民专业合作社"强者牵头、弱者参与"的成员格局。就本质而言，如何客观理性看待农村能人、大户在合作社中的作用是一大核心问题。笔者认为"效率优先、兼顾公平"的发展原则或许是中国当前面对和处理合作社发展新情况、新问题的最好选择。

对于中国当前的农民专业合作社的未来发展而言，必须意识到：①合作社组织制度不是"万金油"，只有在适宜领域才能生根发芽、茁壮成长。不能以原教旨主义的心态或者理想主义的乌托邦情结对待和发展农民专业合作社。那种必须以小农或传统意义上的"贫下中农"领导，实行严格的"一人一票"，平均而非公平要求股权、惠顾和治理结构安排的合作社才是"真合作"的观念必须纠正。②乡村能人拥有的资本、技术等优势，多数是经历优胜劣汰后的市场选择。由他们带领合作社发展，能够使合作社具备某种生产经营上的能力和资源优势，借助这些能人的素质才能帮助合作社在市场竞争中更好生存和壮大，也只有一个不断发展的合作社才能更好地造福全体农民成员。③中国情境下的农民合作社发展一定有属于自己的制度和业务模式创新。比如不少惠顾者已经从原来的基于交易量返还的经典状态，演变为多要素投入（并且资金层面的要素投入正在强化）；一些成员可能不再扮演产品惠顾者角色，但他们在投资合作社的同时仍是生产相关者，即可能仍在具体参与合作社的农业生产经营事务。再比如，合作社的民主管理已经从传统的全体成员的一人一票制度，演变为理事会成员特别是理事长等少数人对多数日常经营事项拥有关键决策权，他们多数时候扮演了类似公司总经理的角色。

对于政府部门而言，一是要创造公平与法治的市场环境，使农民专业合作社能更好地茁壮成长；并通过对农民成员的培训教育宣传等，改变农民偏好即时现金交易、不爱承担经营风险、不愿出资入股的传统习惯。二是要以修改《农民专业合作社法》为契机，通过强化成员人人入股（每位成员都要出资入股合作社），限定单个成员持股上限（如 20%）；强化一户一人（每个家庭只允许有一名代表参加同一个合作社），提高合作社最低注册成员数量（如最低 20 户成员）等方式，推动和鼓励合作社成员进行业务、资本与管理三个维度的全方位参与，确保合作社的管理事务不由少数人说了算，同时还可以考虑通过完善成员代表大会制度，消除成员规模扩大带来的普通成员管理参与难度提高的问题。三是要考虑从原来的扶持项目事先申报审批制度，改为项目建设事后奖励补贴方式；鼓励政府部门增加合作社项目建设贴息贷款支持力度，建立合作社项目投资公共担保基金等。借此更好发挥财政支持合作社的金融杠杆作用，提高财政资金的使用效率。

苑鹏：试论合作社的本质属性及中国农民专业合作经济组织发展的基本条件[1]

从我国农民专业合作经济组织的实践看，我们不排除许多合作社领办人与农户之间仅仅是简单的、随机的买卖关系，与其说它们是合作社，不如讲是两个市场主体之间的一种普通的交易行为。然而，我们也不能因为领办人与社员之间是提供者与利用者的关系而简单地否定其组织创新，否定组织的合作社性质。因为对于这些合作社来讲，在入社前，不论是农户社员，还是企业社员，他们都是已经存在的独立的供货企业和加工或销售企业，双方选择合作社这一共同体的组织形式就意味着从双方认识到通过限制或控制他们未来的行动能够实现比没有合作时更高的收益。

我国农民专业合作经济组织的发展是市场经济的产物，制度创新再次表明，合作社并非来自合作思想家或政府的设计，而是来自农民参与市场竞争下的需求与渴望。尽管合作社的种类各有不同，并且它们内部的运行机制、满足社员的程度也千差万别，但是合作社制度安排的本质是一样的，即它是以满足

---

① 苑鹏.试论合作社的本质属性及中国农民专业合作经济组织发展的基本条件[J].农村经营管理，2006(8):16-21.

使用者的需求而不是以投资者资本增值为基础建立的,它是建立在保持家庭独立承包经营的基础上,它是以自愿联合起来的使用者为导向的。它是用户所有、用户所控、用户所享,促进用户共同经济利益的自助组织。而用户的所有权、控制权和收益权是建立在社员对合作社的使用的基础上的。

苑鹏:中国特色的农民合作社制度的变异现象研究①

不论哪种形式的合作社,都实现了领办人和农户的帕累托改进。尽管在合作社内部治理中,民主原则、收益分配原则已经被领办人所控制,但是,由于成员入社自愿、退社自由原则得到了较好贯彻,从而保障了农户的入社收益。并且,外部农资市场、农产品市场、土地市场竞争越充分,村庄政治民主建设越深入,农户社员可能获得的收益也将越有保障。这是因为只有让农户群体获益,合作社的成员基础才能巩固,领办人的自利动机才能实现。然而,不管怎样,在合作社中,领办人与农户的帕累托改进程度是明显不同的。鉴于领办人拥有了合作社经营成功所需的核心稀缺资源,并承担了经营风险,这种制度安排决定了合作社的剩余收益权归属领办人。这也将造成农户群体在市场竞争中更加处于相对弱势的地位,与领办人群体的经营实力、收入差距进一步拉大。并且,由非农民生产者领办的各类合作社产生的一个共性问题是:它们的出现使得小农发展自身合作社的机会更小。这是因为无论是从自身的风险态度、创新精神、资本实力、技术、经营管理才能、捕捉市场机会的嗅觉等方面,还是从外部的社会资本网络资源方面,小农都无法与它们相比;非农民生产者领办人具有或掌握了小农缺乏的、市场竞争所必需的各种稀缺性资源。在当今农产品市场竞争白热化的情况下,这意味着小农成为合作社企业家的可能性日趋渺茫,意味着农民生产者自身组成的同质性的经典合作社的发展前景黯淡。

尽管成员"所有者-利用者"同一的经典合作社在中国仍然存在,并有不少成功的案例,但是,这种形式被边缘化了,成为非主流。变异已经成为中国农民合作社发展初级阶段组织创新最突出的特征。变异不仅体现在成员关系、决策原则、收益分配规则和经营规则等方面,而且表现在合作文化、合作哲学等方面,其结果是合作社的组织性质变异:由利用者组成的组织、"所有者-利用者"同一的成员共同体,走向"所有者-业务相关者"同一、相关利益群体共同组成的联盟。

---

① 苑鹏.中国特色的农民合作社制度的变异现象研究[J].中国农村观察,2013(3):40-46.

中国农民合作社制度安排变异的理论解释在于：经典合作社发展的制度环境不复存在。首先，在成员关系上，从联合集体行动的有机体走向非零和博弈的联盟；其次，在内部治理上，决策权安排由民主控制走向大股东控制；第三，在合作社企业家主流群体构成上，自利的精英分子取代具有合作精神的企业家；最后，合作社的哲学基础由集体主义走向个人主义，合作文化由互助走向互惠。

赵晓峰：农民专业合作社制度演变中的"会员制"困境及其超越[①]

近年来，农民专业合作社的制度化进程缓慢，规范化程度不仅没能得到有效提升，而且实践运作规则还有进一步背离文本制度的趋势，甚至广泛地出现了从合作制向会员制蜕变的现象。农民专业合作社制度演变中的"会员制"困境主要表现为弱势农户的合作权利困境。具体来看，这些合作社都具有以下几个乃至全部的表现特征：第一，普通社员没有参与合作社日常决策和管理的民主权利。第二，普通社员参与合作社"二次返利"的权利得不到保障。第三，合作社没有为社员建立规范的成员账户。第四，普通社员很少能够享受到"政策性收益"。第五，普通社员的合作收益分享权容易遭到排斥。第六，与合作社有业务往来的非正式社员的合作权益受到侵害。

"会员制"困境的生成机制与制度逻辑：首先，国家层面的妥协与包容为合作社的非规范化发展提供了宽松的制度环境。其次，地方政府的政绩导向和利益驱动为合作社的非规范化发展创造了机会和条件。再次，农技人员、大户和企业的逐利性与关系运作是合作社非规范发展的内在动力与关键机制。第四，核心社员与普通社员之间的复杂博弈带来的集体行动困境是造成合作社非规范发展的重要内因。最后，普通农民朴素的公平观念为"会员制"的存在提供了社会文化基础。综上，农民专业合作社制度表达与制度实践的背离，是参与其中的多元利益主体利用各种技术和手段营造自我逐利空间，努力改善自己的境遇，不断斗争与博弈的结果。目前来看，这种制度的博弈已经达到一种阶段性的均衡状态，表现为制度演变的相对停滞与"会员制"困境的生成。并且，这种制度均衡正在为日后推动制度创新和制度变迁积累阻碍性力量，原本动态的制度博弈正在向静态的制度均衡转变。同时，应该看到普通社员正在从不愿参与合作社管理向不能参与合作社管理的方向转变，这是造成"会员

[①] 赵晓峰.农民专业合作社制度演变中的"会员制"困境及其超越[J].农业经济问题，2015(2)：27-33.

制"困境的深层次原因。

如果缺乏新的变量,如果不能注入新的推动力量,合作制度的演变就会产生越来越严重的路径依赖,难以走出博弈均衡的制度陷阱,制度表达与制度实践的背离就将长期存在。但是,也应看到,合作制度的创新及变迁是一个缓慢的社会过程,尤其是当前中国农民专业合作社的规范化建设尚处于初级阶段,只要能够采取行之有效的措施,调动普通社员参与组织管理的积极性,规范核心社员与普通社员之间的利益关系,努力引导合作社规范化发展,就有可能使合作制度的演变超越"会员制"困境,走出一条健康可持续的发展道路。

政策启示:首先,促进农民的合作权利观念从传统向现代顺利转型是化解"会员制"困境的内在动力。其次,保护农民依法维护合作权益的正当行为,规范核心社员与普通社员的利益关系,逐步实现合作制度表达与制度实践的统一是推动合作社超越"会员制"困境的重要保障。第三,适时修订合作社法,完善相应的规章制度,并对合作社实行分类管理,为合作社的发展营造良好的制度环境是推动合作社规范化发展的客观需要。

赵晓峰、何慧丽:农民专业合作社发展面临的结构性困境与突围路径①

当前实践中合作社发展的主流路径是政府部门和资本利益合流,共同推动发展起来的专业合作经济组织。

受结构性因素的制约,农民完全依靠自身的力量发展合作社的现状和前景都不令人乐观。而资本和部门下乡主导合作社的发展,对农民增收几乎不能发挥任何实质性的作用,还变相地压缩了农民依靠农业生产获利的空间。

应当审视农民专业合作社发展的目标定位问题,对以下关系进行辩证的再认识:①家庭联产承包制与农业生产经营效益。当前发展农民专业合作社,不应是以资本和部门下乡的方式推动农业规模化经营的速度,而应是在允许农地自发流转的前提下,建立在小农生产结构还将在未来一段时间内长期存在的基础之上,发挥双层经营体制中"统"的功能。②资本的利益与农民的权益。不能将希望寄托在资本身上,必须依赖农民自发、自愿形成的合力,依赖政府的推动力,以维护农民的基本经济权益为出发点,推动农民专业合作社的健康良性发展。③少数农民的增收权与大多数农民的收益权。当前国家力量介入农民专业合作社的发展,应将着力点放在增强弱势小农的市场地位,促进

---

① 赵晓峰,何慧丽.农民专业合作社发展面临的结构性困境与突围路径[J].农业经济,2013(3):24-26.

"大农"带"小农"的机制上,逐步构建起一个能够确保大多数农民收益权不受侵犯的新的合作制度框架。总而言之,当前的农民专业合作社,应该以小农生产结构为发展之基,以保护农民的经营收益权为发展目标,使绝大多数农民都能从中获益,而避免其沦落为资本和部门下乡的利用工具。

胡明霞、胡耘通、黄胜忠:农民专业合作社规范运行的监管机制探析①

作为一种能有效提升农民组织化程度的社会经济组织,合理的监管才能促使其在遵循市场规律的前提下发挥应有之功能。经过多年的探索和积累,我国基本构成"正式立法—国务院行政法规—中央部委行政规章—地方性法规"四个层次的关于合作社政府监管体系:从政府角色来看,政府对合作社的制度特征、角色定位、扶持及监督等的认识逐渐清晰,将自身角色定位为扶持、服务和引导;就监管内容而言,覆盖了合作社的管理活动、商业活动、资本活动、技术活动、会计活动和安全活动。

然而,从政策实施的实践来看,对农民专业合作社发展的监管存在以下三个鲜明的特征:①"先发展,再规范"的路径主张;②"强效率、弱公平"的价值导向;③"九龙治水,政出多门"的规制格局。

完善农民专业合作社监管机制的思考与建议:①明确发展导向。民主管理始终是合作社制度的核心。合作社可持续发展的根本动力,既非来自资本,也非来自政府,而是源于成员主体性的充分发挥。因此,政府通过监管来维护农民的合法权益,培养其作为主体成员的民主意识至关重要。作为维护农民主体地位的延伸,"重公平、促效率"监管价值与"边规范、边发展"的监管路径成为必要。"重公平、促效率"强调合作社要维护公平,并在此基础上提高经济效率。效率追求应当置于市场中,由市场规律解决;而公平需求才是政府关注的重点。公平决定了合作社的质的规定性,而效率决定合作社的发展动力。"边规范、边发展"注重将"规范化"要求作为合作社健康发展的必然前提。我国已经跨越单纯追求合作社数量的低级阶段,通过规范化提升发展质量的任务日益紧迫。②完善准入制度。针对过于松散的准入制度,监管部门应当制定实质性审查标准,提高合作社市场准入的严格性,具体包括:判断申请人是否具有真实加入合作社、进行生产经营活动的意愿;核查合作社的实际出资、规模大小及运作情况,防止虚假出资;对合作社软硬件条件进行核实,包括章

---

① 胡明霞,胡耘通,黄胜忠.农民专业合作社规范运行的监管机制探析[J].农村经济,2015(6):125-129.

程、资产、硬件设施及场地等。总之,严格市场准入制度,能够防止愈演愈烈的合作社虚报瞒报现象,从而保障农村市场的安全和稳定。③强化审计监管。第一,为解决内部社员"一股独大"的非民主决策陋习,为使对合作社监管形成合力,在监事会下设立内部审计机构,代表监事会进行审计监管。第二,为真实完整地评判被审计人的忠实义务,社会审计范围应贯穿被审计人履行忠实义务行为的全过程。第三,特别审计监管是对社会审计监管制度的有益补充,在监管部门认为有必要时或者由社员申请启动,可以针对合作社如何合理、有效使用扶持资金进行监管。④创设退出机制。促进农民专业合作社的规范运行,需要引入良性的竞争机制,适时建立解散退出机制,配套设置科学、完善的绩效考核指标体系。对合作社绩效主要可以从组织运行、经营活动、社员收益、发展创新和社会影响等方面进行评价和测量,及时淘汰不合法、不规范、没有生命力的农民专业合作社,规避、消除合作社发展中的不健康因素和可能的风险。⑤增强扶持监管。近年来,各级政府对于农民专业合作社的物资资源投入力度越来越大,涉及面越来越广,然而,绝大多数资源投入又都是选择性再分配的。其结果是,在规模偏好性和示范偏好性的驱动下,仅仅少数能人领办的农民专业合作社得到了公共财政的支持,因为选择性再分配的特殊主义更为彻底,它更有能力诱使能人领办的农民专业合作社依附于有关部门或干部。完善对政府扶持项目的监管至关重要,只有激励与监管并重,才能促使政府的扶持政策发挥正效应。

秦愚:中国农业合作社股份合作化发展道路的反思①

引入多种类型成员的股份合作化农业合作社,究竟是适应中国国情的必然选择,还是特定时期的权宜之计?

现有对于股份合作化农业合作社的解释多为家庭农产品生产者能力薄弱,并且这种状况短时间内不能得到改变,只好在股份制与合作制之间找了一条有中国特色的中间道路,合作社本身没有非常明确的定义,于是强调股份合作化的实践性和中国特色,将其装进合作社这个"筐"。本文认为,影响股份合作化道路产生和发展的深层因素有两个,一是如何认识家庭农产品生产者在农业现代化进程中的地位和作用,二是国家政策在家庭农产品生产者与农业产业链条其他参与方之间该倾向谁。

---

① 秦愚. 中国农业合作社股份合作化发展道路的反思[J]. 农业经济问题,2013(6):19-29.

　　在如何认识家庭农产品生产者在农业现代化进程中的地位与作用问题上，国内长时间存在两种观点。一种认为农业产业化、现代化就是生产阶段实现企业化生产，土地集中，形成农业资本家和农业产业工人，追求大规模的农业产业化示范区，或者动辄出现上千亩土地流转至个人手中，进而认为农业家庭生产是落后的生产方式，是农业现代化的障碍；还有一种观点认为，尽管承认家庭生产是农业生产阶段的基本经营制度，但从农业产业链的角度看，种养阶段的下游环节更重要，家庭生产者即使自己组织起来也没有多大作用。前述几种经济理论的共同结论是股份合作降低了农产品生产者的努力等投入，基于上述两种观点认为农产品生产者的投入不重要，股份合作化便成为合理选择。家庭生产者组织起来可以弥补家庭生产的缺陷，但股份合作不是家庭生产者的组织，不能起到弥补缺陷的作用。被认为不重要就会受到歧视，例如认为农产品生产者在合作社中境遇有所改善就应该满足了，不应该再有其他更高的诉求。

　　国家政策在家庭农产品生产者与农业产业链条其他参与方之间该倾向谁？农业的特性决定家庭生产者很重要的同时又很脆弱，家庭农产品生产者群体往往是国家保护的对象，比如对农业生产者补贴、限制外国农产品进入、限制产业资本进入、限制产品数量、鼓励和帮助农产品生产者进入产业链下游等。保护家庭生产者也是保护农业、保护消费者。发达资本主义国家崇尚资本，但其农业合作社是生产者导向，不是资本导向，在刻意限制资本；在中国却推行资本参与甚至导向的农业合作社制度，向资本和部门敞开大门，从内部瓦解生产者自己的组织，于情于理都需要深思政策层面到底该倾向谁。

　　引入多种类型成员的股份合作化农业合作社不是适应中国国情的必然选择。股份合作化只是特定时期的权宜之计，不能因为强调国情而改变事物的发展规律和合作社这一经济组织形式的本质特征。通过2013年中央一号文件可以看出"兼"与"专"并存到"专"的转变过程会加速完成，"专"这一阶段的到来比预想的要快，使得农业合作社的发展具备基本条件。同时要认识到家庭农产品生产者在农业现代化进程中的地位和作用，国家政策层面应向家庭农产品生产者倾斜，赋予农产品生产者说话权。专业大户、家庭农场等职业农民化的农产品生产者自己会选择最合理的组织方式，中国农业合作社的真正发展时期将会到来。

徐旭初：农民专业合作社发展辨析——一个基于国内文献的讨论①

当兴办合作社成为一种任务（特别是地方政府考核的任务）、一种时髦（特别是彰显所谓益贫偏好的时髦）、一种手段（特别是可以比较轻松地套取政府直接财政扶持的手段，以及相关主体参与寻租的手段）时，人们面对的必然是一片莽莽的"合作社丛林"，数量众多，类型繁杂，良莠难辨。而对于具有共同体属性（甚至可以说是意识形态色彩）的农民专业合作社，社会各界无疑格外关注其现实形态的合意性。

近年来，时隐时现地贯穿在诸多合作社研究中的核心问题是合作社的质性规定（制度特性）问题，即究竟什么是使合作社有别于其他组织形式的——就是成为这种而非那种组织形式的——质的规定性？更加有趣的是，每当该问题凸显的时候，往往就是合作社实践特别多元、合作社类型特别丰富，而人们又难以辨识其质性的时候。

探讨合作社的质性规定与制度边界，实际上应有三个层面：一是合作社的本质规定性，这是核心问题；二是合作社的基本原则，这是本质规定性的具体体现；三是合作社的质性程度，亦即每个合作社在多大程度上符合合作社的本质规定性及其基本原则。一般说来，合作社的本质规定性是服务社员、民主控制，这是不可动摇的，如果动摇了，合作社就失去了这种制度形式的独特性；合作社的基本原则以国际合作社原则和中国法律规定原则为准，这也是基本稳定的，但并非不可改变；而合作社的质性程度则因时、因地、因社而异，但也有一个大致的却又常常缺乏共识的质性底线。当下所谓真假合作社之辨（辩），表面上是对质性程度的界定，实际上是对质性底线的辨识，而本质上则是对本质规定性和基本原则的研判。尽管学界对合作社质性底线缺乏共识，但大致的质性底线应是自愿进出、社员使用（为主）、直接民主（为主）、惠顾返还（为主）。因此不难发现，在中国农民专业合作社的现实实践中，对质性底线的漂移大多体现为未必以社员使用为主，未必以直接民主为主，未必以惠顾返还为主，而且越来越可能出现若干种偏离"理想型"合作社制度的制度形态，越来越趋于股份合作制色彩，特别是在合作社进入追求附加值阶段。当然，那些主要从事农村社区生活服务的、内敛性的，或者在贫困地区带有显著的益贫性的合作社，可能还是以经典的、传统的居多。

事实上，在世界合作社运动 160 多年的历史进程中，合作社的质性规定和

---

① 徐旭初.农民专业合作社发展辨析：一个基于国内文献的讨论[J].中国农村观察，2012(5)：2-12.

制度边界(特别是国际通行的合作社原则)一直发生着微妙但深刻的嬗变,总体上向着有利于提高合作社竞争力、凝聚力、吸引力的方向发展。一种折中的态度就是试图在对理想的坚持和对实践的体认之间求得一种平衡。

无论如何,目前,中国农民专业合作社的制度安排和运行机制呈现出一些日益显著的特点:①组织旨趣上,益贫性不再显著;②组织目标上,逐步从"互助益贫"走向"合作共赢";③组织战略上,逐步从成员导向走向市场导向;④组织制度上,更多地具有要素合作的性质,而且是多要素合作。

这也与当今世界农业合作社所处的被动而深刻的制度变革趋势相吻合:①不再单纯追求社员导向,而是更多地注意消费者导向;②不再简单地强调传统意义上的人的联合,而是更多地实现现代意义上的要素联合;③不再粗放地通过产能规模化赢利,而是更多地谋求提高附加值;④不再单一地立足于与其他经营主体竞争,而是更多地寻求与其他经营者合作与协调;⑤不再仅仅关注上游业务活动的社员控制,而是更多地关注下游业务活动的社员控制;⑥不再简单地着眼于同类农业生产者的横向联合,而是更多地强调整个供应链中诸主体之间的纵向协调;⑦不再无节制地追求合作社的市场支配力,而是更多地与其他供应链参与者公平地分担风险、分享报酬;⑧当然,必然还包括,不再机械地恪守国际合作社的基本原则,而是更为灵活地在对国际合作社基本原则的尊重与对各地现实的农民合作实践的认同之间寻求平衡。

徐旭初、吴彬、高钰玲:合作社的质性与现实——一个基于理想类型的类型学研究①

为何人们对各类饱受争议的农民合作社形态存在较大争议呢?毋庸讳言,上述各类合作社并不必然是"假合作社",但确实存在着不同程度的质性问题,它们或管理不规范:合作社是运营的,但多由核心成员(企业或大户)控制,民主控制不够或让人感到民主控制不够,如"戴帽型"合作社、"经销型"合作社、"村社型"合作社等;或分配不合意:合作社是运营的,决策也大抵是民主的,但分配达不到规范要求,往往分红高于二次返利,或者干脆全为分红,如"戴帽型"合作社、"经销型"合作社、"两栖型"合作社;还有就是有名而无实:合作社没有实际业务,连社员都不承认或不知道社员资格,如一些"钓鱼型"合作社;而"休眠型"合作社难言真假,"家庭型"合作社则应归于家庭农场。但归根

---

① 徐旭初,吴彬,高钰玲.合作社的质性与现实——一个基于理想类型的类型学研究[J].东岳论丛,2014(4):86-92.

究底,则是源于人们对合作社质性底线的认知差异。在一定意义上,合作社真假之辨,是对合作社的质性程度和质性底线的辨析,而非其他。

当我们检视我国农民合作社发展进程时,以下几点或许是值得记取的:①基于合作社"理想类型",无论如何应重视成员的(禀赋)同质性和(身份)同一性;换言之,成员的同质性和同一性的松弛、消解和漂移程度将直接引致各类农民合作社的现实形态。②协会型、传统型、股份型、现代型以及投资者股份型合作社在理论上可能代表了农民合作社的现实类型。如果进一步地从演化视角看,协会型和传统型合作社可被视为合作社发展的初始阶段;现代型合作社作为适应时代环境的最新合作社发展阶段,投资者股份型合作社作为合作社股份化(或资本化)的最后一跃,两者均可被视为演化目标点;而股份型合作社则可能是走向规范的股份制企业或规范的合作社的一种过渡形态。而当合作社面临资本获得困境时,或者一开始就存在成员异质性,逐步放松对于成员角色同一性限制而走向股份化可能就势在必行了。③尽管缺乏共识,但合作社大致的质性底线应是自愿进出、社员使用(为主)、直接民主(为主)、惠顾返还(为主)。因此在我国农民合作社的现实实践中,对质性底线的漂移大多体现在未必以社员使用为主,未必以直接民主为主,未必以惠顾返还为主,而且越来越可能出现若干种偏离"理想型"合作社制度的制度形态,越来越趋于股份合作制色彩,特别是在合作社进入要素合作或追求附加值阶段时。而对质性底线的接受程度,就决定了相应的合作社的真假判断:如果对质性底线的要求严格,"假合作社"会相对较多;反之,"真合作社"则必然相对较多。

黄祖辉、吴彬、徐旭初:合作社的"理想类型"及其实践逻辑①

就"理想类型"的合作社而言,成员资格的同质性、成员角色的同一性以及治理结构的耦合性是相辅相成的,三者形成了递进的环状结构。首先,成员资格(禀赋、偏好、出资、产品)的同质性状况是其角色身份(惠顾者、投资者、控制者)同一性状况的基础,如果成员资格的同质性降低,那么成员角色的同一性也将降低;其次,成员角色身份的同一性是内部治理结构(即成员权力过程)耦合性的基础,而差异性的角色结构将导致非耦合性的治理结构;最后,耦合性的治理结构将反作用于成员资格,以促其同质性程度进一步提升。

事实上,成员异质性问题已经成为一个公认的影响合作社发展的前置要素,这不仅撼动了经典合作社的成员同质性前提,而且这种异质性将长期存

① 黄祖辉,吴彬,徐旭初.合作社的"理想类型"及其实践逻辑[J].农业经济问题,2014(10):8-16.

在,并左右合作社治理结构的演化。这意味着,成员异质性问题的走向已成为合作社治理结构演化的一个关键。

从本质上说,作为一种"理想类型"的合作社的治理结构,其效率或特殊性在于其成员资格的同质性所带来的成员身份的同一性,即成员既是惠顾者,又是投资者,还应是控制者。而合作社成员身份同一性状况的松弛、消解和漂移所带来的合作社内部治理结构的失合,最终会诱致"大治理结构",即合作社类型谱系的不断演变,这实际上也是合作社努力适应新情势、新环境的必然。可以认为,由同质成员所组成的成员角色系,能确保耦合性的合作社治理结构,旨在表征合作社的形式凝聚力。可以想象,在同质、同一的适宜土壤中,理想的合作社治理结构是可以自然生长出来的,然而,这种"理想类型"的合作社治理结构的土壤在现实中已经难以找到。

黄祖辉、邵科:合作社的本质规定性及其漂移①

有两大本质规定性一直被国际合作社界所倡导:一是惠顾额返还等原则背后所隐含的自我服务的本质规定性,即以满足社员利益为宗旨和组织发展导向的本质规定性;二是以一人一票为基础的民主控制的本质规定性。问题是,在整个时代发生巨大变革的情况下,这两大本质规定性正面临着巨大的挑战,并正在发生漂移。

关于合作社自我服务本质规定性的漂移,需要更加灵活地看待。无论是欧美诸国还是我国,首先要正视整个时代发展环境发生重大变革的事实,要认识到合作社内在福利功能逐渐弱化的发展趋势,同时也要认识到以消费者需求为生产导向的不可避免性,更要做好应对产业链整合与来自农业企业竞争的准备,迎接供应链管理时代的来临。因此,对合作社而言,重要的是要首先革新对自我服务本质规定性的认识。要认识到,合作社首先要考虑的是在新的市场环境中通过获得持续性的盈利而获得发展壮大。合作社自我服务的本质规定性完全可以从原来产品(服务)提供和消费的社员导向,转变为更多坚持盈余分配上的社员利益导向。而确保这种盈余分配上的公平与社员导向,则主要取决于合作社民主控制的实现。

而关于合作社民主控制本质规定性的漂移,同样也要认识到合作社以一人一票为基础的民主控制本质规定性在新的时代环境下必将发生某些变革的

---

① 黄祖辉,邵科.合作社的本质规定性及其漂移[J].浙江大学学报(人文社会科学版),2009(4):11-16.

事实。特别是在农业企业激烈竞争和产业链整合加剧的背景下,为了满足消费者的需求,合作社要正视日常经营专家管理的合理性。特别是对我国的农民专业合作社而言,在普通农民社员资本和经营能力有限的情况下,大户治理或者能人治理特征将更加明显。

由于我国农民专业合作社的成员存在着比较明显的异质性,比较容易出现少数人对合作社的"绑架"现象,进而影响合作社的组织旨趣和健康发展,所以,有必要对合作社民主控制本质规定性的漂移进行一定的限制。具体而言,可从以下四个方面对其进行判定和限制:①合作社的组织结构设置是否符合我国相关法律、法规的规定;②社员能否进退自由;③社员能否通过举手、异议等充分发表意见;④是否有规范的程序和制度(反映在章程中)来履行和保障这种民主。如果能在这四个方面坚持底线,那么合作社民主控制本质规定性的漂移便不可怕。

简言之,在我国农民专业合作社的发展过程中,一方面要充分认识合作社有别于其他组织的本质规定性,并要看到其正在发生的本质规定性的漂移的不可避免性;另一方面,也不必强制性干预这种漂移的发生,合作社社员可以通过合作社章程自主选择是否允许以及在多大程度上允许这种漂移的发生。与此同时,政府可以通过相关法律、法规的制定与完善来对此进行合理引导。

崔宝玉:政府规制、政府俘获与合作社发展[①]

从我国农民合作运动历史演进看,政府对合作社从来也都不是放任其自由的,而是一直扮演农民合作运动的建构者与规制者角色,只是政府介入合作社组织环境而对其发展路径进行规制的作用方式、作用空间在不同时期有所差异而已。

在我国现阶段,农民专业合作社分化甚至异化是贯穿于合作社的快速发展实践之中的,合作社发展形态的分化塑建了其与地方政府更为复杂的政治经济联系:一方面,不同层级的政府出现了规制行为的分化,中央政府和地方政府分别侧重于立法规制与执行规制;另一方面,地方政府规制的选择性激励赋予了功能型合作社通过构建政治性社会资本和实施政治策略从而进行政府俘获的制度操作空间。政府规制与政府俘获同时并存,构建和造就了我国现阶段"有限、有序"赋权下的政府与合作社双向互动、博弈的新型关系。当然,政府规制与政府俘获都具有相应的政策理性或组织行为逻辑,但政府规制与

---

① 崔宝玉.政府规制、政府俘获与合作社发展[J].南京农业大学学报(社会科学版),2014(5):26-33.

政府俘获的夹杂与并存会影响我国农民专业合作社的发展,造成合作社的"二元化"发展格局与分化路径,把以小农为主体的合作社排挤出我国的财政扶持体系,催生出大量的大农控制型合作社,同时加剧合作社对政府规制资源的依赖,并且导致政权软化,弱化政府合法性,陷入政府权力与合作社发展低效率的"锁定"。

温铁军:农民专业合作社发展的困境与出路[①]

由于农民专业合作社对于资本和部门的获利(寻租)具有双重效应,资本和部门的现实选择就是扶持大农(精英农户),压制小农(普通农户),通过组建大农主导的合作社实现其既节约交易成本又相对保证垄断收益的目的。

没有属于农民自己的合作社直接或间接地支撑,农民就容易沦为各类垄断性力量的盘剥对象。合作社作为一种农民可以信赖的组织,除了帮助农民维护权益外,还是扭转乡村失序、建设农村文化等方面的重要组织载体。但是,能够促进公平、保障弱势农民群体权益的合作社,在当前条块分割的行政生态下却难以形成。笔者认为,中国农民合作的主要障碍是如何破除涉农部门利益和"下乡"资本相对于小农的优势地位问题。

鉴于这种"大农吃小农"的合作社会越来越多,如果政府强力按照法律精神规范合作社的话,大农的利益将会受到限制。若其由于经营能力和贡献不能科学折股而参与合作组织的积极性下降,农民仍然无法解决与外部主体交易成本过高的问题。表面看起来这是合作社治理结构的规范问题,但实质上是合作化进程中各种利益主体的资源禀赋、利益结构的对比和连接方式问题。由于部门、资本与"大农"相结合的农民专业合作社几乎必然地内含着"精英俘获"机制,所以,真正重要的是中央政府提出的新农村建设战略及其相关投资如何调整,才能扭转本文揭示的基于部门、资本、大农、小农的资源禀赋和利益结构而内生的合作社组织变异的实际逻辑。

当前迫切需要反思农民专业合作社实践,推动以广大农民为本位的农民合作运动,将综合性农民合作社作为承接财政"普惠制"投入的主要载体。这样才能提高农民组织化程度,从制度上维护外部主体与2亿多兼业小农户之间的契约关系。也只有农民组织化程度提高,形成集体"谈判"条件而产生制度成本较低的"可维护契约",正常市场经济需要的信用社会基础才能逐渐形成。

---

① 温铁军.农民专业合作社发展的困境与出路[J].湖南农业大学学报(社会科学版),2013,14(4):4-6.

综合性农民专业合作社是指业务范围涉及生产、加工、流通、金融、保险以及文化建设等众多领域的农民合作经济组织,其最大优势在于通过多样化业务节约交易费用——既有生产和销售领域的合作,以解决农产品供给问题,又有金融、保险领域的合作,以解决农民资金短缺的问题,还有文化领域的合作,以解决文化建设、培养新型农民问题。应该强调的是,综合性农民专业合作社不是"政社合一",更不是要取代村民自治组织的地位,而是在深化农业多功能性、生态文明建设等新理念的基础上,注重多元化、综合化发展的农民合作经济组织。

潘劲:中国农民专业合作社:数据背后的解读①

在深入调查之后,尤其是在没有当地政府工作人员陪同的情况下走进村庄、走近农户之后,捕获的却是另一番图景:①农民对合作社的茫然和漠然;②许多合作社没有开展活动;③大股东控股较为普遍。

合作社原则,最后还能坚守什么? 百分之八九十的股权掌控在单个成员手中,在这样的合作社中,还能有真正的民主吗? 如果说合作社是低成本运作,没有多少盈余,从而不能按交易额比例返还盈余,人们对此还可以理解,那么,没有按交易额比例返还的盈余,却有按股分配的利润,这利润又是从何而来? 如果合作社盈余全部按股分红,与交易额没有任何关联,这又与投资者所有的企业有何区别?

通过对合作社发展数据背后所隐含问题的解析,可以得出以下观点:对合作社的发展数据应有理性判断,不要放大合作社对农民的实际带动能力;激励与监管并重的合作社发展政策才能取得政策的正效应;持有股份是合作社成员身份的重要标志,也是成员行使民主权利的基础;合作社的未来走向取决于政府导向和合作社相关主体之间的利益博弈。

---

① 潘劲.中国农民专业合作社:数据背后的解读[J].中国农村观察,2011(6):2-11.

第四章
农民合作社发展典型案例选编

案例1:四川省崇州市杨柳土地承包经营权股份合作社①

(一)基本情况

2010年的崇州和全国很多农村地区一样,随着工业化与城镇化深入推进,大量农村青壮年劳动力向城镇转移,留守在农村的老人和妇女承担不了种田的重担。农业兼业化、劳动力弱质化、生产非粮化、现代化水平低等问题频出。"谁来种地"的问题摆在了眼前。2010年,成都积极推进土地承包经营权登记确权颁证工作,选择了近郊温江区和远郊崇州市为试点区域进行宗地统一编码,在全省率先完成了全部255个乡镇(街办)、2622个村(社区)、3万多个村民小组、170余万农户的确权登记发证,将农民的土地承包经营权期限规定为长久不变,放活土地经营权,为土地流转和推进农业经营规模创造了前提条件。

为了解决"谁来种地"的问题并保护农民的基本利益,2010年5月,崇州市隆兴镇黎坝村15组30户农户本着公平自愿的原则,自愿以101.27亩土地承包经营权入股,共同商定成立崇州市杨柳土地承包经营权股份合作社(以下简称杨柳合作社),这是全国首个完全以土地承包经营权入股并在工商注册的农民专业合作社。隆兴镇农技员周维松被杨柳合作社聘为职业经理人,为了对经理人的管理劳动实施合理的激励,合作社与周维松签订了一份激励合同:

① 撰写者:刘颖娴(福建农林大学管理学院)、周维松(四川省崇州市隆兴镇镇政府)、王勇(四川省崇州市隆兴农业综合服务站)。

大春种植富硒水稻,年约定合作社亩产 800 斤,每亩平均生产费用 510 元,超产部分给予 50% 的奖励,减产部分给予 50% 的赔偿。合作社成立当年,遇到稻飞虱灾情,周维松及时对症用药,保证了每亩 800 多斤的产量,而未入社农户普遍减产,个别田地亩产仅 200 多斤。农户看到了加入合作社的切实收益,入社积极性大增,合作社日益发展壮大。2013 年,周维松从合作社中共获得利润分成 78440 元。这是在政府引导、群众自愿、社员参与,在市场规律基础下进行粮食规模化生产,实现现代农业的一个有效探索。

(二)主要做法

1. 土地入股共营

杨柳合作社按照入社自愿、退社自由、利益共享、风险共担的原则,引导农民自愿以土地经营权入股,构建以农民为主体形成内生动力推动农业适度规模经营的机制。社员以各自所有的土地承包地经营权入股,持股份额以 0.01 亩/股计算。合作社将社员入股提供的土地经营权,按 900 元/亩折资作为社员出资,用于办理工商注册登记。

2. 权力机构设置

社员(代表)大会是杨柳合作社的最高权力机构,讨论通过合作社章程,建立健全各项规章制度,制定财务管理制度、生产经营方案、收益分配方案,合作社按照章程选举产生理事会、监事会和理事长、监事长。理事会是合作社的日常管理机构和决策执行机构,负责生产经营决策、财物收支管理,负责统一组织生产、经营、管理,制定生产经营方案,向社员大会报告生产经营和财务收支执行情况,执行社员大会通过的决议,接受监事会的监督。监事会监督财务情况和监督执行情况,负责对理事会的经营、管理和财务收支执行情况进行监督。主要由理事会聘请职业经理人为生产负责人进行生产管理。职业经理人向合作社提交生产计划,执行生产计划。理事会与职业经理人签订产量、费用、奖赔协议。

3. 职业经理人管理

杨柳合作社公开竞聘农业职业经理人,构建以农业职业经理人为生产管理核心的"理事会+农业职业经理人+监事会"的运行机制。职业经理人根据理事会制定生产经营方案,提出"种什么、如何种"以及具体的生产经营方案,提出具体实施意见、生产成本预算、产量指标等,交由理事会讨论通过,并经公示无异议后组织实施。

4."三统购"、"四统一"降低生产成本

杨柳合作社在具体生产中执行标准化生产,实行种子、肥料、农药"三统购",机耕、机防、机收、管理"四统一",有效降低了生产成本。其中种子、农药、肥料每亩节省 66 元,机械耕作服务每亩节省 18 元,2015 年合作社 742 亩土地共节省 62328 元。

5.多元社会化服务降低生产成本

(1)农业生产社会化专业服务

从县级农技推广部门直接到田间,解决农业科技推广"最后一公里"问题,提高产量。杨柳合作社的第二任职业经理人王志全是种粮能手,具有 26 年水稻种植经验,自己经营了 3019.9 亩土地,并经过专业培训持证上岗。职业经理人肩负着召开课堂和现场的技术学习培训,向成员普及推广农业科技的职责。同时,各级农业部门分管科技的机构也定期或根据农时的需要入社进行技术帮扶。

在生产经营中,杨柳合作社积极引入各类社会化专业服务,降低生产成本,保障投入品安全和农产品质量安全。崇州市桤泉农业服务超市为合作社提供全面、高效、便捷的一站式农业社会化服务,包括与农业生产相关的技术、农资、机械、人工、服务,技术免费,商品和服务按批发价出售,有效降低了合作社的生产成本。如水稻田间运输服务由原先合作社自己请人运输的 55 元/亩降低到 35 元/亩。这得益于规模化经营的收益,桤泉农业服务超市一天一人可以运输 10 亩地的水稻,一天能有 350 元的收益,如果是零散的组织就不能实现规模化的收益。桤泉农业服务超市提供的服务还包括植保服务、粮食代烘代贮服务等。由于合作社的土地规模经营效益显著,现今为杨柳合作社提供社会化服务的经营主体越来越多,其中以崇州市蜀农昊公司合作和崇州集贤农业综合服务站最为显著。崇州集贤农业综合服务站内的农业服务超市,可以为合作社提供农机作业、农资配送、植保、劳务、粮食烘干等所有服务。技术指导方面,农业服务超市除了配备齐全的农业生产资料外,还安装了崇州市农田施肥专家系统的自助终端机,成员可以在自助终端机向农业专家进行在线提问。其他生产服务方面,提供田间运输 40 元/亩,专业育秧 320 元/亩,飞机植保服务一次 10 元/亩,机动喷雾植保服务一次 15 元/亩,机耕一遍 45 元/亩,收割 75 元/亩,机械化插秧 60 元/亩,农业劳务服务如制种水稻插秧 220 元/亩,每项都大大低于市场价格。此外,集贤农业综合服务站内的农业服务超市还提供粮食银行服务和农村金融服务,粮食银行实施"存折存粮、存取自由"解决了合作社成员存储粮食的困难,农村金融服务允许合作社成员以农村土地经营权等各类农村产权抵押贷款,解决了合作社成员的资金困难。此外,农业超市旗下的农机医院,每年可为200台大中型农机具提供保养、维护服务。全面的社会化服务体系为杨柳合作社有效实现"减工降本"提供了强大的社会化保障。

（2）农业金融服务

首先,杨柳合作社获得了全国第一宗土地经营权贷款。2010年12月,合作社以101.27亩土地5年的经营权作抵押,从成都农商行崇州支行获得贷款授信16万元,分别在2010年贷款6万元、2011年贷款10万元用于羊肚菌种植,都在第二年的4月还清本息。2015年在农业部提出"三权分置"后,办理了四川省的第一宗土地经营权贷款,授信50万元。

其次,杨柳合作社通过购买农业政策性保险达到100%全覆盖,降低风险,构建了合作社农业生产的风险防控保障体系。

（3）农田水利服务

杨柳合作社位于国家现代农业示范区崇州10万亩粮食高产稳产高效综合示范基地内。首先,由于土地折价入股,合作社按入社土地面积进行分红,对社内土地进行有效的连片整合,开辟出大片规整的机耕道,便于大型农机具开进使用,大大提高了农业劳动生产力。其次,合作社兴建隶属于崇州市10万亩粮食高产稳产高效综合示范基地的智能化节水灌溉系统。合作社成员只要在指定网页上输入用户名和密码登录,即可实现放水、关闭、预警等自动化的田间节水灌溉管理。

（4）粮食加工销售服务

杨柳合作社购买价值170万元、具有日处理200吨烘干能力的大型粮食烘干机和兴建存储2000吨粮食的500平方米粮食加工车间和品牌销售公司,对合作社生产的稻谷进行加工和销售,以延长农业产业链、提高产品的附加价值。

（5）休闲农业开发

杨柳合作社积极开展一、二、三产融合,把稻田融入崇州市稻乡旅游环线隆兴段中,在稻田中布置了许多度假和亲子游设施,吸引游客前来旅游休闲。

（三）主要成效

杨柳合作社2015年大春优质水稻亩产达576公斤,比周边未入社土地亩增产65公斤,每亩分红569元;小春种植油菜、大麦每亩分红328元,入社土地全年分红收入897元,比未入社土地每亩增收350元。更为重要的是,合作社促进更多的农村劳动力向二、三产业转移,该合作社去年新增务工人员 37 人,短工变长工的有 52 人,使户均增收 6000 元。2011 年,合作社即被农业部评为国家级示范合作社。截至 2015 年年底,入社土地面积增至 948 亩,共有成员 250 户。

(四)经验启示

1. 土地产权明晰是合作社发展的根本保障

首先,崇州市隆兴镇 2010 年即完成农村土地确权颁证工作,在《农村土地承包经营权证》上明确写明:承包期"长久",给合作社成员吃了一粒"定心丸",使成员和合作社都能放心在土地上进行农田水利建设等投资。其次,杨柳合作社根据"三权分置"(落实所有权,稳定承包权,放活经营权)的要求,对合作社颁发《成都市农村土地经营权证》,将土地经营权颁给杨柳合作社,合作社即可将土地经营权用于抵押贷款,获得银行授信以解决生产中的资金需求,破解了合作社发展的资金瓶颈。

2. 多方受益的农业共营制是合作社发展的内源动力

在崇州特有的农业共营制下,通过农业综合服务为社员收入开源。一是入社后的农民不直接经营土地即可从土地上获得稳定收入;二是社员在合作社务工可以获得另一笔收入;三是可以安心外出务工获得更高的收入。通过新型职业经理人培育,实现职业经理人增收。职业经理人参加城镇职工养老保险,获得经营管理收入及盈利约定分成收入,既有保障又有收益。通过将土地经营权向土地股份合作社集中实现合作社获利,通过机械化耕种降低生产成本。通过对职业经理、职业农民的双培训实现管理与生产技术提升。通过扩大生产规模获得国家政策补提,通过职业经理信用贷款获得资金,通过产能提高获得市场话语权;政府通过合作社实现了推动农业从传统农户分散经营向集约化、专业化、组织化、社会化相结合的新型经营体系转变,解除了农民生产、生活方式改变后农业低效问题和对今后无人种田状况的担忧。

3. 合作社面临的品牌营销困境有待破解

当前,杨柳合作社在成功实现"减工降本"效益后,面临的最大问题是品牌营销的困境。曾经许多米商前来收购稻米,并承诺以米商自有品牌销售巨大的数量,但最终都成了"口头支票",合作社只能以较低的价格销售给粮库和其他没有知名品牌的经营商。笔者认为,包括杨柳合作社在内的崇州土地承包经营权股份合作社应充分利用崇州已有较高的地域知名度,培育区域性品牌,以"崇州稻米"为母品牌,下设各合作社自有品牌,积极开展品牌营销。充分发挥合作社统一种植、统一加工的技术优势,打"食品安全"牌,主动进行宣传营销,以获得市场的有利商机,打响"崇州稻米"的品牌知名度,将合作社的发展推向新高度。

案例 2:甘肃省渭源县田源泽马铃薯良种专业合作社①

(一)基本情况

近年来,依托当地独特的地理优势,渭源县打造起了"中国马铃薯良种第一县",全力推进马铃薯种薯产业发展,形成了集种植、科研、销售一体化的马铃薯种薯产业发展格局。渭源县田源泽马铃薯良种专业合作社(以下简称田源泽合作社)正是在这样的产业发展大背景中成长起来的。

田源泽合作社位于渭源县会川镇西关村八社,成立于 2008 年 7 月,现有总资产 8600 万元,其中固定资产 7800 万元,现有员工 76 人,拥有社员 620户,主要从事以马铃薯脱毒苗、原原种和原种繁育研究,生产经营和技术培训、示范推广为一体服务。

田源泽合作社围绕打响"渭源种薯"品牌,不断引进先进管理理念和良种繁育技术,提升产品科技含量,积极带动县内马铃薯加工企业的发展,着力解决部分下岗职工、农民工就业。近年来,合作社大力弘扬"以人为本、以干取胜、以德兴业、以实扬名"的企业精神,以马铃薯种植、繁育、购销为企业的核心竞争力,逐步发展成为甘肃马铃薯产业的龙头合作社,为发展和繁荣地方经济作出了较大贡献。目前,合作社建有省内领先的马铃薯瓶苗组培室 4400 平方米,原原种日光温室 120 座,全钢架日光温室 500 座,智能连栋温室 23000 平方米,1500 吨马铃薯贮藏窖 2 座,气调库 2 座占地 2000 平方米,马铃薯原原种雾培生产线 2000 平方米。年生产脱毒苗 1.2 亿株,原原种 1.5 亿粒,原种10000 吨,良种 5000 吨,年销售总额 6800 万元,有力地带动了渭源县以及周边市县马铃薯种薯产业的发展和加快了农民群众增收致富的步伐。

2013 年 2 月 3 日,习近平总书记视察了田源泽合作社,对合作社"合作社＋基地＋农户"的产业扶贫模式给予了充分肯定,习总书记对合作社指出,要进一步努力做好甘肃的马铃薯产业,要做精做深,做大做强。马铃薯越是贫困

---

① 撰写者:刘学荣(甘肃省农牧厅)、李蕊(渭源县经管站)、张嘉明(渭源县田源泽马铃薯良种专业合作社)

的地方种植越多,要从扶贫开发的角度发展马铃薯,多加支持。一是要疏通和拓展鲜薯销售渠道,二是要提高加工能力,加大就地转化力度。① 为了贯彻落实习总书记视察合作社的重要指示精神,提高马铃薯种薯生产的区域化、标准化、规模化,合作社按照"合作社+农户+基地"的模式,按照统一供种、统一管理、统一收购、统一贮藏、统一销售的"五统一"管理办法,由合作社与社员和农户签订订单,合作社免费为社员和订单农户投放马铃薯籽种,统一提供技术服务,种薯以市场保护价由合作社统一回收外销,有效地保护了社员和订单农户的利益,增加了农民收入,不仅带动了全县的马铃薯支柱产业的发展,同时也促进了合作社的健康发展,还带动了当地农民脱贫致富奔小康,为打造"中国薯都"和"中国马铃薯良种第一县"奠定了坚实的基础。

近年来,田源泽合作社与甘肃农业大学、甘肃省农科院等省内科研院所合作,引进脱毒瓶苗十余个品种,建成 6000 亩马铃薯良种标准化繁育生产基地,使会员户年纯收入在 10000 元左右,农户就马铃薯一项种植业的纯收入达到 6000 元;在甘肃农业大学农学专家的精心指导下,合作社开展了组培室瓶苗的无土栽培,获得成功后,为当地会员提供了优良的品种。对不同的产品进行分类种植,分类管理,示范辐射效果好。

(二)主要做法

1.推行"授人以渔"模式,实现学技术带动就业

自合作社成立以来,田源泽合作社及成员积极参与抗震救灾、下岗职工再就业、希望工程、扶贫助困、捐资助学等社会公益事业。

这几年来,合作社尽自己最大的努力帮助广大农村妇女树立正确的就业创业观,充分发挥典型示范引路作用,带动她们合理就业、大胆创业、安心守业。举办各类女性实用技术、就业创业、劳动力转移等免费培训班,提高广大妇女的科技素质和就业技能,增强了她们的竞争力和就业能力,使她们在最大程度上实现就业,增收致富,培训妇女约 500 人次。通过有针对性的培训,提高妇女自主创业就业能力,力求走出一条以培训促创业,以创业带动就业的新路子,同时,按照县委县政府精准扶贫、精准脱贫的"1+22+6"落实意见,合作社进一步聚焦贫困村、贫困户帮扶,积极助推精准扶贫、精准脱贫工作,组织和带动精准扶贫、精准脱贫户开展马铃薯良种繁育,带动贫困户增收。

---

① 宋振峰.找准发展路子早日脱贫致富——习近平总书记来到咱甘肃之四.甘肃日报,2013-02-18,第1版

2. 推行"合作社＋基地＋精准扶贫户"的模式,实施订单农业,与贫困户实现最大利益联结

目前,合作社对精准扶贫户实施订单农业,采取"合作社＋基地＋精准扶贫户"的模式,由合作社与精准扶贫户签订订单,免费为订单农户投放马铃薯原原种,年底按照高于市场价10％的价格收购,年带动贫困户2000多户。"合作社＋基地＋精准扶贫户"的产业扶贫开发模式是一种有针对性的点对点帮扶模式,有力地带动了贫困户提高收入,改善了他们的生活水平,使人均每年增加纯收入2500元,为当地群众脱贫致富奔小康作出了应有的贡献。

3. 推行"公司＋合作社＋金融"新模式,打造旱涝保收增长点

合作社依托农业龙头企业甘肃田地农业科技有限责任公司,响应省、市、县实施精准扶贫专项贷款政策机遇,针对无经营能力但又有发展愿望的贫困户,推出了"贷款入股,稳定分红、利益共享"的带动模式,贫困户用精准扶贫贴息贷款5万元入股,每年按照7.5％进行分红,每户年分红3750元,累计落实精准扶贫贷款987万元,辐射带动贫困户198户。

这种"公司＋合作社＋金融"的新模式,第一,不论盈亏,贫困户每年分红3750元,增加了贫困户收益;第二,贷款本金到期公司偿还,降低贷款风险;第三,带资入股贫困户劳动力优先安排到企业就业,月工资不低于2200元,增加了劳务收入,加速了贫困户增收致富。

合作社本着加强合作、相互支持、共同发展的原则,不断加大对帮扶村劳动力就业培训,拓宽就业渠道。同时,在国务院扶贫办、省扶贫办和县委县政府的共同努力下,国际马铃薯中心亚太中心渭源工作站在合作社挂牌,这标志着渭源马铃薯种薯与国际合作交流、探索发展工作的开启,这也是合作社与国际马铃薯中心在马铃薯种质资源、新品种选育、技术推广、产品加工及高产栽培技术等方面的合作交流。这既增强了合作社的核心竞争力,又提升了渭源县马铃薯种薯产业的科技水平。另外,在合作社不断新增的就业岗位中,主要考虑精准扶贫、精准脱贫,瞄准易地扶贫搬迁农户,使搬迁农户有一份稳定的工作,解决搬迁农户进城没有经济来源无法生活而不愿搬迁的困惑,推动全县易地扶贫搬迁工作迈上新的台阶。

(三)主要成效

通过实施精准扶贫、扶贫带动,预计在精准扶贫攻坚片区建立1500户原种繁育生产基地农户(原种繁殖田5000亩),800户一级脱毒种薯繁殖田(2000亩)。

1. 销售收入表

田源泽马铃薯良种专业合作社销售收入如表 4-1 所示

表 4-1　田源泽马铃薯良种专业合作社销售收入表（正常年份新增）

产品名称	播种面积（亩）	平均亩产量（千克）	单价（元/千克）	金额（元/亩）	总计（万元）
原种繁殖田	5000	2250	1.8	4050	2025
一级脱毒种薯繁殖田	2000	2350	1.3	3055	611

2. 经营成本

经营成本包括直接生产成本、工资及其他费用等，正常年份为原种繁殖田 2000 元/亩、一级脱毒种薯繁殖田 1600 元/亩。

3. 贫困片区农户增收情况

精准扶贫的实施，实现收入 1801 万元。①使 1500 户原种繁育生产基地农户（原种繁殖田 5000 亩）人均每年增加纯收入 2500 元；②使 2000 户一级脱毒种薯繁殖田（2000 亩）人均每年增加纯收入 2500 元。

在田源泽合作社的带动下，渭源马铃薯的商品薯、脱毒种薯的品质越来越好，品种也改良为陇薯系列、克新系列、黑美人等 20 多个优良品种。全县马铃薯产业走上了集约化、专业化、组织化和社会化发展之路，马铃薯种植面积、产值不断增加，产业助推精准扶贫，达到了预期的成效，为高寒阴湿山区扶贫攻坚创出了路子。

（四）经验启示

《中共中央国务院关于打赢脱贫攻坚战的决定》指出，"我国扶贫开发已进入啃硬骨头、攻坚拔寨的冲刺期。……实现到 2020 年让 7000 多万农村贫困人口摆脱贫困的既定目标，时间十分紧迫、任务相当繁重。"无疑，位于渭水源头的田源泽马铃薯良种专业合作社就是一个极好的扶贫合作社典范。经济学告诉我们，产业决定产品，产业的发展水平和发展质量决定一个区域的竞争力水平，最终决定一个区域贫困或富裕的程度。渭源县独特的自然地理气候条件，决定了其马铃薯种薯繁育的资源优势，同时，马铃薯产业已逐步成为世界性的"朝阳产业"，这对渭源马铃薯良种繁育正是一个良好的发展机遇。

不过，我们也必须首先要澄清两个误区：一是合作社必须帮助贫困人口，二是办合作社一定能实现脱贫。实际上，人们与其问"合作社能够帮助贫困人口吗？"，不如问"贫困人口能够通过组建合作社或加入合作社帮助自己吗？"换言之,合作社虽然具有"天然的"益贫性,但合作社并不"必须"帮助贫困人口。换言之,在所有的经营组织中,合作社是比较容易为低收入者接受的组织。然而,生活在贫困线以下的人们,由于缺乏人力资源、缺乏社会资本,很难组建成一个富有生命力的合作社,更不必说就一定能够摆脱贫困了。只有那些有共同需要的人,有一定特长、守纪律和在集体行动中相互信任的人,以及有能力管理自己事务的人,才能通过组建自助和互助的合作社形式来达到大大改善自己处境的目的。更明确地说,尽管合作社(合作组织)一直被视为一个由贫困群体通过自助和互助而实现益贫、减贫和脱贫的理想载体,也被认为是外源主体实现益贫、减贫和扶贫的主要途径,但其既不是脱贫的必要条件,也不是充分条件。

此外,还需要指出,田源泽合作社主要通过与龙头企业协同合作,逐渐参与产业化扶贫并不断深入,推行的是"龙头企业＋合作社＋基地＋精准扶贫户"的模式,所依托的也正是渭源县马铃薯种薯产业龙头企业——甘肃田地农业科技有限责任公司。这类合作社虽然制度较健全、管理较规范,与农民的利益联系紧密,但这类合作社并不是农民自发组织的,而是龙头企业为了自身利益帮助农民建立的,其主要目的是保证企业有稳定的原料来源和高品质的生产基地。当然,在贫困地区的合作社还很弱小的情况下,龙头企业是不可或缺的,龙头企业肩负着重大的历史使命。而且,即使合作社以后发展壮大起来,也无法完全取代龙头企业发挥的重要作用。因此,政府目前一方面既要大力发展具有"天然益贫性"的合作社,也应对合意的扶贫龙头企业给予明确的支持和鼓励,对不合意的龙头企业给予明确的信号和规制。

案例3:陕西省富平县科农果业专业合作社[①]

(一)基本情况

富平县科农果业专业合作社(以下简称科农合作社)是依托富平县果农协会,组织自愿出资入股的农民,于2007年8月成立的。现有社员5043户,注册资本1520万元,牵头组建陕西三秦果农专业合作社联合社,拥有经营实体5个,服务网站2个,技术刊物2个,并开通了免费技术咨询服务电话。合作社被农业部命名为"国家级示范社",被陕西省农业厅命名为"省级百强社"、

---

① 撰写者:张旭锋(陕西省农业厅)。

"省级示范社"和"陕西省农业产业化重点龙头企业"。2014年,合作社销售总额1.3亿元,社员分红950万元。

(二)主要做法及成效

1.推广实用新技术,实现果园管理标准化

科农合作社成立后,将果业实用新技术推广作为立社之本,首先以推广苹果管理"大改形、强拉枝、巧施肥、无公害"四大关键技术为突破口,围绕生产优质年开展技术服务。面对果农认识不到位的问题,先培训合作社技术部的86名技术人员,提高认识,统一技术。随后分成8个分队,分片包干,责任到人,从社员果园冬剪开始,在3、5、7、9月果园管理的关键环节给果农现场培训,手把手教,在服务社员和富平县各乡镇果农的同时,辐射带动周边县的果农。针对果农作务技术落后,商品果率极低,追求产量、不重质量,收入不高等问题,合作社以建示范园为抓手,以接受新技术快的社员果园作示范,进行收益算账比较,引导其他果农提高认识。到贤镇社员王北京有5亩苹果园,以前亩收入只有2000元。合作社对他的3.5亩果园进行四大关键技术改造,第三年亩收入就达到了10000元,现在连续5年亩产万斤以上,商品果率达90%以上,而未经过技术人员修剪改造的果园商品率仅为20%。示范园的成功,对广大果农的生产观念形成了强大的冲击,影响强烈,在务果思想观念上摒弃了老传统,应用新技术,加之近年来苹果价格好,果农实现了增产增收,对合作社的技术推广更加信任。目前,合作社每年都选择10多项适应当地实际的新技术进行推广,与西北农林科技大学、北京中日农业友好园的专家合作,开展600多人的大规模观摩活动,举办技术宣讲会800多场次,受益果农10多万人次。还组织100多名理事赴西北农林科技大学培训学习,增加拓展训练,更新管理技术,提高综合素质。合作社按照"种苗优质化、生产标准化、管理规范化、果品商品化"的标准,已建立苹果、酥梨、柿子示范园14800亩,示范户588户,技术服务面积25.8万亩,社员亩增收30%以上,带动了一大批果农的增收。

2.整合多方资源,实现服务平台立体化

为从根本上解决社员和农户在果业生产上缺信息、缺技术、缺产品销售渠道的实际问题,科农合作社聘请西北农林科技大学的6名著名专家教授为技术顾问,把土生土长的86名技术人员组建为技术服务团,在下乡培训,指导社员建好示范园的同时,整合政府技术服务部门、大专院校、农资生产供应企业和果品经销企业、超市等的优势力量,按照贴近市场、产销对接、突出重点、注重服务的原则,建立了合作社农技、农资、农产品购销一站式服务平台,为合

社社员及广大果农开展全方位、系列化、立体式服务。

(1) 农技信息服务平台

在富平县农业局村级信息服务站项目支持下,科农合作社建立了信息服务站,设立了三秦果农网、科农合作社网,通过手机短信、电话热线、互联网、声像视频的"四位一体",为农户提供产前、产中、产后的各种信息服务。在三秦果农网设立了农业新闻、产品简介、农业科技、专家门诊、市场信息、客户留言、联系方式、相关下载、服务指南等栏目,将有关农业政策、新技术、新成果和农技、农资信息整合到信息服务平台。通过这个平台,不但专家教授和联合社各理事单位的 280 多名技术人员有了互联互通的网络交流平台,广大果农还可以在"专家在线"上与专家、技术员即时对话,解决生产中的病虫防治、栽培技术等问题。合作社还依托农技信息服务平台与富平县职教中心、富平县城乡建设高级职业中学在全县设立园艺培训班 10 期,编发年出刊 36 期的《三秦果农报》,开通 400—6768054 全国免费技术服务热线,可随时随地免费对社员生产中遇到的难题进行咨询服务。

(2) 农资连锁购销平台

针对农资市场无序竞争、产品伪劣和质量无保证等问题,科农合作社利用三秦果农网的优势,整合农资购销实体,为基层合作社和社员建立农资统一采供平台,每年组织召开农资采购招标会,统一市场管理,严把农资产品关,减少中间环节,降低购销成本,保证了农资价稳质优。目前合作社发展理事单位 18 家,建立农资连锁店 620 家,年实现销售 1.8 亿元,为社员和农民降低成本 2400 多万元。社员在农资连锁店凭社员证购买所需农资,节约农资成本 13%以上,年终核算后再按交易量和股份返利分红。农资连锁销售平台的建立,不仅保证了农资产品的质量,更有利于合作社引导社员对果园管理标准化技术方案的实施,为生产绿色无公害产品提供了良好的物资保障。目前农资连锁购销平台总部设在合作社,社员所在县的基层合作社为理事单位并作为农资配送中心,乡镇和重点村设连锁店,建立"五统一"分销配送机制。一是统一采购,通过三秦果农网统一招标采购优质农资,把质量关,降低成本。二是统一标识,连锁店门头、货柜、产品目录、技术方案统一。三是统一技术,按标准化生产方案供药、肥,搞好技术培训,建好记录档案。四是统一配送,合作社物流中心直接送药肥到各合作社、连锁店、种植大户。五是统一价格,实行电脑联网管理,所有产品明码标价。

(3) 农产品销售平台

为使一家一户从分散到集约,产生规模效应,必须统一品牌"闯"市场。科农合作社先后引进早中晚熟苹果、酥梨、柿子品种,开发柿饼、柿子醋、黑麦面等系列特色农产品,注册了"科农"、"三秦绿果"等产品商标,酥梨、苹果获得无公害基地和产品认证,增强了合作社的市场竞争力和竞价权,帮助社员增收。以合作社的果品贮藏冷库为中心,建设服务当地果农的果品交易市场,招引和服务各地客商,成为果品交易集散地。"三秦绿果"牌系列特色早中熟和极晚熟苹果,连续多年在杨凌农高会上受到客商好评,2010年与北京外贸公司签订销售合同5万吨,科农苹果成功走进北京市场。现在,社员凭卡向合作社交售农产品,并记录每次的交易量,除享受高于市场10%左右的优惠价外,年终还按交易量返还盈余,2014年销售果品1.1万吨,合作社给社员返还950万元。

(4)资金互助平台

为解决有的社员卖完农产品有余钱、有的购买生产资料缺钱、合作社收购产品时周转金不足等问题,科农合作社在社员内部设立了科农资金互助社,吸纳社员闲散资金,按照"内部运作,用于生产,保本服务"的原则,在一定程度上解决了社员和合作社贷款难问题,互助资金已成为支持社员生产及合作社发展壮大的重要力量。2014年,科农资金互助社共吸纳社员闲散资金1600万元,主要用于支持社员赊销购买农资、冷库收贮果品、柿果深加工收购资金等,为社员提供互助商业信用资金960余万元,100%到期回收,社员股金分红128万元。

3.兴办经营实体,实现农业六次产业化

合作社壮大与否,表现为服务能力的强弱,特别是加工实力。科农合作社依托社员生产的苹果、柿子、小麦等主导产品,引导社员入股,每股一万元,兴办贮藏、加工实体,实行企业化管理,开展新的增值服务,有效实现了一、二、三产业的交叉融合。合作社先后投资成立了5个经营实体:一是依托农资购销服务平台,成立富平县科技农化种业公司,为社员开展肥料、农药、果袋等农资服务,年供应额近2亿元。二是承担省农业厅果品贮藏百库建设项目,成立富平县科农果品贮藏公司,建成贮存量1500吨的冷库,延长果品销售期,年销售果品5000多吨,收入2000多万元,售价提高30%。三是针对富平县10万亩柿子产业,为克服集中上市、鲜柿子销售期短、柿饼加工受时间限制的缺陷,合作社引进陕西师范大学技术,投资300万元成立富平县柿醋酿造公司,在销售鲜柿子、加工柿饼的同时,将变软不能做成柿饼的大量鲜柿加工成柿子醋,年收购鲜柿1000多吨,生产原汁醋500吨,利用"科农"商标,形成四种规格销售,既解决了果农卖柿难题,又让果农每年增收600多万元,合作社收益300

多万元。四是实施省级现代农业示范园建设项目,流转农民土地2万多亩,成立富平县科农现代农业园区开发公司,负责农业园区的规划、建设和服务,社员分户经营,统一管理,按照生态种植、养殖相结合的循环经济发展模式,带动社员走休闲农业之路。五是为加强合作社社员股金、内部资产管理,更好地开展对外经济合作,合作社成立了科农资产评估有限责任公司,优化合作社资产结构,强化风险管理,提高经营效益。

4.流转土地建园区,实现经营方式现代化

针对农业效益低、农民收入和社会地位不高、不愿种地的现状,科农合作社通过市场化运作,兼顾双方利益,在群众自愿原则下,由合作社牵头,以每亩800元承租费、三年后按800斤小麦市场价计付的优惠条件,先后流转土地21500亩,期限20年,共涉及6乡镇的16村3070户,合同签到户,一年一付款,直接付到户。合作社对流转来的土地,统一规划发包给种植能手,发展家庭农场187户,享受统一提供的技术、品种、管理、农资供应、订单收购等社会化服务,不仅使合作社的服务和带动、组织能力迈上一个新台阶,还提高了农业生产效益,优化了合作社的产业结构,带动社员发展家庭农场,转变经营方式,走上了现代农业发展之路。目前,一般农户自觉自愿将土地流转给合作社,种植能手从合作社承包土地还要提前预订,每亩预交100元的定金。3年来,合作社流转土地规模以每年50%的速度增长。

一是流转土地5000亩,建立现代果业园区。园区已完成道路框架、围网、栽植、滴灌等基础建设,按30~50亩一方发包给社员栽植苹果、酥梨,已入驻89户,其中当地群众承租48户,外地承租户41户。园区实行"六统一",即统一品种布局、统一技术方案、统一物资使用、统一病虫防治、统一机械耕作、统一品牌销售,合作社提供专业技术和灌水、农资、机防等服务,社员享受优惠价。合作社在农资供应、产品销售方面的收入,用于支出及年底分红,社员既有产品销售收益,又有分红收益,合作社也有了资金积累。同时,由于技术、物资的统一,也保证了农产品质量,有利于打造品牌。现在,合作社已建起中国—哈萨克斯坦苹果示范园2300亩,前三年指导农户在树行间套种植番薯、豆类及蔬菜,用地养地,每年亩收入600元,家庭农场每户可收入1.8万元以上,第四年果品收入可达9万元,到第六年以后进入盛果期,亩收入可达1万元,年收入稳定在30万元左右。

二是流转土地16500亩,建设现代粮食园区。按地形地貌200~300亩为一方,原地价发包给种植大户,合作社已建立家庭农场98户,实行标准化生产、规模化种植、签订单收购。合作社出资购买大型拖拉机、收割机、植保直升机等农业机械,收购原乡镇粮站改造仓库,购置日烘干1500吨的粮食烘干塔,建立仓储中心,为园区种植户提供统一机械耕作、品种、农资、技术、订单收购、农田道路、晒场、仓储、烘干、销售等系列化服务,种植户承担相关费用,达到了培养职业农民、推广先进技术、引导优质粮食生产的目的。种粮户只要按照合作社的生产标准和技术规范,做好日常管理,收获的小麦、玉米直接交到粮食收储中心,合作社开展烘干和仓储,销售后扣除地租、耕种费用,剩余归农户,年底按交易量还有盈余返还。目前,合作社指导农户种植优质小麦品种,与陕富面业、大地种业等5家企业签订小麦收购合同1000万斤,以保护价销售。家庭农场按200亩计算,每年亩产小麦1000斤、玉米1000斤,毛收入2500元,200亩可收入50万元,扣去租地费16万元,耕种投资费用18万元,年获得纯收入16万元。若农户配套拥有自己的小型农业机械和灌水系统,还可节省投资2万~3万元。合作社的新机制,让种粮户由农户变为家庭农场,种粮变为职业,年收入在15万元以上,轻轻松松种粮食,体体面面当农民。

合作社借用现代农业园区建设,还将在村庄休闲地、园林路边统一规划,建设餐饮休闲区、体验式农业区、特色土特产展示区,经过3~5年的发展,可形成生产、观光、休闲、采摘为一体的现代休闲农业,吸纳当地村民服务第三产业。

5. 成立三秦果农联合社,实现跨省服务规模化

科农合作社本着联合创新、合作共赢的思路,按照"立己立人、互助合作"的宗旨,采用"合作社办公司带农户"的模式,由科农合作社等13个县的果业合作社联合发起,成立陕西三秦果农专业合作社联合社,成员出资总额5000万元。联合社将从事果业生产的合作社、协会、加工流通企业、农资生产经销商等联合起来,相互合作,在更高层次、更大范围为更多的合作社和果农提供专业化服务,进一步延伸果业生产的产业链,增加果品的附加值,为农民获取更好的市场收益。目前,联合社利用三秦果业网、三秦果农报等服务媒体,已拥有片区理事单位13家,基层专业合作社、果业协会、村镇服务网点667个,一线技术人员400多人,在陕、甘、晋、豫等省服务社员和果农5万多户。联合社把各合作社开展生产、销售等环节的技术、信息等共享,使基层社、农民与市场主体的对接更直接、更平等、更紧密,较好地解决了单个合作社在技物配套服务、指导社员销售果品方面与客商对接谈判能力弱小、合作松散、合同兑现约束空洞无力、缺乏长期发展计划的问题,尤其是在解决社员开发高端果品市场和品牌打造时缺乏投入等问题方面起到了重要作用,让社员真正从合作社的带动与服务中得到实惠。三秦果农联合社是陕西首家跨省合作社联合社,

也是最大的合作社,顺应了陕西果业发展规模化、标准化、市场化的客观要求,对于促进果业生产方式转变,提升果业发展水平,拓宽农民增收渠道起到了积极的促进作用。

(三)经验启示

总之,果农协会—果农合作社—果农合作社联合社,是科农合作社发展的轨迹。技术信息—农资果品购销—产加销产业化服务,是科农合作社壮大的路径。农户生产—土地流转承包—家庭农场经营,是科农合作社转变经营方式的创新。科农合作社为满足果农发展生产、增收致富的美好愿望,在不断增强服务功能的同时,自身也得到了快速壮大,这是农民团结的力量,也是合作机制的威力。农民是弱者,只要团结起来就是强者,这需要一个好机制,也需要能正确用好这一机制,还需要有为之艰苦奋斗、勇于奉献的理事长等以身作则的领导。从科农合作社的服务,看到了合作社在加快转变农业经营方式、发展现代农业中的巨大作用和美好前景。

案例 4:黑龙江省仁发现代农业农机专业合作社[①]

(一)基本情况

黑龙江省齐齐哈尔市克山县是国家级生态示范县,总人口 50 万,耕地面积近 300 万亩,其中黑土地面积占 81%,被列为全国 500 个产粮大县之一,是国家重点商品粮基地县、大豆基地县和马铃薯基地县,素有"北国优质粮仓"之称。近年来当地农村劳动力大量转移,一些村庄的优质劳动力外出务工比例高达 80%。如何发展现代农业,成为当地政府必须面对的现实问题。为了应对这一状况,改变"单打独斗"的小农机具分散耕作模式,提高农业生产经营的规模化、集约化、专业化程度,在 2007 年《农民专业合作社法》出台的背景下,黑龙江省随后制定了支持千万元规模农机合作社的具体措施。

2009 年 10 月,克山县河南乡仁发村党支部书记李凤玉带领 6 户村民,筹资 850 万元注册成立了"克山县仁发现代农业农机合作社"(以下简称仁发合作社),其中理事长李凤玉出资 550 万元,其他 6 户分别出资 50 万元。合作社成功获得了 1234 万元的农机具购置配套补贴,一个拥有几十台大型农机具、

---

① 撰写者:王长川、徐旭初(浙江大学中国农村发展研究院)。

总投资达 2084 万元的现代化农机合作社诞生了。

到 2015 年,仁发合作社固定资产达到 5176 万元,入社成员 1024 户,经营土地 5.6 万亩。通过实践创新,总结探索出了"以土地入社为核心、以现代农机为载体、以生产合作为纽带"的克山县仁发现代综合经营型合作社模式,走出了一条市场经济条件下农机化建设的新路子,找到了在坚持农村基本经营制度基础上,实现农村改革发展第二次飞跃的新路径和粮食规模化生产的新形式。仁发合作社荣获全国农民专业合作社示范社和全省农机专业合作社示范社称号,合作社理事长李凤玉荣获黑龙江省劳动模范和"全国十大优秀农民"称号。

(二)主要做法

1.提高农业生产经营效率

(1)在政府的支持下,仁发合作社通过订单生产的方式加入了高值农产品产业链,提高了农产品的生产经营效率。通过克山县政府的牵线搭桥,2011年合作社跟哈尔滨麦肯(加拿大)公司签订了 2000 亩的马铃薯生产订单,种子与种植技术由签单公司提供。一方面通过种植结构调整,获得高值农产品的生产经营利润;另一方面,通过与跨国公司签订订单,突破了生产技术、市场销路瓶颈。当年马铃薯盈利 430 万元,马铃薯种植面积占合作社入社土地面积的 13.3％,而马铃薯盈利却占合作社总盈利的 34.4％,大大提高了土地生产经营效率。

(2)通过将传统农户的土地经营权入股合作社,仁发合作社形成土地生产经营的规模化,与现代农机、现代经营管理形成更佳的要素配置。2011 年春,为了考察国家投入大笔财政配套资金促进农机合作社发展的情况,黑龙江省农委主任王忠林来到仁发合作社,对其第一年的失败教训作出了总结并给出了建议:第一,农机化服务并不适合仁发这样的大型农业机械合作社。大型农业机械合作社从事农机化服务有两点不足:一是所服务的一家一户的土地面积较小,很难连片,几乎发挥不出大型农机具的优势;二是克山县农机服务市场发展迅速,农机服务供给已趋于饱和,合作社如果将业务范围局限在农机化服务上就很难获利。第二,合作社经营的转入土地的面积太小,大型农机具须配套大面积的土地经营,才能发挥优势。合作社应扩大土地的转入规模,将主营业务从农机化服务转变到转入土地农业经营上。第三,扩大土地流转规模应从改善合作社的盈余分配方式入手。仁发合作社第一年经营亏损的根本原因是土地转入价格太低,没能调动农户带地入社的积极性。为此,合作社应让所有成员都参与盈余分配,以此吸引更多农户带地入社,扩大土地经营规模,进而发挥大型农机具的优势。并且,国家给合作社的财政配套资金是给合作社所有成员的,仁发合作社理应让所有成员都享受到财政资金给合作社经营带来的盈余。

理事会经过研究决定采纳上级领导建议,争取农户土地以高于流转市场价格 50% 左右的价格折资入股,形成土地的规模经营,提高现代机械的使用效率。最终拟定与农户签订的合约:入社土地 350 元/亩保底;先后入社的社员权利和义务平等,到秋天按投资比例进行分红;国家补贴在合作社所产生的效益,到秋天算账时平均分配给每一个社员;年初资金紧张的社员采取土地折资款付息借回的政策,付银行利息;重大决策要实行民主表决,一人一票;入社自愿,退社自由;国家所给的粮食直补和综合补贴,原来该给谁就给谁,和合作社无关。

仁发合作社将重新制定的盈余分配方式在村内广为宣传,很快得到了农户的积极响应。在不到一周的时间里,就有 307 户农户(占全村农户的 40%)带地入社,将承包地全部流转给合作社。合作社所经营的土地规模迅速增加到 1.5 万亩,大型农机具的优势逐渐得到了发挥,每亩土地的机械化耕作成本比农户单独经营时的这一费用低了约 100 元。

土地形成规模,现代化的大农机有了用武之地,农机队是合作社的一个单独核算组织,合作社与农机手签订奖惩责任状,实行单机核算,充分调动驾驶员工作积极性。每台机具承包到农机手,确定年单车作业量、年油料指标与年修理费用,统一供油、统一修理。对田间管理工作人员,定面积定产量,实行绩效工资。合作社多次统一组织农机手与田间管理人员进行岗位技术培训。

(3)公积金与国家补贴形成的资产以合作社成员账户的方式,赋予合作社资金使用权,同时社员享受收益权,降低合作社的融资成本。由于 2011 年合作社效益非常明显,经过社员代表大会决定,在扣除土地保底金后的盈余中,提取 50% 计入合作社成员账户,作为投资参与合作社的分红。2011 年与2012 年,合作社分别提取公积金 408.6 万元与 852 万元,大大缓解了合作社创建初期生产经营的融资难题。国家补贴形成的资产量随着社员数目与资产量变化,每年都会体现在成员账户上,并参与当年的分红。因此,通过成员账户上的资金参与分红,增强成员对合作社的组织归属感,使成员形成"合作社是我们大家的"的意识。事实上,调查中有不少成员直接表达"我们这个合作社怎么怎么样",与笔者调查其他合作社时听到的"他们的合作社怎么样"的表述完全不同,有利于建立成员所有的合作社产权结构,其实质如同成员入股合作社。

(4)在生产技术与农田水利基础设施等方面,仁发合作社也得到了政府的大力支持,展现了李凤玉团队的企业家能力。合作社聘请克山县的高级农艺师研究种植高产稳产作物,玉米种了克山县的当家品种丰单 3 与丰单 4,采用 130 公分与 110 公分大垄双行播种。在农田水利基础设施上,地方政府给予了大力支持,给予土地整理补贴,上马大喷灌与水井设施。同时乡政府为合作社配备了一个副乡长,合作社专门成立了党支部,一方面支持合作社的建设,另一方面代表普通农户监督合作社管理层工作,同时代表上级政府监督合作社资产运行。

2.规范合作社治理结构

(1)取消土地保底资金,合作社盈余分配以土地要素为主,土地与资金入社社员共同成为合作社的主人。2011 年与 2012 年,传统农户是土地折资入股,按照折资的资金量与 7 个合作社发起人一起参与秋后分红,而合作社按投资额分配盈余不符合我国的《农民专业合作社法》。根据法律,合作社的盈余分配 60% 以上要按交易量分配,而土地股份合作社没有交易量,农户社员与合作社之间的交易是土地要素的入股,政府有关部门认为可替代的办法就是将入股的土地经营权面积等同于交易量。

为规范合作社的收益风险分配机制,2013 年年初,仁发合作社召集成员代表开会,通过决议改革了试行两年的盈余分配方式,着重对第二阶段盈余分配方式中存在的问题进行调整:首先,为了逐步建立"风险共担、利益共享"的紧密合作机制,合作社决议取消 350 元/亩的土地保底金,合作社盈余的 76% 按土地面积分配,24% 按投资额分配。为了充分考虑农户的不同需求,仁发合作社还建立了"春要保底、秋不分红"的过渡措施:不愿意承担经营风险的农户可以在春季与合作社签订土地仅享有"保底价"的合同,但是在秋季收获结算后,土地就不能再参与合作社的分红。最终,几乎所有成员都选择了土地仅参与秋季分红的分配方案。其次,考虑到管理人员的付出,仁发合作社改变了过去管理人员不领取工资的做法,从年度总盈余中提取 3% 作为理事长及其他管理人员的年度工资,其中,理事长的工资占 20%,其他管理人员的工资占 80%。

(2)规范"三会"制度。2013 年,合作社的社员代表大会、理事会、监事会制度正式运行。合作社社员达到 2346 人,每 32 至 34 名(户)社员自愿推选一名社员代表,社员代表代表社员利益。每年至少于财务年初和年末分别召开一次社员代表大会,重大事宜在社员代表大会以一人一票的方式表决通过。理事会由社员代表大会选举产生,对生产经营计划、人事和财务管理等重大事项集体讨论,并经三分之二以上理事同意方可形成决定。理事会由七名理事组成,理事长和理事会任期四年,可连选连任。监事会代表全体社员监督检查理事会和工作人员的工作。监事会由社员代表大会选举产生,监事长一名、监事两名,任期四年,可连选连任,监事长列席理事会会议。

（3）拉长产业链条。2014 年,合作社投资建设两座日烘干 1000 吨的粮食烘干塔,建成了 30 万吨粮食仓储库 1 个,增加粮食的烘干仓储业务,向粮食生产的下游产业延伸,成功吸引河北乐亭一家甜玉米加工厂进驻当地,实现了产销的紧密结合。2014 年,合作社创办一个种薯厂,建设马铃薯组培楼,培育试管苗 30 万株,网棚 10 座,共 1 万平方米,生产原种 100 万粒,向马铃薯的上游产业链延伸。

（4）通过种养结合,形成生态化的循环农业,开发打造绿色有机农牧产品,培育绿色品牌,同时增加当地劳动力就业机会。开发打造绿色有机农牧产品,绿色有机食品附加值高,走产业化之路,是做大做强合作社的最佳选择。2014 年,仁发合作社发展绿色食品生产基地 5000 亩;2015 年,仁发合作社注册了一家新公司——黑龙江仁发农业科技开发有限公司,扩大绿色有机蔬菜种植。合作社规划用 3 年时间培育"仁发"品牌,将绿色有机农产品搞出个名堂来。合作社还着手发展养殖业,建设存栏 2500 头、年出栏 5000 头的黄肉牛养殖场。利用绿色有机的作物秸秆、绿色有机玉米做饲料,养殖绿色有机肉牛。

（三）主要成效

1. 合作社规模不断扩大

（1）成员不断增加。合作社成员由 2009 年的 7 个发起人,发展到 2014 年的 2638 人,涉及 2 个县、6 个乡镇、37 个村,如图 4-1 所示。

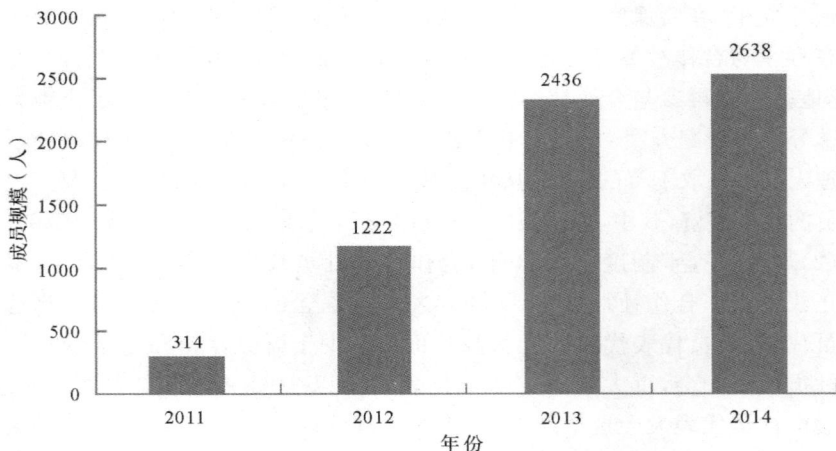

图 4-1　仁发合作社成员规模发展情况

（2）土地经营面积不断增加。合作社土地入社面积由 2011 年的 15000 亩发展到 2014 年的 54000 亩，为周边农户代耕面积超过 40 万亩，规模不断增加，如图 4-2 所示。

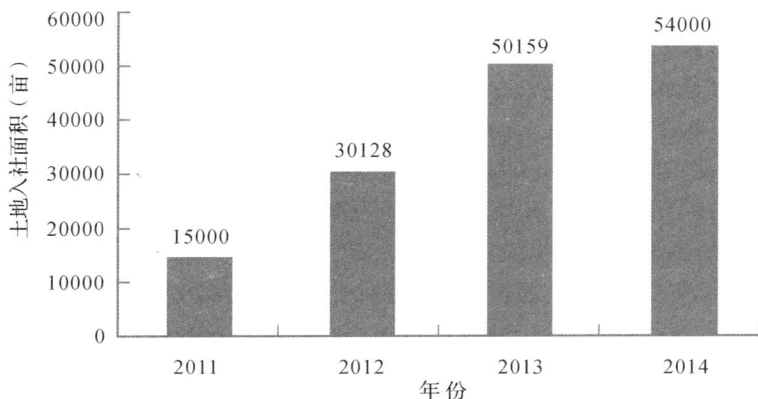

图 4-2　仁发合作社土地入社面积发展情况

2.合作社效益不断增加

（1）总盈余不断增加。合作社总盈余由 2011 年的 1342.2 万元增加到 2014 年的 4890.3 万元，如图 4-3 所示。不过，值得思考的是，2015 年，合作社总盈余下降到 4196.27 万元，主要原因是合作社原先跟跨国公司签订的 2000 亩马铃薯生产订单现在已经失去了。

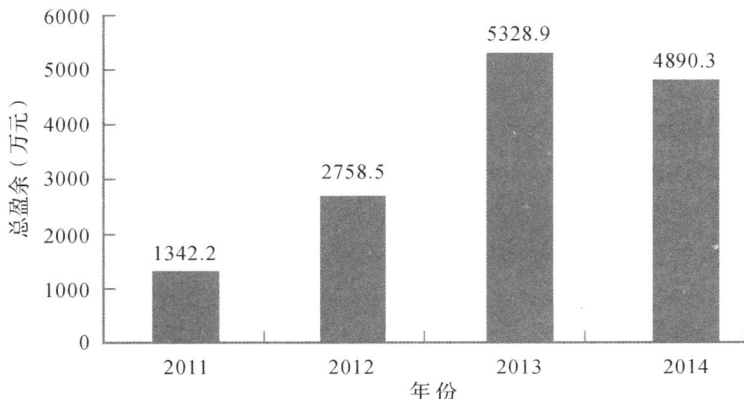

图 4-3　仁发合作社总盈余发展情况

(2)社员收入不断增加。合作社社员亩均收入由 2011 年的 710 元/亩增加到 2014 年的 847 元/亩,如图 4-4 所示。

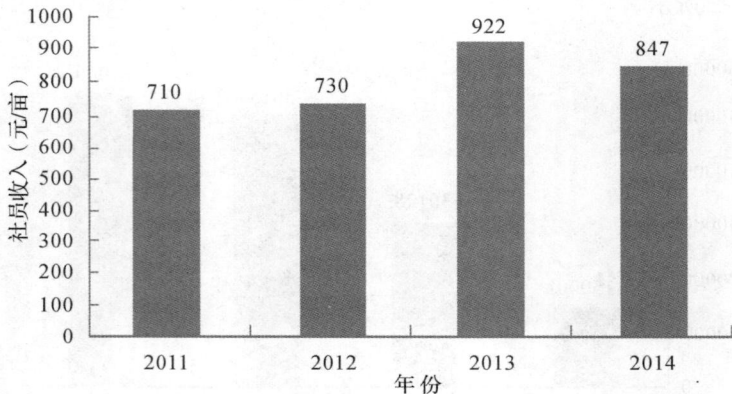

图 4-4　仁发合作社社员收入发展情况

(四)经验启示

1.规模经营是合作社生存发展的基石

经营规模化是合作社生存发展的重要基础,缺乏土地连片这个基础和前提,即使拥有大量资金和农机装备,合作社也难以发展。仁发合作社以规模经营为引领,紧紧抓住农民带地入社这个牛鼻子,通过采用先进经营模式、应用先进生产技术和配置先进生产机械,把分散的土地集中起来,低效的土地优化起来,充分挖掘土地潜能,向土地规模经营要效益。实践表明,土地经营规模化是培育新型农业经营主体的前提和基础,必须充分尊重农民意愿和维护农民权益,落实集体所有权、稳定农户承包权、放活土地经营权,开展多种形式合作与联合,适合发展什么主体就发展什么主体,适合搞多大规模就搞多大规模,真正通过土地把农民与合作社结成利益共同体。

2.利益机制是合作社生存发展的根本

合作社以土地分配为主、国家投资收益平均量化及公积金记在个人账户上等同投资等利益机制,有效解决了保障农民收益和筹措发展资金的重大问题,使改革发展成果更多惠及广大农民。仁发合作社比较妥善地处理了按土地分配和按资金分配的关系,合理安排国投资产收益、个人资产和提取公积金所得收益的归属,做到"未分配盈余为零"和没有"无主"财产,保障了分配的合理性和科学性。实践表明,收益分配合理化是合作社生存发展的核心,必须建立科学的分配机制,既要保护出地人利益,又要兼顾出资人利益。既要让成员充分得利,又留足后续发展资金,促进合作社持续发展和农民持续增收。

3.科学管理是合作社生存发展的关键

坚持依法治社、民主管社,不断加强规范管理,靠完善的制度约束行为,让入社农民与合作社心连心,真正办成农民自己说了算的合作社,有效解决了合作社运行不规范、生机活力不足等问题。实践表明,科学管理是仁发合作社发展壮大的关键所在,必须坚持机制创新,按照现代企业运营模式,着力建设产权清晰、权责明确、决策科学、经营高效、监督有力的管理机制,才能使广大农民越来越关心支持合作社发展,使合作社越来越有生机与活力。

4.良好环境是合作社生存发展的保障

仁发合作社能够快速发展壮大,既靠自身努力,又得益于良好的外部环境。国家重视支持合作社发展粮食生产,克山县加大对合作社服务扶持力度,坚持农田水利等基础设施建设向合作社倾斜;积极开展金融保险服务,实施土地经营权和收益权抵押贷款,优先安排政策性农业保险,有效破解了合作社资金难解决、风险难化解问题;全面实施科技包保服务,鼓励科技人员进入合作社,从种到收开展全程包保服务;大力创新销售服务,政府打造农产品电子商务平台,建设了马铃薯、大豆等专业交易大市场,引导合作社发展订单农业,解决了合作社销售渠道不畅、质优价不优等问题。实践表明,发展农民合作社离不开发展环境的改善和优化,必须进一步加大对合作社的扶持力度,健全金融、保险、生资、产品营销等服务体系,为合作社发展提供全产业链服务,促进合作社借力借势发展壮大。

此外,在仁发合作社已经成为全国农民合作社发展典型时,还应该特别指出,其一,学习仁发合作社经验,不能忽视其生效的前提条件:有利的行动逻辑起点、有效的经营运行和及时且足够的外部合法性资源和社会性收益的输入等等;换言之,其目前成功的前提条件是比较复杂多元的,这或许也是仁发合作社常被质疑是否是孤例的原因吧。其二,不能忽视仁发合作社可持续发展的问题。任何持续的农民合作都建立在持续的利益改进的基础上,2015年仁发合作社经营收益下降就值得注意。仁发合作社这几年的收益主要建立在规模经济收益、巨额农机补贴转化收益、高附加值农产品(如跨国公司订购的马铃薯)收益等上,因此,要高度注意这些收益逐渐或突然消失(如马铃薯合同结束)对合作社可持续发展的冲击,要不断创新发展,积极寻找新的收益增长点。

案例 5：河南省商水县天华种植专业合作社[①]

(一)基本情况

近年来，随着工业化、城镇化的发展，农民外出经商务工的越来越多，土地流转面积呈上升趋势，由于流转价格逐年攀升，导致种粮效益低，出现"非粮化"倾向。作为粮食大市，围绕稳定粮食生产，周口市积极依托农民合作社，探索开展土地托管服务，目前土地托管面积达 61 万亩，出现了一批农民合作社土地托管服务典型，商水县天华种植专业合作社（以下简称天华合作社）是典型代表。

2009 年，商水县天华种植专业合作社在工商部门注册登记，主要从事粮食生产。2010 年至 2011 年，先后被评为周口市农民合作社示范社、河南省农民合作社示范社。2014 年，荣获国家农民合作社示范社称号。2015 年 1 月，理事长刘天华作为全国农民合作社的代表参加了李克强总理主持召开的教科文卫界人士和基层群众代表座谈会，并做了发言。同年，刘天华被评选为全国劳动模范。

天华合作社围绕发展粮食生产，创新实施了土地托管、粮食银行等做法，现在已发展为集种植、土地托管、土地流转、粮食银行、农机植保服务于一体的综合性农民专业合作社。合作社坚持以服务农业、服务社员、让利于民为宗旨，成立了机械耕作队、收割队、科技队、田管队、抗旱防汛队五个专业队，实现了农业生产经营的规模化、专业化、标准化，促进了粮食增产、农民增收。目前，合作社成员已由初期的 26 户发展到 336 户，固定资产达 1400 万元；粮食耕种面积已由初期的 233 亩发展到现在的 17000 亩，其中：流转土地 5000 亩，托管土地 12000 亩，辐射带动周边 3 个乡镇 20 多个行政村 3000 多农户。

(二)主要做法

伴随新型工业化、城镇化发展，一大批农村青壮年劳动力走出农田外出务工，留在家的多是老人、妇女和儿童，他们从事农业生产力不从心，对土地也不能进行有效的耕作管理，"谁来种地，如何种好地"的问题日益突出。但是，很

[①] 供稿者：河南省农业厅。来源：稳粮增收促规模 土地托管增效益[EB/OL].（2015-12-30）http://www.moa.gov.cn/sjzz/jgs/jggz/201512/t20151230_4970633.htm.

多农民并不想把土地流转出去,这些农户看中合作社的经营实力,主动找上门请合作社代种代耕代收。2010 年,天华合作社提出"你在外打工挣钱,我在家帮你种田"的口号,尝试开展土地托管服务。为了提高服务质量,让农户更有选择性,合作社推出了服务项目菜单,供农户自主选择。

1. 半托管服务

服务对象是不愿意流转土地的半务工农民。根据需要,农户将农业生产过程中某个时段的劳务项目委托给合作社,按服务项目菜单,选一项交一项的钱,合作社按劳务项目获得报酬。半托管又分为针对夏粮的小麦生产管理、秋粮的玉米和大豆生产管理两种类型。目前,合作社承接的半托管服务 95％ 为小麦管理。许寨村三组 52 岁村民刘国富,他在村里给建筑队打工,把土地半托管给合作社,在托管服务菜单中选择了小麦的种子、化肥、耕种、打药、收割、运输等服务,每亩小麦的各项托管服务收费分别为:种子 30 元、化肥 110 元、旋耕 50 元、播种 20 元、病虫害防治 50 元、收割 50 元、运输 20 元,托管总费用 330 元,小麦收获后送到家门口。

2. 全托管服务

全托管服务对象是劳动力长期外出打工、家中留守人员没能力种地的农户。农户托管当年小麦(夏粮)和玉米或大豆管理(秋粮)的全部生产管理活动。农户把土地交给合作社,合作社为农户提供覆盖一年两季粮食生产的"一条龙"式全程服务,按照本村同等级地块的中上等纯收益的平均值确定农户收益。合作社收取小麦和玉米或大豆两季粮食生产的耕种、肥料、打药、收割等全部环节的服务费用,粮食收成全部归农户。莫庄村村民莫海三,夫妻俩与子女常年在外打工,家里只剩下 75 岁的老母亲和 6 岁的孙子,没能力耕种。把土地全托管给合作社,一年交 660 元,合作社负责将夏季和秋季粮食送到家门口。

3. 开办粮食储蓄

合作社建设了 1500 平方米的标准化粮仓,解决合作社粮食的仓储问题。同时,利用富余仓容,探索创新粮食代储形式,参照银行开办粮食储蓄服务,满足农户存粮或变现的不同需求。合作社采用一户一本的存粮凭证,对存粮本统一数字编号并加盖合作社公章。农民将粮食存入合作社,可随时提取粮食、折现,合作社不收保管费,卖出时双方按比例对增值部分分红。比如,2014 年 6 月,农户将小麦存进合作社,当时价格是 1.18 元/斤;2015 年 5 月,以 1.28 元/斤卖出,每斤增值 1 毛钱,合作社得 3 分、农户得 7 分,按小麦亩产 1000 斤算,农户每亩能再多收 70 元。当地农民形象地称之为"粮食银行"。农户走进

"粮食银行",就好像走进了商业银行的储蓄所,只不过存取的内容由货币变成了粮食。

(三)主要成效

土地托管服务,化解了长期困扰农民的常年外出务工与家庭承包经营的矛盾,农民实现了"离乡不丢地、不种有收益",合作社获得了服务增值收益,实现了农户、农民工与合作社的"共赢"。

1. 保障了粮食生产

流转土地"非粮化",是令粮食主产区各级政府比较担心的问题。天华种植合作社开展土地托管服务,坚持种粮为主,根本在于把种植主导权保留在农户手中。一是适应了农户规避生产风险的现实要求。当地农民户均耕地只有7亩,种植经济作物虽然能够有较高的经济收益,但技术要求高、经营风险大,对普通农户难以产生很强的吸引力。国家鼓励和支持粮食生产,经营风险相对较小。二是满足了农民"恋地"、"恋粮"的心理。当前,农民普遍存在"手中有钱不如家中有地、手中有粮"的思想,与直接收入现金、再用现金购买粮食相比,农户更倾向于用家中存粮作为生活的直接保障。三是契合了托管双方的技术优势。托管方——农民,与受托方——合作社的关系,实质是雇佣关系,托管方对粮食生产全过程最为熟悉,对受托方提供的生产服务能够实现有效监管。合作社成员主要是当地农民,既熟悉粮食作物生产过程,又掌握良种、栽培、整地、灌排、植保等技术,拥有大量农业机械,双方围绕粮食生产容易形成联合与合作关系。土地托管的最佳选择是从事粮食生产,这也是化解流转土地"非粮化"、"非农化"的有效办法。

2. 促进了农民增收

土地托管,把农民从土地上真正解放出来,可以安心外出务工经商或就地转移从事二、三产业,减少了农忙时返乡务农的损失,增加了工资性收入;土地托管,把农户原由自己完成的生产作业通过服务外包给合作社,把最终产品及收益留给自己,实现了与合作社资源共用、利益共享、发展共赢;土地托管,合作社既能充分发挥农业机械装备的作业能力、拓宽服务领域,又能集中采购农业生产资料、降低农业生产成本;既能推进标准化生产、提高粮食单位面积产量,又能改善农产品质量,增强市场竞争力,取得节本增效的双重收益。以全程托管为例,与没有托管的土地相比,2015 年合作社托管土地平均亩产小麦增加 85 斤、玉米增加 130 斤,合计每亩耕地亩产增加 215 斤,可增收 220 元。再加上全程作业成本可降低 5%～10%,约减少 90 元,每亩净收益比农民自种增加 310 元。与土地流转相比,农户流转耕地每年每亩获得一次性租金约为 900 元,而土地托管的收益平均每年 1330 元。与土地流转相比,土地托管农民每亩收益增加 430 元。合作社全程托管,每亩收费 660 元,扣除成本 525 元,每亩净收入 135 元。

3.推动了规模经营

土地托管,推动了土地集中的规模经营,也发展了服务规模经营。土地托管具有粘连效应,一户搞土地托管,会带动周边农户土地加入托管,从而形成托管土地规模扩大、地块集中。土地托管具有规模效益,在促进土地规模经营的同时,可以实行农业生产资料集中采购,农机植保规模作业,粮食产品规模销售,带来了服务规模化的溢价收益。土地托管具有风险分散作用。土地流转中,规模经营主体往往独自承担农业生产的全部风险,而土地托管服务的经营风险由农户和合作社分散共担。土地托管还具有减压作用。土地流转普遍采取预付租金方式,需一次性支付农户下一年度的流转费用,流转土地规模越大、预付现金越高。土地托管服务中,农民则需预付托管服务费用给合作社,托管规模越大,预付金越高,合作社资金头寸越富余。同时,合作社拥有大型农机具、自走式喷雾器、无人植保机、旋耕机等现代农业机械,其作业效能和潜力得到了充分发挥,获得了规模作业效益。

(四)经验启示

土地托管是在自愿、有偿的前提下,农户以市场方式向托管主体购买所需的生产服务,在不改变集体所有权、不改变土地承包经营权的前提下,推动了农业的集约化、规模化、专业化生产,实现了农业适度规模经营。

1.土地托管服务是实现土地规模经营的有效形式

天华合作社的土地托管服务,是在坚持家庭承包关系不变、土地经营权不变、承包主体不变、受益主体不变的情况下,农民合作社按照农民的要求,对其承包土地实行统一管理、统一服务的一种新型经营形式。通过土地托管,增加了粮食产量,提高了农民收入,提升了农业效益,降低了农业生产成本和经营风险,实现了利益的共享共赢,改变了"家家地不多,户户各干各"的农业经营状况,破解了家庭经营细碎化、分散化难题,促进了土地规模经营。

2.土地托管服务是促进服务规模经营的有效形式

土地托管模式符合农民当前的现实需求,把传统农业生产过程由农户完全承担,变为把重要生产环节服务外包和集中,形成了农业生产性服务的规模化,既满足了农户发展生产的需要,稳定了家庭承包经营基础地位,又催生了农业生产性服务组织,提升了农业社会化服务规模效益,还能有效地把农村劳动力从土地上"解放"出来,让其安心外出务工。

3. 土地托管服务是解决"谁来种地,怎么种地"的有效途径

天华合作社开展的土地托管服务,作为农业规模经营新模式,为有效解决"谁来种地,怎么种地"问题找到了答案。土地托管服务既是解决当前"农户兼业化,农村老龄化,村庄空心化"问题的一剂良药,又是破解土地流转出现"非粮化"现象和"非农化"问题的一把钥匙,符合我国人多地少、农村人口占比较大的基本国情,适应超小规模承包农户在相当长时期内仍是我国最基本农业经营主体的现实,顺应农村劳动力转移和多种形式适度规模经营发展的大趋势,对解决"谁来种地,怎么种地"以及"如何种好地"具有重要的现实意义。

案例6:湖南省隆平高科种粮专业合作社[①]

2014 年 12 月 10 日至 12 日,笔者赴湖南隆平高科种粮专业合作社(以下简称隆平粮社)开展调研,重点调研了望城区隆平高科新康种粮专业合作社(以下简称新康粮社)和隆平乌山贡米种植专业合作社(以下简称乌山粮社)两个基层社,与隆平粮社负责同志和有关县区基层干部群众进行了广泛深入交流。这已是笔者连续第 4 年到隆平粮社调研了,本次调研题目为"包括合作社、公司在内的经营性组织如何开展农业社会化服务?"。为此还走访了宁乡县凤凰山水稻种植专业合作社、长沙县盛大蛋鸡合作社等 4 家合作社及 2 家农业专业服务公司。总体印象:合作社及农业专业化服务公司都是农业社会化服务的重要主体,两者各有所长、做法各具特色,在降低农业生产成本、促进农业资源的优化配置、保障农业生产发展方面,都发挥了重要作用,未来在政府向经营性组织购买农业公益性服务方面,应当进一步加强顶层设计,真正发挥好社会化服务的支撑作用。

(一)基本情况

这几年,笔者每次到隆平粮社,都能感受到粮社发展的新变化,了解到他们发展的新想法新思路。比如新康粮社,2012 年底笔者实地来这里调研时,他们还只能在自家院里做小规模的大米收购及加工。现在,已初具雏形的仓

---

① 撰写者:赵铁桥、贺潇(农业部农村合作经济经营管理总站)。来源:从隆平粮社看经营性服务组织如何创新农业社会化服务供给[J]. 中国农民合作社,2015(2):34-38.

储加工中心正热火朝天地建设,入社农户已发展到 153 户,入社资金 300 多万元,水稻种植面积 2680 亩,辐射面积 8000 多亩,稻谷加工年产 2500 多吨。2013 年,合作社产值超过 1100 万元,获得利润 163 万元,成员分红 20 余万元。理事长袁虎作为 2013 年"中国青年五四奖章"的获得者,还得到了习总书记的亲切接见。2014 年,新康粮社被评定为国家农民合作社示范社。再比如乌山粮社,现有入社农户 445 户,种植乌山贡米 6500 亩,2014 年成员共同出资 200 多万元又新建了一个 2000 吨的仓库,仓储能力增加到现在的 1.5 万吨。现在稻谷年加工能力达到 2 万吨,可实现产值 3000 多万元,近年来累计分红 108 万元,已经远远超过合作社 60 万元的出资额。该社 2014 年又承担了中储粮 1 万吨的代储任务,除去成本可净获利 70 万元。目前销售额已达到 3030 多万元,到现在本社加工的"乌山贡米"早在 4 个多月前就已经脱销了。理事长尹旭波告诉笔者,按照目前合作社的仓储加工能力,再吸收一千来户农户入社没有任何问题。由于合作社的名气越来越大,很多农民都提出申请希望加入乌山粮社,他们计划 2014 年年底再吸收 100 户 30～50 亩的种粮大户入社。

2013 年,笔者到隆平粮社调研时,他们准备更名为联合社,现在这一计划已成为现实,更名为湖南隆平高科种粮专业合作联合社。

2015 年,已在全省产粮地区 10 个地市 20 个区(县)发展了 50 家联合社成员社,比 2013 年新增了 2 家基层社;入社农户 19884 户,比 2013 年新增 1233 户;种粮面积 30.7 万亩,辐射带动面积 20 万亩。隆平粮社由合作社转变成联合社,开创了发展新阶段,为使隆平粮社成为"服务三农旗帜"构筑了新平台。

一是土地流转服务已见成效。目前,联合社成员流转土地面积 8 万余亩,早稻有好的收获,其中尤以衡东隆平粮社收效显著,流转土地 4500 亩,亩平均效益 200 余元,预计晚稻收割后,亩平均可获效益 800 余元。二是烘干服务正在兴起。联合社已有 5 家成员社添置了近千吨烘干设备,在 2014 年早稻收割期,在天气不好、晒谷场地少的情况下发挥了至关重要的作用,保证了产品不发芽和霉变,收割后的稻谷直接烘干不落地,对食品安全也有好处。三是植保服务取得新进展。岳阳隆平粮社开展飞机施药,汉寿宏玉、军山铺粮社均开展统一植保服务,省时省工,很受农民欢迎。四是农资服务齐头并进。全社统一供应隆平高科近 20 万斤高科技种子,推广数十吨新型液体生物有机肥"农好1、2 号",已初见成效。

此外,新康、乌山等粮社还积极响应政府号召,参与推广降解土壤重金属污染防治新肥料试验,取得了良好效果,探索了由政府向经营性组织购买农业公益性服务的新路子。

(二)主要做法及成效

1. 合作社大力拓展服务功能,有效提升产业发展水平

调研发现,一批类似于新康、乌山粮社的合作社正在持续拓展服务功能,主动开展农业社会化服务,已经成为农业社会化服务体系的重要组成部分。具体做法如下:

(1)提供农资供应服务

合作社普遍为农民提供优质优价的种子、肥料、农药等农资供应服务。隆平粮社依托隆平高科股份有限公司,为基层社成员集中采购农资,目前已累计统一供种180余万斤,供应肥料超过1.2万吨。新康粮社仅此一项就为成员每亩地降低成本200多元。乌山粮社坚持为订单农业提供免费优质种子,已为此投入190万元,目前订单农业面积达2万亩。宁乡县金丰蔬菜合作社成立的农资部,以成本价为成员提供农资,价格低于市价20%,并且成员可以选择现金购买,也可以在合作社收购产品时抵扣货款。

(2)提供农机作业服务

合作社大力发展机械化,开展工厂化育秧,为成员提供机耕、机插、机收服务,帮助农民烘干粮食。新康粮社兴建了1万平方米的育秧中心,探索机械化育秧、大棚育秧和软盘抛秧相结合的育插秧方式,满足了成员的育秧需求。购置粮食生产机械40多台(套),投入460万元,计划在2015年实现全程机械化种植。为解决大面积种粮和因天气异变粮食无法烘干的难题,建立了粮食烘干中心,拥有烘干机5台,每台处理能力为30吨/天,农忙时节维持24小时运转,中心能够每天烘干粮食150吨。理事长袁虎介绍说,建设烘干中心主要是为成员服务,成本有180万元,向成员收费是每吨100元,非成员是每吨120元,如果指着烘干收费挣钱,10年也挣不回来。宁乡县凤凰山水稻合作社也为成员提供了烘干服务,从田间收割的粮食可直接送到合作社烘干,成员烘干费80元/吨,非成员则是120元/吨。

(3)开展仓储加工服务

合作社加大仓储建设,提高粮食储备能力,引进了大量加工设施设备,为成员提供粮食加工贮藏服务。在新康粮社,笔者看到一个粮食储备库房正在兴建,粮食加工中心已经建成,他们规划未来形成一个拥有6个仓库、万吨大米加工车间的大型粮食仓储加工基地。乌山粮社也增强了自己的仓储能力。

2014年,他们新建了一个仓储库房,储备能力从原来的3000吨上升到1.5万吨。有的合作社在仓储服务上做了新文章。凤凰山水稻合作社探索开展"粮食银行"服务,成员将粮食存入"粮食银行",可以自主选择两种不同的存储模式:一是顺价存储。核定价格入库后,根据市场价格变化随时结算,保底结算不低于入库价。二是定值存储。核定价格入库后,依照每月每吨12元的标准从存储之日起支付增值金,年底粮价升值高于增值标准部分,按照50%比例再次分红。这种创新服务很受成员欢迎,目前合作社存储稻谷已近6万吨。

(4)提供技术信息服务

合作社普遍为成员提供种植技术指导,积极开展病虫害统防统治,解决成员生产中的技术问题。新康粮社组织农户定期学习种粮技术,年均培训农户500人次,提高种粮户的生产水平。长沙县盛大蛋鸡合作社与两所农业院校签订协议,成为高校的实训基地,定期组织家禽养殖技术交流,每年培训成员150人次,发放各类技术资料200余份。他们同时参与创建星火科技12396长沙科技助农直通车信息服务示范站,可以为农民提供科技咨询和辅导,以及市场价格、生产经营、疫病防治等信息的查询。

(5)参与土壤重金属污染防治试验

湖南矿产多,土壤重金属含量高,镉、铅等重金属超标是合作社和种粮农民面临的现实问题。在走访的6家合作社中,一半已经开展了探索。新康粮社先后试验了两种方案,先是采用了省能环站、湖南农大提供的"生石灰+生物菌肥+基肥"方案,效果不是很明显。2014年提供了100亩地作为省农科院的试验田,进行新的生物调理剂的试验。据省食药监、环保厅、科技厅、省农委等部门连续3次联合组织现场检测,镉含量均已由原来的3mg/kg稳定下降至0.11~0.17mg/kg(国家标准为≤0.2mg/kg,国际标准为≤0.4mg/kg)。乌山粮社自2013年起在10亩早稻田里用生物肥开展试验,2014年实施面积增加到1000亩,重金属含量经检测后已经达到了国家标准。但是理事长尹旭波介绍说这种肥料成本较高,每亩580元,较平常用肥成本高出460元/亩。2013年调研时,笔者曾为他们与黑龙江五常市丰粟有机水稻种植农民合作社牵线,丰粟合作社自主创研的生物肥每亩只需120元。但由于一些原因双方没能实现合作。笔者又当场联系了丰粟合作社的理事长,邀请他们2015年在乌山粮社进行小规模对比试验,双方对比达成初步合作意向。其他合作社也在积极寻求破解"降镉"的办法。据长沙县永吉种植专业合作社理事长张文武介绍,他在2011年就已经开始了试验,很多人参加他的合作社,就是奔着能够给水稻"降镉"来的。他说:"这事单个农户干不了,只有我们合作社才能干。"

（6）提供农业综合利用服务

合作社帮助成员处理秸秆、收集畜禽粪便等，减少农业面源污染，深化农业综合利用。长沙盛大蛋鸡饲养合作社所在的长沙县干杉镇家家户户都有沼气池，但由于近年来生猪养殖规模缩小，很多农户缺乏原料荒废了沼气池。盛大合作社积极主动联系并与镇能源办合作，向有需求的农户送鸡粪上门，既解决了规模养殖的环保问题，又带动了循环农业经济的综合开发。调研中笔者还发现，尽管长沙县政府建立了秸秆回收中心，但是很多农民并不愿意大老远把秸秆送去。他们说自己的土地少，秸秆也少，算起来也没多少钱，送过去还需要雇车，太麻烦不合算。永吉种植合作社帮助成员回收了 200 多亩共 7 吨秸秆，统一运到县里回收中心，并将出售所得和政府补贴共 4000 多元全部返还给了农户。理事长张文武说："咱合作社有车，就当给成员做点好事了。"

2.农业专业服务公司创新服务模式，提供专业化生产服务

农业专业服务公司是提供农业社会化服务的重要主体，为此笔者调研了宁乡县金丰绿色农业科技有限公司、长沙县义兴现代农业开发公司等两家农业专业服务公司。这两家公司代表了两种不同的农业社会化服务模式：一种是像金丰公司提供从犁田、播种、病虫害防治、收割到烘干等农业生产全程服务，另一种则是像义兴公司专门针对农业生产中的病虫害防治单一环节开展统防统治服务。

（1）农业生产全程服务模式

湖南金丰绿色农业科技有限公司从 2012 年开始进入农业全程服务领域，探索规模化、标准化服务模式。注册资本 500 万元，员工 15 人。2014 年实施水稻生产服务面积 10500 亩，为 8000 多户农户和 5 家合作社提供了服务，完成营业额 980 万元，实现利润约 20 万元。

金丰公司的主要做法是与农户签订水稻生产全程管理服务合同，将分散种植的农田集中管理，再组织农机手、机防手在机耕、机插等主要生产环节开展连片作业服务。其主要特点：一是不流转土地。公司不流转土地，只提供全程生产服务，收取服务费。生产成本及收益都归农户。二是"六代一包"联产管理服务。统一供应优良种子、实施集中育秧；统一机耕、机插、机收，全部实施机械化作业；统一供应优质肥料、全部实施测土配方定产施肥；统一病虫草害防治，实施绿色防控；统一田间管理，实施双季稻高产栽培；统一部分特种稻种植，实施定产定价收购；统一定产承包，实施保底赔偿。如果早稻产量达不到 750 斤、晚稻达不到 850 斤，公司补偿差额部分；如果超产归农户。三是套餐定价。分为早稻套餐与晚稻套餐。早稻 750 元/亩，具体包括：种子 30 元、

集中育秧 135 元、机耕 130 元、机收 110 元、机插 70 元、肥料 110 元、病虫草害防治 85 元、三次施肥工资 30 元、看水 30 元、田埂护理 5 元、稻田平整及挖田角 15 元。服务项目全部明码标价,统一打包服务。晚稻由于种子更贵,每亩需要 803 元。四是就地组织机防手。公司没有常设的机防手,也没有大型的农机设备。通常是与农田所在地的农机手签订服务合同,就地组织农机服务。目前与公司有合作关系的农机手有近 100 人,每人负责约 150 亩农田。

这种模式的核心是对农业生产全程实施打包服务。金丰不进行土地流转、不投资大型农业机械,只提供服务,因此运营成本较低,固定资产也比较少,利润主要随着人工工资变化。一些其他开展类似服务的农业服务公司,则是将土地流转到公司,最终实现农业生产的全程管理。

(2)单一生产环节服务模式

义兴现代农业开发有限公司成立于 2009 年,注册资金 300 万元。负责人是原来供销系统的职工,买断工龄下岗后继续从事农资销售业务。开始销售、批发农药化肥种子,承接了县里农作物病虫害绿色防控项目后,重点开展专业化统防统治。2014 年统防统治农田面积为 51500 亩,涉及 7 个乡镇。公司现有机防手 178 人,担架式喷雾器 40 台,背负式喷雾器 540 台。

义兴公司以乡镇为单位共建立了 7 个片区,设立了 20 个区域服务站。具体做法有两种:一是统一测报、统一防治实践、统一配药、统一机防的全程承包示范,每年喷药 5 次,每亩价格 200 元。据董事长胡爱群介绍,农药成本 80 元、人工费用 100 元,分摊公司运营费用 15 元,如果不算财政补贴,每亩净利润只有 5 元。目前,使用这种方案的有 1.6 万亩。二是公司只提供药剂和防治方案,指导农户自己施药。由于减少了人工成本,每亩服务价格为 100 元,现有 35100 亩采用这种方案。

这种模式实现了单一生产环节的横向规模效应。目前,已有 1300 多个农户购买了义兴公司的统防统治服务,5 家合作社共 1000 亩土地与其签订了服务合作协议。据长沙县合作社中心主任易猛介绍,像这样专门从事统防统治的农业服务公司,仅长沙县就有 9 家,覆盖面积 25 万亩,占全县农地面积的41.67%。

(三)经验启示

通过实地调研对比,笔者感到合作社与农业专业服务公司两种服务模式之间既有共性规律,又存在差异。

1. 两种模式的共同点

两种模式有以下 3 个共同点。

一是都建立在适度规模经营的基础上。新型农业社会化服务的发展,得益于农村劳动力的大量转移就业,但同时仍受限于土地细碎化导致的服务成本过高。调研发现,农业社会化服务的背后都有土地流转的影子,将分散经营的土地流转给合作社等主体,形成一定规模后,便于提供社会化服务,也能使服务收益提高。望城区副区长谭自海在座谈时再三强调,只有土地流转到一定规模、大户达到一定规模,才能形成农业社会化服务的有效需求。这次笔者看到新康粮社、乌山粮社积极开展农业社会化服务,其背后正是望城区 60% 的土地已经实现了流转。

二是都得益于政府的支持。从调研来看,不管是合作社,还是农业专业服务公司,建立和发展农业社会化服务的过程中,都得到了政府的大力支持。有的合作社用地困难得到了解决。新康粮社在区领导的支持下获批 9 亩地,更将在 2015 年增加 30 亩用于仓储加工基地建设。乌山粮社理事长尹旭波也说,头一件要感谢的事就是政府通过帮助合作社补缴 165 万元土地出让金将 20 亩划拨地转成了出让地,以前用于抵押只能贷到 300 万元,现在增加到 1000 万元,还可用于项目申请,解决了发展大难题。调研的合作社及农业服务公司或多或少地都得到了项目支持或财政补助,新康粮社购置 5 台烘干机(28.48 万元/台),获得了每台 9 万元的农机补贴;义兴公司开展统防统治,得到了 34 万元病虫害绿色防治项目资金;金丰公司近两年也获得了近 20 万元的项目资金。

三是都促进了农业现代化。促进了农业生产综合能力提高,大幅提高了农业生产的机械化水平,解决了劳动力短缺问题,提高了种粮经济收益;促进了农业生产经营方式的转变,促进了土地流转,提升了规模经营比例;促进了农民增收,大幅降低了农业生产成本。

2. 两种模式的不同点

两种模式有以下 4 个不同点。

一是服务对象不同。合作社主要为成员提供优价服务,有些服务只面对成员,有些服务既面对成员,也面对非成员,但非成员往往需要交纳更多的服务费用;农业专业服务公司面对客户提供服务,客户可以是农户、专业大户,也可以是合作社、家庭农场,都一视同仁。

二是服务内容不同。合作社提供的服务综合性比较强,不仅包括农业生产全程,还包括重金属防治、秸秆处理、粪便处理等农业综合利用,通常后者的社会效益要大于经济效益;农业专业服务公司提供的主要是农业生产全程或单一环节的服务,注重服务的经济效益。

三是服务规模不同。通常合作社受限于自身规模和经济实力,服务范围较小,服务规模较为有限,但也有一些实力较强的大型合作社覆盖面较广,服务规模比较大;农业专业服务公司往往资金雄厚,采取专业化分工,追求规模效应,服务范围更大。

四是服务目的不同。合作社提供农业社会化服务,一方面是为了满足成员生产需求,促进产业发展,另一方面是为了提高合作社的吸引力,增强合作社的综合服务能力。农业专业服务公司则是为了直接从服务中获利。

合作社与农业专业服务公司由于自身定位不同,竞争的机会并不大,为了追求利润最大化,它们会尽可能地规避各类风险,也采取联合的方式开展合作。调研中发现,有的合作社出于成本的考虑,向义兴公司、金丰公司等专业服务公司购买服务;也有的农业服务公司,为了降低成本,稳定农机手队伍,自己牵头组建农机合作社等。关键还是不同组织发挥各自优势,为农业生产提供更加全面优质的服务。

案例 7:辽宁省调兵山市富农水稻专业合作社[①]

2015 年 4 月初,我们在辽宁省铁岭市调研,其间与调兵山市富农水稻专业合作社施立武理事长座谈一天,了解到合作社成员以村集体成员为核心,将土地股份量化,村干部兼任带头人,有效解决了土地适度规模经营、土地保值增值、村集体组织功能激发等难题。施立武一席谈满是故事,这里记述几段,权作别解"施公案"。

(一)基本情况

施立武是调兵山市兀术街街道施荒地村农民。早些年做过木匠、当过电工,后来承包村里机动地。当时村里发包土地的价格高低和地块优劣因人而异,不少村民特别是种粮大户不忿。施立武也感觉不公,带头与村干部争辩,没有得到解决,不得已逐级向上反映,成为当地有名的上访户。

2004 年,施荒地村村委换届选举,施立武被选为村主任。施立武回忆说,

---

① 撰写者:闫石、于占海、李世武、孙超超。来源:施公案:看村官如何领办合作社——关于调兵山市富农水稻专业合作社的调研报告[J].中国农民合作社,2015(6):60-63.

"能选上(村主任)是村民对我的信任,但我感到肩上是沉甸甸的责任。"

新官上任三把火。施立武干的第一件事就是重新划分土地。之前,施荒地村将全村3600多亩土地分成不同等级,好坏搭配承包给农户。地块分散,制约了先进机械和技术的应用,效益不高。为解决这个难题,施立武采取"定级、并户、抓阄"的办法,推进土地的连片规模经营。

"定级"就是将承包地根据土质和位置分为两等,一等地年租120元/亩,共3300多亩;二等地年租100元/亩,共280余亩。定级之后全村每人摊得1.75亩,地块当然是有好有差。施立武通过补差价的办法,即从村里1000亩机动地获得的收益中提取一定比例,每亩补贴20元给分到二等地的村民。这样公正公平了,但仍然解决不了土地分散的问题。由此,施立武想到了并户的办法。

"并户"就是一些关系好的农户、种粮大户,自愿合伙并成一组,并选出一名代表参与抽签,抽到哪一块地,小组其他成员的地都与抽到的地块连在一起。这样一来,全村600多户,最终并成了不到200户,在一定程度上解决了地块分散带来的诸如"春天找垄、夏天排水、秋天看地、机械作业"等一系列难题。

公开、公平要坚持到底,村民们选择了抓阄拿地的办法。村里专门买来一副扑克牌,按花色从A到K进行排序,由村民抓牌定序。这就避免了按照传统办法做阄抓阄,没有抓到好地的村民认为阄有问题而反悔,相互扯皮。施立武说,抓不到好地只能说你运气差,抓着坏地,其实也不必担心,村里会给予补贴。

重新划分土地,不仅解决了多年顽疾,也树立了施立武的威望,村民对其更加信任。但是,如何在有限的土地里实现效益最大化,还是困扰施立武的一件大事。

(二)主要做法及成效

1. 从种玉米到栽水稻

过去,施荒地村耕地全部是旱田,以种植玉米为主,基本靠天吃饭,年景好时每亩收入在350元左右。如遇天灾,基本收成都不敢保证。在市场面前,更没有"发言权",粮食丰收了,增产不增收,饱尝卖难之苦。粮食涨价时,获得信息稍迟,手里余粮已所剩无几,大部分利润都被中间商和加工商赚走了。

分完土地后,施立武时刻琢磨着如何将村里的旱地改成水田种植水稻,以增加土地产值,增加农民收入。他知道,早在20世纪50年代,施荒地村的村民就想过打井取水,将旱地改造成水田,但没有成功。近些年,随着调兵山市煤矿不断被采挖,位于矿产地区的施荒地村土地塌陷多,有些地块高度降低了,有些还形成了自然蓄水池。"旱地改水田到现在,不是能不能改,是必须要改,而且还要改成的问题",施立武说。

为此事,施立武经常在村里转悠,一次见到一位羊倌,二人交谈起来。羊倌说,据他经验判断,村里地势有高低差,水能自流过来,也能自流出去,施荒地村旱地改水田没问题。这极大鼓舞了施立武,但是否可行,还需要科学证明。施立武找到调兵山市道路公司,利用其专业设备,为全村土地测地差。测得数据表明,水在施荒地村完全能自流,也就是说种植水稻的基本条件是具备的。

施立武提出旱地改水田的想法后,很多村民极力反对,不少人认为以前别人没做成,你就能行? 为此,村里专门请来一位水稻种植技术员按照测量数据,设计了水渠路线,详述水稻种植的可行性,形成了一份千亩稻田开发计划书,发放到每一个村民手中,进行动员。村民看到村里计划周密,有数据和事实说话,就基本同意了。

就在施立武带领大家紧锣密鼓地准备各项工作的时候,调兵山市农业局听说了此事,前来考察。在了解相关情况后,建议施立武组建农民专业合作社。

2. 从小农户到合作社

当时,包括施立武在内,大家对什么是合作社,怎么组建运作,都是两眼一抹黑。在调兵山市农业局的指导下,村两委班子成员外出考察,学习先进地区特别是水稻种植合作社的经验做法。回来后村两委班子成员和村里党员挨家挨户发放材料,宣传合作社的基本原则、功能作用等,大大提高了村民对合作社的认识。

2009 年 3 月,由施立武牵头组建的调兵山市富农水稻水稻专业合作社登记注册。对于组建起来的合作社,有些村民还有顾虑:第一,合作社经营不善怎么办? 针对这类问题,经讨论,合作社对入社的土地每亩年保底分红 350 元。第二,有些原来的种粮大户认为,土地规模经营肯定有增值收益,施立武等村干部主张要成立合作社,是不是想自己挣钱? 对此,施立武等村干部明确表态,"只要在村里干,就拿村里那份工资,不要合作社工资。但如果哪天我们落选了,如果合作社还需要我们,那得先谈好工资。"第三,从来都没有种过水稻,合作社是否有能力种好? 这个问题是有些村民针对合作社统一经营提出的。经开会讨论达成共识,即如果村民不愿意将土地交由合作社统一经营,可以自己耕种,但生产进程要与合作社同步,当然也可以通过合作社购买种子、化肥等物资。合作社形成了一份《施荒地村农业生产合作社稻田开发合同》,并告示所有村民,绝大部分村民对此均无异议。

形成共识后,村里 236 户农民将自家承包地以入股的方式加入合作社,入股土地面积 1350 亩。为最大限度体现公平,把合作社办得更加规范,施立武带领大家起草制定了各项规章制度,规范了财务、社务管理。为每位成员建立了账户,记载成员的土地股份(按亩计算,如 1 亩地记 1 股)、公积金、财政补助资产量化份额等内容。与其他合作社不同之处在于,合作社并没有按《农民专业合作社法》规定将财政补助资产平均量化到户,而是按土地面积平均量化。问起缘由,施立武说,按照个人承包土地面积记载股份更加科学,不仅看得清楚,更主要的是设置更加公平。不同农户人数不同,承包土地面积也不相同,如果按户平均量化财政补助形成的资产,有失公允。土地股份合作社真正贡献要素是土地,而每亩土地的贡献水平是相同的,如果按户平均量化,那么每亩土地的贡献就不能公平体现。

当年,合作社种植的水稻获得大丰收。等水稻销售一空,利润还没分的时候,村民就在议论,施立武几个人这次挣大钱了,等等。施立武等人力主将全部收益分给村民,因为组建合作社就是为了带领大家共同致富。后经成员代表大会讨论决定,每亩土地除保底分红外,再进行二次返还。

关于利润分配,公平是一方面,关键是要公开透明。为此,合作社每年到年末都要向成员发放一张"明白纸",详细记载当年每亩水稻的产量、单价、收入及成本明细。如 2014 年,合作社平均亩产水稻 1000 斤,每斤 1.53 元,收入 1530 元。每亩成本包括耕整地 60 元、育插秧 150 元、农资(化肥、农药、除草剂)160 元、机收 100 元、用油 35 元、人工(管理、除草、修渠等)225 元、电费 50 元,共计 780 元。每亩地净收益 750 元。一份份账单都经得起成员查阅,一个个数字都使合作社的凝聚力不断增强。

看到加入合作社带来的收益后,村民纷纷要求加入合作社,并提出不再签订保底分红的协议,从这时开始,合作社与成员形成了风险共担、利益共享的紧密型联结关系。到 2013 年,全村所有土地都改成水田,并且都加入到合作社。

在施立武的带领下,合作社发展取得了明显成效。村民来自土地的收入逐年增加,2009 年每亩土地分得 504 元,2010 年每亩土地分得 533 元,2011 年每亩土地分得 640 元,2012 年每亩土地分得 750 元,2013 年每亩土地分得 900 元,2014 年每亩土地分得 750 元。比如,村民韩宝明家有 15 亩地,以前自己种玉米,搭工费力 1 亩地收入 350 元,一年收入 5000 多元。入股后不操心不费力,年均每亩分红 700 多元,比自己种高出 1 倍多。

此外,几年来合作社还通过提取公积金,争取财政项目资金,建设了基础设施和办公场所,购置了大量农业机械。随着合作社规模不断扩大,效益不断提高,影响力扩大到周边各村,到 2014 年年底外村入股合作社的土地达 16000 多亩。

大家心满意足了,施立武却想得更多。"我们辛辛苦苦地把稻子种出来,好的年成也就一块三四一斤,去了壳,一斤米就能卖三四块,我们为什么不能自己加工大米呢?"

3. 从只种植到办加工

办社之初那几年,合作社将稻谷送到加工厂,加工厂加工后,将大米及稻糠交回合作社,合作社向加工厂交付加工费。但有次合作社将 8 万斤稻谷拉到加工厂,加工厂送回来大米加稻糠共计 7.8 万斤,差了 2000 斤。按照经验,这 8 万斤差个三五百斤是正常的,但这次太离谱了。

精明的施立武感到此中必有蹊跷,也更加坚定了他办加工厂的想法。为此,施立武叮嘱送稻谷的工人在加工厂多留个心眼,看看稻谷数量到底差在哪里,顺便也看看加工的流程。

几次下来,施立武对稻谷加工的行业"潜规则"了若指掌,对合作社办加工厂也更有信心。2014 年,经过成员代表大会几轮讨论决定建自己的稻米加工厂,如今加工厂已经运营。为了更好地销售产品,合作社还注册了"兵山大米"商标,2014 年还被评为铁岭市著名商标。施立武粗算了下,通过加工,种植水稻每亩的收益至少增加 100 元。他说只有合作起来,走产加销一体化的路子,才能把利润牢牢地留在自己手里。

4. 从被质疑到被拥护

2009 年合作社开始挖渠、整地、旱改水的时候,虽然村民成员出力完成了部分工作,但很多作业需要请工程队,这需要一笔资金。当时,合作社还没有开展任何经营活动,因此没有积累,施立武想到村里有些闲置资金,就召开村民代表大会,决定从村里借出 18.7 万元垫付合作社的工程款。没过几天就被人举报,调兵山市纪委调查核实后,以挪用公款行为,给予施立武记大过处分。自己处处想着村集体、想着合作社,借款是经村民代表大会讨论决定的,最后自己却要接受处分,施立武想不通。但这次事件让他明白,村集体和合作社账目要分清,不能混为一谈。比如发挥村里机动地的作用,为村民谋福利,合作社就召开成员代表大会,讨论通过村集体机动地按照村集体的土地入股合作社,并参与合作社的分红,这部分收益由村集体分配,有效解决了村里的公共支出经费难题。

其实自从当上村主任以来,施立武多次被举报。但除了"挪用公款"被处分外,其他没有一次是坐实的。"有一次,调兵山市有关部门收到举报信,说我贪污了财政款项 200 万元,后来市经侦局到合作社来调查,发现项目是由项目单位通过招标形式,由中标单位组织实施项目建设。项目验收合格后,由项目单位直接付给中标单位工程款项。所有的资金没有经过合作社,更没有经过我的手。"施立武说道,"后来,管项目的土地局看这个项目确实扛得住检查,也感叹我的不易,还专门寄来一封表扬信。"施立武说,"我不怕被举报,因为我心里知道,我从来就没想过要占国家的好处,更没有想过要占村民的利益,只要是我经手的,我都能证明得清清楚楚、明明白白,行得正就不怕影子斜。"

因为这样,村民越来越认可合作社和施立武这个人。两件事让施立武记忆犹新。合作社刚起步时,资金周转困难,为缓解资金难题,施立武没少搭进自家的钱。2013 年,合作社想扩大经营规模,但没有资金,施立武爱人说什么也不同意再搭钱了。施立武没有办法,憋得在村头直转,一脸愁容。有位拾破烂的老太太见到,就问他有什么烦心事,一再追问下,施立武才道明原委,老太太二话没说,从银行拿出 6 万元交到施立武手上。施立武要打个欠条,被老太太回绝了,说要打欠条就不借给你,这些年了我们大伙谁还不知道你是啥人。"这件事让我很感动,也坚定了我走下去的决心。"施立武说道。其实,合作社走上正轨以后,大伙都把合作社当成自己的家,都很关心合作社的发展。2013年水稻收获后,碰到连连阴雨,当时的水稻收购价很低,卖还是不卖?大家一时拿不定主意。施立武建议召开成员代表大会,合计是否卖稻谷。最终大家决定,稻谷储藏起来等来年价格好时再卖。到了年关,施立武想,忙了一年,不能让大家没钱过年,特别是在合作社务工的成员要发放工资,就建议以合作社名义在银行贷款 40 万元,先给成员发一部分钱过年。但等了好几天,只有几户人家来取钱,钱也只发出去 2 万余元。施立武一问,大家伙就说今年是特殊情况,怪不到任何人,这个钱我们可以缓缓再分,没必要到银行借钱,是有利息的,利息也是合作社付的,来年再分钱的时候我们就会少掉这部分钱,不合适。最终大家决定将这些钱还给银行,当年的盈余可待来年再分。施立武说,"这件事让我特别欣慰,我们真的是一家人了。"

在交谈中,施立武不止一次跟笔者说,村里很多很多的人和事,说来很有意思,想拍部电视剧。村干部职位虽小,责任重大,带领村民走合作致富的路子,如何协调这里面纷繁复杂的关系,旁人难以体会。五味杂陈、五风十雨、五谷丰登、五光十色或许都是施立武想拍电视剧的缘由吧。

（三）经验启示

施荒地村让有限土地发挥了最大效益，这其中的成功经验是什么？

其一，对分散细碎的承包土地进行有效调整是促进村民增收的前置条件。尽管在学术上对粮食规模经营依然存在争议，但在我国目前小规模、细碎化的农田格局下粮食生产需要适度规模经营则是不争的结论。面对"春天找垄、夏天排水、秋天看地、机械作业"等一系列难题，村主任施立武带领村民采取了"定级、并户"甚至是"抓阄"的土办法，有效推进了土地的连片规模经营，使得一样的地，具有了不一样的产出，从而奠定了村民增收的基础。

其二，寻求兼顾"有效合意"的经营组织形式是促进社员增收的基础平台。要执行对承包土地的调整，尤其是进一步的对集中土地的科学经营，必然需要一个有效且合意的组织载体。从文中可以看出，虽然合作社的名称是水稻种植合作社，但本质上是土地股份合作社。农地是主要合作要素，这样既能有效推进土地规模经营，又能切实维护农民基本权益。

其三，推动合作社进入农产品加工领域是促进社员增收的必然趋势。一般认为，农产品加工业不仅是农业的延伸和继续，而且已经成为一项重要的产业。在政策上，中央也一直鼓励和支持合作社兴办农产品加工企业。通过对稻谷加工行业"潜规则"的了解，合作社坚定了自办加工厂的信心，通过加工，水稻每亩收益至少增加了 100 元。

其四，合作社要办起来、办成功，首先要有好的带头人。这种带头人就叫"合作社企业家"。合作社企业家不是一般的企业家，而是既有商业头脑又有农民情怀的企业家。施立武的经历充分说明，发现、培养和大胆启用具有本土性、务农性、现代性特征，具有创新力、带动性、公益心的农村致富带头人是何等重要！

案例 8：重庆市万州区铁峰山猕猴桃股份专业合作社[①]

重庆市万州区铁峰山猕猴桃股份专业合作社通过股份合作方式，整合农户闲散的土地、资金等要素，实行标准化生产、规模化种植，提高了种植效益；合理确定要素贡献水平，按协商比例分配盈余，使农户获得源自资产、劳务、资

① 供稿：重庆万州区农业委员会。来源：以地入股创新机制 联合合作共同致富［EB/OL］.（2015-12-30）. www. moa. gov. cn/sjzz/jgs/jggz/201512/t20151230_4970638. htm.

金等多方面的收入,密切了成员与合作社的利益联结关系;积极兴办加工设施,不断增强合作社经济实力和市场竞争能力,让合作社成为带农入市、领农增收的现代农业经营组织。

(一)基本情况

万州区地处三峡库区核心地带,以丘陵山区为主,农户多种植水果。2005年,铁峰乡村民开始引进并种植猕猴桃。单家散户种植,普遍面临着农资购买难、技术辅导难、产品销售难等问题。为此,他们于2008年组建成立了万州区同圆猕猴桃专业合作社,一定程度上缓解了买难卖难等问题。但在发展中,成员流动性大、合作观念不强、服务效果不佳等问题也渐渐显露出来。究其原因,主要是成员与合作社之间没有"拴得住"的经济纽带,没有"靠得牢"的利益共享、风险共担机制。为此,2011年10月,由该区铁峰乡同圆村党支部书记牵头,经合作社成员多次商讨,决定对同圆猕猴桃专业合作社进行股份改造,成立铁峰山猕猴桃股份专业合作社。2015年,合作社成员达到310户,入股土地面积1142亩,拥有固定资产2152.6万元。2014年,合作社实现销售收入1881.38万元,可分配盈余470.34万元,成员户均收入6.07万元,人均收入1.89万元,比当地未入社农户人均增收5275元。合作社被评为全国农民合作社示范社,理事长被评为全国劳动模范。

(二)主要做法

铁峰山猕猴桃股份专业合作社根据自身实际和农民需要,采取合理确定股份合作形式,坚持民主管理、规模化种植、标准化生产、成员互帮互助、科学分配盈余等做法,保证了合作社在规范发展的基础上不断做大做强。

1.组织发动农民,开展要素入股

2011年,同圆猕猴桃专业合作社召开多次会议,讨论如何密切成员与合作社之间的利益联结、进一步规范合作社,最终大家达成一致意见,组建股份合作社。112个猕猴桃种植农户自愿联合、共同投资,组建了万州区铁峰山猕猴桃股份专业合作社。一是确定入股范围。合作社成员自愿以现金、土地等入股,实行风险共担。入股原始成员由以前专业合作社的成员自愿申请,农民变成了股份合作社成员和"股东"。新加入成员以第二轮土地承包期剩余年限作价,每亩补充配套资金200元。二是确定入股方式。采取土地承包经营权和现金两种入股方式,现金股与土地股同股同权。三是合理评估出资。土地承包经营权作价出资,按照每亩每年作价1250元,按16年计算(第二轮土地

承包期限内），合计每亩土地折价股金 2 万元。根据成员入股土地面积配套现金入股 200 元/亩，每股折价 2.02 万元，合计 766.06 股、总出资 1547.43 万元。四是有序吸资扩股。股份合作社不断发展，吸引了更多的农民加入。合作社根据自身经济实力和带动能力，按照统一的入股方式，稳步有序地吸收新成员。到 2014 年底，新增入股农户 208 户，累计入股成员 310 户、总股份 1185 股，其中现金股 43 股、土地股 1142 股。

2. 坚持民主管理，做到规范运行

股份合作社成立后，改变了传统的生产经营和组织管理模式。一是健全组织机构。设立了成员大会、理事会、监事会，财务部、采购部、技术服务部、销售部，做到机构完整，职责明确。二是完善各项制度。修改了章程，制定了成员管理、民主议事、生产销售管理、风险控制、社务公开、财务管理、档案管理等制度。三是坚持民主管理。坚持民主决策，一人一票和附加表决权相结合，实行民主选举、民主管理、民主监督。做到社务公开，充分保障成员对章程制定、股权设置、利益分配等各项事务的参与权、决策权、知情权和监督权。

3. 转变生产方式，提升综合实力

股份合作社按照"风险共担、利益共享、劳务分包、绩效考核"的经营模式，统一管理猕猴桃种植与销售。一是开展土地整理。在不改变土地权属的前提下，由股份合作社统一规划，修建了沟渠、道路、耕作便道等基础设施。二是统一标准种植。合作社聘用技术人员和果农，组建服务队，在修枝整形、测土配方施肥、病虫害统防统治、猕猴桃套袋等方面，为猕猴桃种植户提供统一的标准化服务。三是着力技术培训。合作社定期对果农进行技术培训，提高果农种植技术，培养本地猕猴桃种植技术人员，每 40 户农户安排一名专业技术员，着力提高猕猴桃产量和质量。四是延伸产业链条。2011 年，与大山农业公司联合投资 220 万元（合作社占 35% 股份），兴建库容 1000 吨气调库一栋。气调库建设延长了果品的保鲜期，实现错季销售，增加收益，当年累计贮藏猕猴桃 1000 余吨，平均每公斤鲜果提高售价 6 元，当年收回全部投资并盈利 20 余万元。2013 年，合作社投资新建气调库一栋，新增 400 吨猕猴桃鲜果储存能力。为缓解猕猴桃集中上市鲜销的压力，2014 年，合作社投资 1600 万元，新建一座占地 18 亩、年产 1000 吨猕猴桃果酒的生产线，将低等级猕猴桃全部用于果酒加工，不仅有效解决了低等级猕猴桃销售难题，还增加了成员收益。五是布设营销网点。合作社在万州城区建立了批发直销门市，并在重庆、成都、利川等地建立了猕猴桃及猕猴桃果酒产品批发联系点。六是创新营销方式。建立了网络销售平台，实现网上销售。

4.围绕产业发展,开展三大互助

2008年,合作社以村扶贫开发项目为切入点,带领村民发展猕猴桃种植,特别是引导村里有劳动力的低保户和低收入户全部种植了猕猴桃,吸收他们加入合作社,开展内部资金互助、技术互助、信用互助,充分发挥合作社扶贫济困的功能。一是资金互助。种植猕猴桃前期投入较大,每亩需上万元,单靠农户自身筹集难度大。为此,2011年至2014年,合作社在内部成员之间实行资金互助,互助金额220万元,互助成员78户,有效缓解了成员农户资金筹措难题。二是技术互助。合作社累计培养了28个能手,组建了5个技术研究推广小组,实行分片负责,帮助其他成员科学种植猕猴桃,有些技术员已成长为"乡土技术能手"。三是担保互助。在成员有大额资金短缺时,合作社牵头组织,采取相互担保的方式,在金融部门获得了信用贷款235万元,解决种植户融资困难。

5.明确权利义务,规范盈余分配

一是颁发股权证书。合作社向每位成员发放经理事长签名盖章的股权证书,记载成员土地承包经营权评估作价和现金出资额。为成员建立分户档案,记载成员出资、交易量、劳务量、年终分红等信息,作为盈余分配的依据。二是明确责任义务。合作社坚持入社自愿、退社自由,保证入股土地不改变用途和原貌,保证农户的土地权益。合作社向成员允诺若发生破产等情况,入股土地不作为偿债财产,确保农民不失地、不失利、不失权。三是做好盈余分配。合作社年终收入扣除总成本后的总盈余,首先提取20%作为公积公益金,可分配盈余采取按股分红和按交易量返还相结合,具体分配方案和比例由成员大会按照章程规定讨论确定。2014年,合作社盈余返还总额282.2万元,折算下来,平均每户获得盈余返还9103.2元,平均每股分红1513.08元。

(三)主要成效

铁峰山猕猴桃股份专业合作社成立以来,组织农户以土地、资金等要素入股,大力推进规模化种植、标准化生产、集约化经营,建立健全"龙头企业+合作社+农户"的市场化运作机制,兴办加工实体延伸产业链条,为创新农民组织形式、推进山区特色效益农业发展、增加农民收入作出了有益探索,取得了积极成效。

1.创新了要素投入机制

合作社采取股份合作的形式,整合了农户的土地和资金等要素,激活了农村闲散资源,提高了农业生产效益。目前,合作社亩收益达2.2万元,种植效

益得到提高。同时,通过股份合作将分散土地集中起来,发展农业适度规模经营。

2.促进了种植农户增收

合作社拓展了村民收入渠道,农户在确保生产收入的同时,务工收入和财产性收入也得到持续增加。合作社统一采购种苗、肥料、农药等生产资料降低种植成本,统一修枝和病虫害统防统治技术保证产品质量,统一贮藏技术和开展市场营销提高了销售价格,开展深加工提高了产品附加值,有效地提高了农民收入。

3.提高了市场话语权

合作社通过统一组织的生产经营,提高了市场话语权。如统一采购优质种苗,每株均价比市场价低 1 元以上;统一采购肥料平均每吨低于市场批发价 100 元,采购药品比市场价低 5%,既保障了质量,又降低了成本,这种集中规模采购,有效地提高了合作社在市场竞争中的优势地位。

4.增强了成员凝聚力

农户以土地和资金入股、通过要素作价出资并参与盈余分配,"联股联利联心",强化了成员的出资意识,还紧密了成员与合作社之间的利益联结关系,合作社的凝聚力得到增强,形成了人人关心、支持、爱护合作社的良好局面。

(四)经验启示

1.获得信任是基石

获得成员信任是合作社规范运行的基石。合作社从"以地入股"动员会议,到签订出资协议,每个环节都与成员共同协商,明确各自的权利义务。合作模式、合作内容、出资作价、盈余分配等,均由成员民主协商、民主决策。无论股份如何设置,都能够坚持"一人一票"的民主管理运行机制。

2.制度建设是保障

健全细化制度、规范管理是合作社内部建设的核心。合作社要想持续健康发展,必须明确办社宗旨和治社规程,建立健全章程和规章制度,界定合作社与成员的权责和利益分配,严格管理合作社和成员的行为,实现合作社与成员利益共享、风险共担、良性互动、协调发展。

3.能人带动是关键

合作社之所以成效明显,很大程度上与合作社的"招才引才"密切相关。合作社民主选举出带头人、理事会、监事会班子,引进一批有资金、懂技术、善管理、熟市场的人才进入管理团队,增强合作社的综合管理能力,推动了合作社的良性发展。

4.合理作价是重点

合作社涉及多要素作价出资,其难点和重点在于合理确定各生产要素的价值。在发展中,合作社按照《农民专业合作社登记管理条例》"成员以非货币财产出资的,由全体成员评估作价"的要求,由全体成员协商确定。如土地作价时,考虑了剩余承包期限、合作社发展对流动资金需求较大等因素,决定土地折价入股配套现金出资的方式,得到了广大老百姓的认可和肯定。

5.盈余分配是核心

合作社从当年盈余中提取公积金、公益金后,可分配盈余按交易量返还与按股分红相结合的方式进行分配,科学核定各要素在合作社盈余中的贡献,实现成员与合作社共生共赢的良性发展。

铁峰山猕猴桃股份专业合作社是山区发展规模经营的典型。经过几年的探索和发展,合作社凝聚力不断增强,经济效益、生态效益凸显。下一步,合作社还将向猕猴桃产业加工领域纵深推进,积极筹建猕猴桃果汁、果脯等加工生产线,完善产业链,实现一、二、三产业融合发展,提高产品附加值和市场竞争力,做强猕猴桃产业。

案例 9:江苏省常熟市坞坵合作农场[①]

(一)基本情况

江苏省常熟市古里镇坞坵村由原沈闸、童王、双庙和坞坵四个行政村合并而成,共有农户 950 户,农业人口 3774 人,其中农村劳动力 2003 人。全村现有耕地面积 4529 亩,其中:传统稻麦种植面积为 3580 亩,是一个名副其实的农业大村。农村二轮土地续包前后,随着农村土地承包经营权流转的探索和发展,全村已打破了一家一户分散经营的格局,专业承包种粮大户逐渐增多,到 2009 年全村共有专业承包大户 35 个。坞坵村为了更好地开展农业生产经营工作和提高农业服务水平,分别成立了坞坵米业、农地股份、农机服务、农村劳务等专业合作组织,并于 2007 年依托农地股份合作社小规模地尝试农地自主经营,取得了较好效果。2013 年,由村集体经济组织牵头,将四家合作社和

---

① 供稿:常熟市委农村工作办公室。

部分农户联合起来,成立了常熟市坞坵村级合作农场,实现了在更大规模和更高层次上的联合与合作,积极探索农村承包土地规模化、集约化经营和可持续发展新途径,有效地提升了现代农业发展水平。农场现有土地经营面积 1530亩,经过近两年时间的发展,已取得了初步成效。

(二)主要做法

1.实行分区域包干的经营方式

坞坵村级合作农场在成立之初,结合方便农事管理和农忙季节便于聘用临时工等因素,通过"村两委"共同决策,在广泛征求意见的基础上,农场采取分区域包干的方式从事生产经营活动,即将 1530 亩种植面积分为 5 个区域,选聘 5 个具有较为丰富的农业种植经验、责任心较强、年龄不超过 60 周岁的合作农场成员担任区域生产管理者,平均每人承包管理 300 亩左右,主要包干产量和田间生产管理费用:核定小麦产量为 600 斤/亩,水稻分种类及品种定单产,常规品种为 1100 斤/亩,优质品种为 950 斤/亩;管理费用为每年每亩200 元。同时,核定管理人员的基本报酬为每亩 90～100 元(管理面积超过300 亩的为 90 元/亩)。包干管理后,农业生产过程中的肥药使用以及田间管理都必须符合技术操作规程,由村委会委派 1 名原村书记对生产过程中的用药、用肥以及田间管理情况做经常性的检查考核,确保农场的生产管理水平。

2.采取绩效挂钩的考核办法

为充分激发和调动区域管理者的责任心、积极性和主动性,合作农场采取绩效挂钩的考核办法,将管理人员的报酬收入与农业生产效益相挂钩。按照农场核定的产量,超产部分对区域管理者各按超产金额(按照当年国家收购价折算)的 50% 进行奖励;因责任心不强、管理不善等任务因素造成减产的,则对管理者按减产部分的 50% 从基本报酬中进行扣除。同时,加强生产成本核算管理,凡购买生产资料均由村委会委派人员进行确认,年底统一核算生产成本。绩效挂钩的考核办法极大地调动了管理者的积极性,在较大程度上增加了管理者收入,据测算,每个管理者年收入均在 8 万～10 万元,其工作责任心得到进一步增强,在合作农场创收增效和持续发展中发挥了重要作用。

3.形成了产销一体的农业经营体系

为提高农场经营效益,延长农业产业链,合作农场在市、镇两级支持下,投资 60 多万元,购置了一套稻米加工设备,年加工能力达到 5000 吨;建成粮食仓储、晒场和生产用房面积 5500 平方米;拥有粮食烘干设备 1 台(套),初步形成了一个现代、高效的"产、加、销"农业产业化经营实体。同时,积极培育农产品品牌,目前已拥有"坞圲"、"白禾"两个品牌,具有一定的市场影响力,产品主要销往苏州及常熟本地。通过深加工和品牌培育,有效地提高了产品附加值。2015年合作农场纯收入达到146万元。

(三)主要成效

坞圲合作农场成立两年来,已经取得了初步成效,主要体现在:

1.农业生产效益明显提高

合作农场特别是村里的各种合作组织尚未成立之前,农户由于分散经营,农业生产效率极低。通过成立合作农场,使农户承包土地实现集中连片管理,共同经营,农场1530亩土地常年管理人员不到10人,极大地提高了农业生产效率。2015年农场水稻常规品种平均亩产达到650公斤,优质品种平均亩产达到550公斤,农场纯收益达到146万元(包括各种政策性补贴),亩均960元。

2.农民收入得到持续增长

随着合作农场经营效益的提高,不但使农场务农人员的报酬有了明显增加,也使全村村民增加了收入,得到了实惠。农户将土地流转给农场,在获得较高的土地流转费之外,年轻农民可以安心务工或从事其他经营增加收益,年龄较大的农民可以通过为农场务工实现增收,2015年农场共发放临工费用20多万元。同时,合作农场还每年给每户发放50斤的优质稻米优惠供应券,2015年共发放1000多张共计5万斤左右,优惠幅度达10万多元,并给每位70岁以上老人每年发放大米20斤共计1.2万斤,让村民共享合作农场发展成果。

3.现代农业建设步伐加快

农户承包耕地的有效聚集和连片规模经营,有效地促进了现代农业的发展。农业基础设施不断完善,初步形成了"田成方、渠成网、路成框、树成行"的标准农田。农机装备水平不断提高,合作农场基本实现了全程机械化操作,拥有插秧机26台,联合收割机7台,中拖1台,新型植保机6台,育秧流水线7条。农业科技不断进步,新品、优良品种种植率达到70%以上。合作农场形成了规模化经营、标准化生产、机械化耕作,提升了现代农业发展水平。

(四)经验启示

常熟坞圲合作农场的成功实践,对于全市合作农场及其他各类农民合作组织建设具有一定的借鉴和启示意义。

1. 发展合作农场，形成较大规模的新型农业经营主体，是发展现代农业的客观要求

自农村二轮土地续包以来，常熟市坞坵村在稳定农村基本经营制度的基础上，按照"依法、自愿、有偿"的原则，积极引导农户将承包土地进行流转集中经营，涌现了一批农业种养大户和农民专业合作组织。但这些农民专业合作组织特别是种养大户，由于规模偏小、效益较低，仍难以适应现代农业的发展要求。因此，坞坵村于2014年开始尝试组建合作农场，即通过合作社之间、合作社与农户之间的联合，实现在更大规模和更高层次的合作经营，合作农场经营规模不断扩大，目前坞坵合作农场自主经营面积已达1530亩，设想到年底达到2000亩。随着经营面积的逐步扩大，坞坵合作农场的农业装备设施不断完善，并注重农机与农地的结合，农机化水平不断提高，初步实现了农业生产耕作全程机械化，有力地推动了现代农业的发展。坞坵合作农场的成功实践，为全市合作农场的进一步发展提供了有益的经验和启示，正在逐步成为全市农业经营机制创新的一个重要方向。

2. 加强合作农场内部管理，建立较为科学合理的考核激励机制，是提高农场经营效益的关键

常熟市的村级合作农场，最主要的特点是一般由集体统一经营，但如果仅仅是由集体统一经营，不采取能够充分发挥和调动各方积极性的管理模式，也不会产生良好的经营效益，甚至重走大集体的老路。坞坵村实行分区域包干的经营方式和"核定产量、成本核算、绩效挂钩"的经营手段，有效地促进和调动了生产经营各方的积极性，农场1530亩经营土地除承包管理者外，常年用工仅有3人，大大降低了用工成本，经营效益明显高于其他合作农场。同时，合作农场还应建立起合理的分配机制，本着共赢共享的原则，在提取公积金、公益金和扩大再生产所需资金后，将农场取得的部分经营效益进行分红，让全体成员进一步支持合作农场的建设和发展。

3. 注重市场开发，发展新型流通业态，形成较为广泛的农产品市场网络体系，合作农场才有更加广阔的发展前景

我们在调研中了解到，坞坵合作农场由于受条件限制，市场销售环节较为薄弱，导致农产品销售渠道不畅，大米加工设备仅有20%的利用率，影响了合作农场的进一步发展。从常熟面上情况来看，或多或少都存在着市场销售方面的问题。为此，需进一步加强对合作组织的帮助和支持。鼓励合作组织加强质量、品牌建设，走品牌兴农之路，加大科技创新投入力度，积极引进推广

农业新品种、新技术,提高农产品及其加工产品的科技含量,培育一批质量高、品牌效应好、市场竞争力强的农产品。支持和帮助合作组织加强与超市、龙头企业、城市社区等实现"农超对接、农企对接、农社对接"。大力支持合作组织探索开展网络销售,发展电子商务,拓展市场销售渠道,提高市场覆盖率,为合作组织的发展开辟更加广阔的前景。

案例 10:江苏省常州市金坛万叶水产专业合作社[①]

近年来,各地通过强化政策扶持、指导服务、工作考核等一系列措施,促进了农民合作社快速发展,合作社已成为农业增效、农民增收的重要载体。但随着合作社的不断发展壮大,资金问题已成为制约合作社自身及其成员发展的一个瓶颈。有效破解瓶颈问题,进一步促进农民增收,不断提升合作社服务功能,金坛万叶水产专业合作社作出了积极探索。该社通过开展合作社内部资金互助,在有效降低资金风险的同时,增强了服务能力,很大程度上解决了成员"融资难、融资贵"的问题,加快了成员增收致富的步伐,取得了良好的社会效益和经济效益。

(一)基本情况

金坛万叶水产专业合作社位于常州市长荡湖东畔,于 2009 年 9 月工商登记,目前共有成员 518 名,遍布金坛区各个乡镇,共有水产养殖面积 14379 亩。合作社拥有优质蟹苗基地 2 个,通过河蟹无公害认证基地 2000 亩,注册的"万叶牌"河蟹、青虾水产品通过直销店及网店已销往全国各大、中型城市。一方面,长期以来,当地水产养殖户受制于资金困难,生产规模难以发展壮大,部分农户资金周转难,而金融机构贷款难、利率高,广大养殖户面临着很大困难。另一方面,由于合作社的整体运作及规模效应,合作社生产投入品的统一采购形成了"成本洼地"优势,产品统一销售又形成了"价格高地"优势,上述两种优势所产生的优惠与银行同期存款利率相比所产生的"利差"越来越明显,养殖户也愿意将资金借给合作社。针对这一情况,金坛万叶水产专业合作社在合作内容上进行探索创新,紧紧抓住资金的"供"和养殖户的"求"这一结合点,根据合作社成员水产养殖的现实需求,特别是针对部分成员扩大再生产资金短缺的情况,在借鉴其他地方经验的基础上,探索开展合作社内部信用合作,将

---

① 撰写者:曹波、贺建新(江苏省常州市金坛区委农工办)。

一部分合作社成员以资金入股的方式集中起来，实行内部资金互助，参与成员均在工商登记且出资的成员中产生，帮助成员解决生产所急需的资金，增强合作社内部凝聚力，实现合作社整体的协调发展。

(二)主要做法

合作社坚持"积极稳妥、安全可靠、由小及大、逐步推进"的工作思路，在实践中摸索和总结，初步探索出了一条有利于合作社发展的资金互助服务之路。

1. 加强制度保障

为确保资金互助服务的健康有序运转，在合作社全体资金入股成员基础上选举产生了资金互助服务的最高权力机构——资金互助成员大会，负责制定和修改《常州市金坛万叶水产专业合作社资金互助管理办法》，审议本合作社资金互助管理制度，审议和批准本合作社资金互助收益分配方案等。资金互助成员大会委托本合作社理事会为合作社资金互助的执行机构，并接受参与资金互助服务成员的监督。理事会负责设立资金互助服务审批小组，安排专人负责、开设专门账户、实行专款专用，办理成员缴纳互助资金事务，办理成员借款和结算事务，以及代表本合作社接受财政扶持资金或捐助等。

2. 恪守内部运作

一是资金互助服务成员必须是本合作社的正式成员，资金互助金仅限于在资金互助成员内部借贷；二是必须缴纳一定数量的入股资金，为确保缴纳的互助资金来源合法，入资的起点金额为 2000 元，最高不得超过互助资金总金额的 20%，必须以货币出资，不得以实物、资产或其他方式出资，同时合作社向入资成员颁发记名资金互助证，作为成员的入资凭证；三是限定名额，为确保资金互助成员的素质，理事会从全体成员中筛选出品德好、口碑好、信用程度高的第一批 50 名资金互助成员，先行试点，再行推广到现在的 80 名。

3. 确保资金安全

一是限定所借互助资金仅限于购买苗种、水草、螺蛳等生产投入品，不得用于资产性投资等其他用途；二是互助成员借款时必须在互助成员内部至少选择一名其他成员为其担保，且担保总额不能超过该担保人入投金额；三是规定还款期限最长为一年，不得逾期归还；四是建立个人信用档案，根据个人信用的良莠决定贷款额度的增减，直至除名；五是限定申请资金的额度，原则上以借款人水产养殖面积来定，每亩借款上限为 5000 元。

4. 坚持互利共赢

金坛万叶水产专业合作社资金互助合作高度重视互利共赢及可持续发

展,明确了几点内容:一是资金互助成员所借互助资金应支付使用费,使用费率按同期银行贷款利率的 80% 的标准收取;二是明确合作社资金互助收益,包括成员支付的互助金使用费,互助金本金产生的利息和财政给予的利息补贴等,资金互助收益总额扣除成本后的可分配盈余首先提取一定比例的公积金,用于资金互助的后续发展,剩余部分按规定分配给成员。同时明确政府支持本合作社开展资金互助服务的资金,属于资金互助服务的全体成员所有,平均量化到个人,退出时不能退出所量化的份额。

(三)主要成效

开展内部资金互助以来,合作社参股 2011 年没有分红,2012 年每万元能分红 70 多元,2013 年是 100 多元,2014 年达到 200 多元。经过几年发展,金坛万叶水产合作社从最初的 280 户扩大到 518 户,出资额也从 100 万增长到 350 万元,养殖面积达到了 1.4 万亩,累计向成员提供互助金额 1583 万元,实现销售收入 7396.5 万元,利润 3340.4 万元,被评为国家示范社。

(四)经验启示

资金互助组织作为一项新生事物,从酝酿到筹备、组建、运作整个阶段时间较短,还处于探索阶段,还有许多地方需要完善,害怕风险的思想造成资金互助覆盖面不广,规范化程度不高,内部制度尚不健全、业务运转机制不完善,人员金融知识欠缺,风险控制手段缺失,身份认证还不明确。加强对合作社资金互助合作的政策引导和规范化建设将是开展好这一工作的重点,要在实践中不断谋求发展和创新,更好地促进成员增收致富。

一是强化内部管理。作为一种探索创新,合作社内部开展资金互助必须要坚持合作社的基本原则,建立健全"三会"制度,规范内部制度建设,充分发挥内部监督机制,对入股资金的使用、利率、分红等要定期公开,并在实践中不断修改完善。

二是切实防范风险。妥善处理好资金互助与合作社的关系,必须坚持内部运作,做到独立账户、独立核算、专款专用、专人管理,坚决杜绝对外担保或来自任何方面的干预。要坚持建立信用档案,健全内部担保制度,加强成员的生产技术服务,降低生产经营风险。可适当控制资金规模,过小则服务能力不足,过大则风险成本加大。要提取必要的风险准备金,同时可考虑与发展政策性农业保险相结合,多渠道防范金融风险。

三是加大政策扶持。作为解决农民贷款难的一种有效手段,合作社资金互助起到了正规金融服务的有益补充的作用。但作为一项新生事物,政府相关部门在政策上要加强扶持、引导和规范,在业务上要加强指导和监督,要切实规范资金互助管理办法和财务制度。目前合作社的互助资金纯粹来源于社员的股金,还未形成自有资金,因此政府可在政策、财政等方面给予必要的扶持。

四是坚持民办原则。应充分体现其互助性,不以营利为目的,坚持"民办、民管、民受益"的原则,由社员直接参与监督管理,实现民主管理、自我完善,服务对象仅限于本社社员,非合作社成员不得入股和借款,入股成员不得利息,只按股分红。

五是不断总结完善。要结合本合作社的实际,在国家法律政策的范围内,及时总结经验,加强学习交流,不断完善提高。坚持从群众中来,到群众中去的工作路线,深入生产生活第一线调查研究,提出可行方案,解决实际问题,真心实意地为成员办实事、解难题,提高互助资金服务成员的覆盖面,从而为促进农民增收作出更大的贡献。

附:《常州市金坛万叶水产专业合作社资金互助管理办法》

第一章　总则

第一条　为加强本合作社资金互助服务的监督管理,保障互助资金的安全,根据相关法律和文件精神,结合本合作社的实际情况,制定本管理办法。

第二条　本合作社资金互助(以下简称"资金互助")是指经全体社员代表大会决议通过,由社员自愿入资组成,在出资社员内提供互助金借款业务的一种合作社内部互助性资金服务行为。

第三条　资金互助实行成员民主管理,参与资金互助的成员必须遵守本管理办法。

第四条　本合作社开展的资金互助服务应遵守国家法律法规的规定,接受上级有关部门监督和指导。

第二章　成员

第五条　资金互助成员是指符合规定的入资条件,承认并遵守本管理办法,向本合作社资金互助入资的社员。

第六条　成员向合作社资金互助入资应符合以下条件:

(一)参加人应是本合作社的正式社员;

(二)参加人缴纳的互助资金须为自有资金且来源合法,达到本合作社规定的起点金额;

(三)参加人应承认并遵守本管理办法。

第七条　每个成员向本合作社资金互助入资，每人最低 2000 元，最高不得超过互助资金总额的 20%，成员必须以货币出资，不得以实物、贷款或其他方式出资。

第八条　本合作社向入资成员颁发记名资金互助证，作为成员的入资凭证。资金互助证载明：证号、姓名、住址、互助金份额、资金互助信誉记录，加盖本合作社和理事长印章后生效。

第九条　参与资金互助的成员享有以下权利：

（一）听取理事会关于合作社资金互助的工作报告；

（二）享受资金互助的借款服务；

（三）向有关监督管理机构投诉和举报；

（四）在退出资金互助时，按本管理办法清退本人缴纳的互助资金及相应的收益份额；

（五）本合作社章程规定的其他权利。

第十条　参与合作社资金互助的成员应承担以下义务：

（一）按规定缴纳互助资金本金；

（二）执行成员代表大会的决议；

（三）按期足额偿还借款并按规定支付使用费；

（四）积极向本合作社反映借款的使用情况、提供信息。

第十一条　成员以其在本合作社资金互助的入资和量化到成员账户的份额为限，对合作社资金互助承担责任。

第十二条　资金互助成员不得以所持互助资金为成员提供资金互助服务以外的担保。

第十三条　参与资金互助的成员能够正常经营时，拥有的资金不得转让、赠予或继承。参加资金互助的成员在不能正常经营时，可以提出申请，退出资金互助服务。

第十四条　同时满足以下条件，参与资金互助的成员可以办理退出手续。

（一）成员提出退出本合作社申请或提出退出本合作社资金互助申请的；

（二）在本合作社内没有未偿还的借款和在本合作社内没有替其他成员作担保的。

第十五条　凡要求退出资金互助的成员，应提前一个月向本合作社理事会提交书面申请，经批准后年内办理退出手续。

第十六条　成员在退出资金互助前，应当继续履行相应的义务。

第十七条　成员提出退出资金互助申请后，本合作社在当年财务年度结算后一个月内,理事会以现金形式返还该成员的互助资金和收益份额。

第十八条　成员违反本管理办法,经本合作社理事会批准,可予以除名。被除名成员如有未归还借款,以该成员在合作社资金互助的入资和成员相应的量化份额予以抵扣,不足以抵扣的部分,该成员应通过其他方式偿还。

第三章　组织机构

第十九条　本合作社资金互助服务的最高权力机构是参加资金互助的全体成员大会。

第二十条　资金互助成员大会每年至少召开一次,由理事会召集。

第二十一条　资金互助成员大会行使以下职权:

(一)制定和修改《常州市金坛万叶水产专业合作社资金互助管理办法》;

(二)听取本合作社理事会资金互助工作报告;

(三)审议本合作社资金互助管理制度;

(四)审议、批准本合作社资金互助收益分配方案。

第二十二条　本合作社社员代表大会决议委托本合作社理事会为合作社资金互助的执行机构,并接受参与资金互助服务成员的监督。

第二十三条　本合作社理事会开展资金互助服务工作时行使以下职权:

(一)设立资金互助服务审批小组;

(二)安排专人负责、开设专门账户、实行专款专用;

(三)办理成员缴纳互助资金;

(四)代表本合作社接受财政扶持资金;

(五)办理成员借款和结算。

第二十四条　资金互助成员大会应提前七个工作日通知成员。

第四章　互助资金的管理

第二十五条　本合作社互助资金的管理包括成员缴纳的互助金本金、互助资金产生的利息、互助资金借出的使用费和财政扶持资金。

第二十六条　本合作社建立资金互助名册,给每个成员发放资金互助成员证,名册载明以下事项:

(一)参与资金互助行为成员的姓名、身份证号码;

(二)成员所拥有的互助资金金额及份额;

(三)成员所持资金互助证的编号;

(四)成员缴纳互助资金的日期;

(五)成员的借款额度。

第二十七条　互助资金的用途。成员所借互助资金仅限用于购买苗种、水草、螺蛳等生产投入品,不能用于投资回收期限超过一年的生产和资产性投入等其他用途。

第二十八条 申请资金互助的程序:

(一)借款人在生产过程中需要互助资金,可以提前两天向理事会提交书面申请;

(二)经理事会研究同意后,填写相关手续,发放借款;

(三)借款人应选择至少一名成员为其进行担保;

(四)手续齐全后,两个工作日内发放借款;

(五)借款期限最长为一年,最后期限不能超过下一年的春节;

(六)每个成员为借款人担保总金额不能超过担保人在互助资金中的入资总额。

第二十九条 申请互助资金的额度。成员申请互助资金的额度实行限额,每个成员借款的最高额度与其生产规模相联系。原则上,每亩水面积借款不能超过 5000 元。在不超过最高借款额的情况下,一个年度内可以连续借款。

第三十条 互助资金的使用费用。互助资金成员大会决议,使用费用按同期银行贷款利率的 80% 执行。超过约定期限未归还的,可按借款合同规定收取借款人的违约金。

第三十一条 建立个人信用档案。有良好信用记录的,可适当增加其借款信用额度;有不良信用记录的,理事会给予警告并适当降低其信用额度,直至除名。借款到期经警告不还的,由担保人同责归还,拒不归还的由本社起诉至金坛人民法院解决。

第五章 收益分配

第三十二条 合作社资金互助收益包括:成员支付的互助金使用费,互助金本金产生的利息和财政给予的利息补贴。

第三十三条 资金互助收益总额扣除成本后按下列顺序分配:

(一)提取 15% 公积金;

(二)85% 资金分配给成员。

第三十四条 政府支持本合作社开展资金互助服务的资金,属于资金互助服务的全体成员所有,平均量化到个人,但不可分割,退出时不能退出所量化的份额。

第六章　终止和撤销

第三十五条　资金互助服务有下列情况之一时,经资金互助成员大会决定,报有关部门批准后予以终止,并进行清算:

(一)三分之二以上资金互助成员要求撤销的;

(二)本合作社无法开展经营活动的。

第三十六条　在批准撤销后,理事会在一个月内向成员宣布。

第三十七条　资金互助服务撤销,由资金互助成员大会选出三人清算小组,对资金互助的资产和债权、债务进行清理,并制定清偿方案报成员大会批准。未经批准,任何单位和个人无权处理资金互助资产(法律另有规定除外)。

第三十八条　清算时,资金互助共有资产在支付清算费用后按以下顺序清偿:

(一)资金互助服务中雇佣人员的工资、补贴等;

(二)按成员缴纳资金比例退还互助金本金;

(三)政府扶持本合作社资金互助的资金,合作社资金互助服务经营三年以上的,撤销清算时,按量化个人的份额比例返还给参加资金互助的成员;资金互助服务经营未满三年的,量化的政府扶持资金不能量化给成员个人。

第七章　附则

第三十九条　本办法的解释权属于"常州市金坛万叶水产专业合作社"。

第四十条　本办法自公布之日起执行。

案例11:浙江省龙游县龙珠畜牧专业合作社[①]

合作社作为农民自愿、自发组织的,其实质是一种横向联合体。现阶段我国农民专业合作社发展迅速,但普遍存在规模实力弱、产业链条短、盈利水平低、抵御风险能力差等问题。加之,农产品市场竞争愈加激烈,农产品质量安全问题更加突出,合作社横向一体模式已不能完全适应社会形势的新变化,亟须向纵向一体化发展,从而扩大经营规模、拓展业务范围、延长产业链条,减少交易成本,提高合作社获利空间,增强其市场竞争力,更好发挥对农户的带动作用。本案例介绍的浙江省龙游县龙珠畜牧专业合作社便是以合作社形式实现农产品横向、纵向一体化的典范。

---

① 撰写者:傅琳琳(浙江大学中国农村发展研究院)。

(一)基本情况

2010年9月,为解决养殖户资金难融、风险难控、成本难降、安全难控、环境难容、市场难进这"六难"问题,赵春根联合衢州地区50余家大规模养猪场,以"利益共享、风险共担、安全共保、生态共护"和标准化生产、专业化服务、产业化经营的思路,联合出资,抱团组建了生猪生产经营联合体——龙游县龙珠畜牧专业合作社(以下简称"龙珠合作社")。龙珠合作社坚持加入自愿、退出自由、民主管理、盈余返还的原则,创立了"龙珠模式",以"连横合纵"为组织模式,以"一个基金、五个统一"为核心内容,以"合作化组织,公司化运行"为治理机制,打造由养殖到收购、生产加工、配送、销售完整可控的封闭产业链。

成立之初,龙珠合作社拥有社员50人,以母猪头数入股,注资1380万元,全部从事养猪生产经营。截至2015年年底,社员猪场能繁母猪存栏从1.2万头增加到2.2万头,年出栏生猪达45万头,一举占领了龙游40%的生猪份额;除此之外,合作社拥有种猪场一家,年可提供优质种猪10000头;合作社成员总资产从原来的1.5亿元增加到4亿元,年产值8亿元,已累计分红550万余元。

2012年,合作社被评为浙江省示范性农民专业合作社;2013年,被省农信社等单位联合评为AAA级合作社。

(二)组织模式

龙珠合作社采取连横合纵的方式,以利益为纽带,以关系为联结,以产权为手段,共同打造产业链,实现养殖场的横向和纵向一体化。

1.合作连横,横向一体,形成谈判力

所谓连横,就是将纯养殖企业或农户进行横向联合。先由社员共同确定合作社的注册资金,再按能繁母猪数量确定各家具体的出资额。能繁母猪多的就多出钱、多占股、多分利。譬如一家注册资金为1000万元的合作社,假如有500头能繁母猪,那么,每头母猪就平均出资2万元,再分配到每个人,如果一家有100头能繁母猪,就要出资200万元,同时,意味着在合作社里享有20%的股份。最后,共筹集资本1380万元,但股份比例最高的成员也只有10.9%,避免了一股独大,增强了每位成员对合作社的关注度和参与度。连横之后,养殖场的总体规模扩大,实力大增,也就具备了话语权,向产业链的前端和后端延伸。如果只是一家万头猪场,根本就没有资格和上下游企业坐在一起谈判,因为双方实力相差悬殊,地位并不对等,现在50个规模猪场一联合,

就是 30 万头的规模,任何一家企业都不可能再等闲视之。

2. 合纵延伸,纵向一体,打通产业链

所谓合纵,就是以规模养殖场的联合为基础,向产业链上下游延伸。上游环节,在原料采购环节,龙珠合作社加入了更大的平台——良牧饲料原料采购专业合作社联合社,进行原料统一采购;在饲料加工环节,合作社与"浙江科盛"合作,采取先委托加工后合作建设饲料厂的办法进行饲料统一配送;在供精环节,龙珠合作社以"浙江兴泰"为基础,通过与宁波爱卡公司和美国 PIC 公司合作,为合作社成员企业提供生猪良种改革等技术支持,建立供精中心;在排泄物收集处理环节,合作社以"浙江开启"为主体,统一收集社员猪场的猪粪,用于生产有机肥和发电。

值得一提的是在下游环节,为真正打通从生产到销售的产业链,实现产品标准化、品牌化交易,2012 年,合作社出资 216 万元,以 20% 的股份比例(赵春根占股 55%,其他社会资本占股 25%)出资组建品牌运营公司——浙江春然农业科技有限公司,专注产销对接运作。合作社在经过两年市场探索后,将市场定位为发展高端猪肉,注册"九号牧场"商标,与浙江大学合作,开发中高端产品——茶香猪,该猪种用茶叶等提取物养殖,具有抗氧化、保健功能,价格远高于普通猪肉,每斤猪肉可卖到 35～70 元。仅 2013 年一年,在杭州开设的直营门店达 25 家,配送机关、学校、运动员基地等单位 32 家,年销售额达 3000 万元,并被浙江省体育局确认为"浙江省优秀运动员肉类食品专供供应商"。

随后,合作社联合浙江萧山红垦肉类加工有限公司以及新农都统一屠宰加工配送,打造由养殖到收购、生产加工、配送和销售的完整可控的封闭式产业链。2014 年,春然农业注册成立浙江久好农产品发展有限公司,于当年 7 月 7 日"九号牧场"品牌生猪在浙江舟山大宗商品交易所挂牌上市交易,成为中国首家上市即期交易的生猪产品。将具有金融服务功能的即期交易引入传统生猪产业,使传统的生猪产业搭上了信息与金融的快车,有助于推动生猪产业标准化、品牌化建设,并形成生猪价格指引。买卖双方可在浙商所对上市生猪进行即期交易或中远期订货交易,生猪养殖场(户)根据养殖计划,可以通过浙商所交易平台在生猪出栏前卖出生猪订单,提前锁定养殖利润,化解价格波动风险,也为养殖户解决融资、保险难等问题奠定基础,为全国养殖业和畜牧业探索了一条新型发展之路。

(三)主要做法

龙珠合作社成立的初衷是解决养殖户资金难融、风险难控、成本难降、安全难控、环境难容、市场难进这"六难"问题,他们的理念是"我们的合作社提出了与别人不同的合作理念——弱弱联合,就是把一家一户办不了的难题拿出来,由合作社来办。"合作社实行"一基金,五统一"的运行模式。一个基金是设立一个担保基金,五个统一是指统一供种供精、统一饲料配送、统一疫病监测诊断、统一环境控制、统一屠宰加工配送。

1. 设立一个担保基金

合作社设立的担保基金,为合作社社员筹资担保,2010年10月,合作社与龙游县信用联社签订了存一贷十协议,将其中注册资本的690万存入信用联社,担保基金专户授信为社员提供最大额度690万的担保。目前50户社员在信用社贷款,信用社为其中46户社员提供5280万元贷款担保,每年可为社员减少融资成本和财务费用近200万元,而且贷款利率执行银行基准利率,深受成员欢迎。由于生猪养殖周期较长,对于规模养殖场来说,前期的投入是非常大的,尤其在生猪价格低迷期,养殖场都遇到过资金周转不灵的问题,而合作社的存一贷十措施,帮助了社员解决这一问题,解除了社员的后顾之忧,也使社员更有底气来应对生猪价格周期的冲击。

除了提供担保贷款,合作社还规定,每担保100万元,合作社每年要提取6000元的担保费作为合作社风险金,主要是为了抵御一些市场风险。目前合作社已经累计提取100多万元的风险金,虽然还没有动用过,但有这些风险金在手,合作社经营底气更足了。

2. 统一供种供精

前期主要是兴泰公司平台为成员猪场提供优质精液,2014年共提供了5万份。为了提高生猪品质,减少种公猪养殖成本,合作社计划投资300万筹建优质种公猪站,一年可以为社员猪场提供优质精液5万份。通过种公猪场建设,利用人工授精技术,实行统一供种供精,不仅降低公猪开支成本,而且提高受精率。

3. 统一配送饲料

龙珠合作社采用先代加工后建厂的模式进行饲料统一配送。现阶段,合作社由浙江科盛饲料股份有限公司代加工饲料,50户社员猪场均实行饲料配送。2014年配送饲料28179.8吨,销售额达9356.8万元,除了价格比外面低之外,合作社每吨提取50元管理费,年终再按6:4的比例分别按交易量和股份返还给成员。未来,合作社计划与科盛公司联合在龙游建饲料厂,建成一个年出产全价饲料30万吨的饲料配送中心,届时能满足100万头生猪的饲料需求。饲料的统一配送,不仅保证了质量,还大大节约了成本,更为社员提供了很大的便利。

4.统一疫病监测诊断

养殖业最大的风险是疫病,也是养殖户最担心的问题,为此合作社成立兽医诊断中心,聘请2名专家作为技术顾问,依托县畜牧局的监测实验室,为社员猪场监测病源和抗体,另招畜牧兽医专业人员2名,为合作社成员提供动物疾病监测和诊断服务,建立养殖场免疫档案和定期监测制度,制定科学的防疫程序和严格的防疫措施,并举办疫病防控、营养、管理等专业技术培训班,逐步有效地化解了疫病难防的困难。

5.统一环境控制

这里的环境控制主要包括养殖环境及生态环境。

在养殖环境方面,龙珠合作社按照现代化养殖标准,采用智能化装备设施,改善生猪养殖环境。

而在生态环境方面,合作社利用浙江能源科技有限公司沼气发电站收集处理社员猪场养殖废弃物,投资300万购置吸粪车以及吸粪池改造等设备,为社员猪场统一收集生猪排泄物用于沼气发电,收集沼液沼渣用于制作有机肥,大大缓解了社员猪场的废弃物处理压力,解决了废物资源化和环境污染难题。这些措施使合作社没有一家养殖场在浙江省开展五水共治期间因为污染问题被关停,让专业人做专业事,很好地解决了社员的后顾之忧。

6.统一屠宰加工配送

目前主要采取直营配送为主、加盟合作为辅的营销模式,建立优质鲜活农产品流通的标准和规范,建立可追溯系统。在屠宰环节,为保证猪肉质量,龙珠合作社委托杭州萧山红垦肉类加工有限公司进行屠宰。在分割环节,"九号牧场"自建的分割配送中心按照商务部《生猪屠宰企业资质等级要求》一星级标准设计建造。在配送环节,"九号牧场"按照全国物流标准化技术委员会制定的标准制定工作流程和硬件标准,在产品的物流环节也达到了极高的安全保障,并建立了一整套冷链物流运输体系,每天统一将猪肉配送到杭州各地的门店,并依托"新农都"进行产品的批发。

除此之外,建立终端可追溯系统,消费者可通过追溯体系查询产品的生产企业、产地、时间、操作者等全部流通信息,保证了生猪质量安全,增强了消费者信任度。

(四)治理机制

合作社采取更接近于"合作化组织,公司化运行"的治理模式,即产权明晰、分工合理、制度完善、目标明确,合作社严格按照法律规定,坚持加入自愿、退出自由、民主管理、盈余返还的原则,不遵守章程可以辞退;股东股份最高比例不能超过20%,而且是一人一票制的;在分配制度中,社员贡献占60%(主要按照向合作社购买饲料量),资本(股份)只占40%。

明确发展方向,确立合作社远景、中期、近期目标。远景目标:实现龙珠畜牧好的发展前景;中期目标:建立人、猪、自然和谐环境;近期目标:"每头猪实现节约成本100元,增加效益100元",建立生猪生产、饲养管理、流通等各环节的安全标准,确保生猪和肉制品的优质、安全、放心,丰富和充实"一个基金、五个中心"的实施内容,完善经营机制,以期为社员带来更大的利益,为合作社的发展奠定坚实的基础。

合作社还制定了"十二五"发展规划,合理设置组织机构,明晰了理事会职责、监事会职责、理事长职责、经理职责等相关管理制度。各社员猪场严格按照标准化生猪养殖场建设规定,建立生产管理制度、财务制度、防疫消毒制度、档案管理制度和操作规程,并做到制度上墙,落实场长、防疫负责人等责任制。

(五)经验启示

龙游县龙珠畜牧专业合作社以畜牧业生产经营为阵地,以构建现代新型畜牧产业体系为目标,以专业合作为创新动力,充分发挥了产业培育和组织创新互促共进的优势,将单家独户的农业生产经营"弱者"补强,将分散、简单的产业环节拉长,适应了现代农业发展的要求。这种通过全产业链打造,做大做强农民专业合作社的模式,具有很好的代表性和启示作用,不仅能为发展现代畜牧业所采用,也同样能为包括种植业在内的整个现代农业建设所学习借鉴。其主要成效与启示体现在以下五个方面:

1. 丰富了社会化服务体系的内涵

合作社以"一个基金,五个统一"为核心内容的服务,为生猪产业社会化服务体系明晰了方向与内涵。在一定程度上解决了养殖社员一家一户难以解决的资本、人才、技术、市场等难题。

2. 降低了社员的风险

养殖业一直是风险极大的产业,龙珠合作社运行模式,使社员能够分享产前、产中、产后不同环节的利润,构建了完善的市场风险分摊机制,增强了对市场风险、自然风险以及金融风险等的抵御能力。而更为重要的是,在资金方面,资本难融一直是困扰农业发展的难题,通过行业抱团,银企合作设立担保基金,为社员融资担保,缓解了农业发展的瓶颈,为社员生产发展提供资金保障。

3.为合作社与企业、高校的合作提供了发展思路

专业的事要由专业的人做,合作社最大的优势在于把生产者联合起来,之后怎么做并不一定采取合作社组织形式。龙珠合作社无论是在原料还是在终端市场,都投资兴办企业,且保证成员及合作社对企业的控制权,最大程度实现了专业分工,联合受益。同时,在产品开发上,合作社与浙江大学共同投资组建了研发中心,开发新产品,并制定品牌推广方案与产业链环节标准。

4.提高了成员间的凝聚力和向心力

纵观龙珠合作社,50 家猪场保证了成员的同质性,大家志同道合,自然抱团;强制缴纳股金,股份相对均衡,实现联利联心和民主参与;完善的统一服务,使得成员省心获利,自然拥护。

5.降低了政府监督成本,保障了农产品质量安全

千家万户的生产模式,给政府的监管带来了难度,增加了成本,通过合作社抱团的形式,实行"五个统一",把食品安全、环境控制、标准化生产等内容纳入合作社的自律行为,变被动为主动,变监管为服务,从而使政府职能得到转变。而可追溯系统的建立,更是保证了农产品的质量安全。

案例 12:山西省蒲韩种植农民专业合作联合社[①]

山西省蒲韩种植农民专业合作联合社是一个比较典型的综合性农民合作组织,它覆盖永济市蒲州、韩阳两个乡镇 43 个自然村。该地位于晋陕豫三省"黄河金三角"地带,东靠东条山,西邻黄河滩,两镇区域面积 260 平方公里,有6620 户,25800 多人,耕地总面积有 8 万亩。蒲韩种植农民专业合作联合社最早可追溯到 1997 年由郑冰创建的"寨子村科技中心"。该中心到 2004 年,在地方政府支持下正式改名为"永济市蒲州镇农民协会",2006 年更名为"蒲州镇果品协会"。2012 年,郑冰组织农民成立"蒲韩种植农民专业合作联合社",其在当地的非正式名称是"蒲韩乡村"。至 2013 年年底,联合社共有工作人员58 人,会员规模达 3865 户,其中既有股金证又有会员证的正式社员 2777 户。

目前,合作联合社的日常经营既包括多项经济业务,又包括多项社会事业,可以为社员提供多元化、全方位的社会化服务。目前,合作联社推出的业务共有 9 项:农业技术培训、土壤改良中的农机耕作、日用品统销、农资统购、农产品统购、资金互助、老人互助养老、面向儿童及其家长的农耕乡土教育、手

---

①　撰写者:赵晓峰(西北农林科技大学人文社会发展学院)。

工艺制作等。其中,统购统销和资金互助两项业务的盈利能力较强,占合作联合社总收益的比例超过 90%。

(一)发展历程

1. 寨子村科技中心阶段(1997—2001 年)

蒲韩种植农民专业合作联合社的创始人郑冰原是寨子村小学教师,1997年,她看到农民缺乏农业科技知识,不计成本盲目施肥,夫妇二人便办起一个专门为农民提供农技指导服务的"寨子村科技中心"。1998 年,郑冰辞去小学教师职务,踏上自己开创的农民合作事业之路。同年 10 月,郑冰自费请农学院的专家给农民讲授科技知识。1999 年到 2000 年,郑冰夫妇以寨子村为中心,在周边 18 个村举办果蔬、棉花、玉米、养鱼等培训 12 期,培训人数 5000 余人,极大地提高了农民的科技兴农意识。

农民通过所学的农业技术和田间管理知识,2001 年芦笋获得大丰收,但是芦笋市场价格大幅跌落,因经纪人和中间商双重盘剥,芦笋市场价由 2000年的 12 元/kg 急降到当年的 2 元/kg,农民是增产不增收,损失惨重。如此一来,郑冰前期赊给参加科技培训农民的 10 多万元农资款无法收回;与此同时,还有 30 多个养鸡户也因收购厂家管理混乱和鸡苗死亡严重,不到一年的养鸡项目全部失败,这导致郑冰个人担保的 15 万贷款迟迟不能收回。

祸不单行的打击敦促郑冰思考一盘散沙的小农户受到市场、资本无情冲击之下该如何作为? 农民贷款不还的逻辑(她发现农民不是没有钱,而是把钱存入信用社又想办法从信用社贷款;仅小部分人确实因贫穷无力还款,大部分则是觉得别人不还自己还,心里不平衡,觉得公家的便宜不占白不占)也让她思考以私人名义向农民借款的事宜。郑冰开始思考如何才可以把农民团结起来、组织起来,如何提高农民自身素质,如何调动农民归还赊贷款项的积极性。

2. 妇女协会和农民协会阶段(2002—2007 年)

2001 年冬,郑冰发现农村文化生活极其匮乏,于是组织妇女从扭秧歌开始开展文化活动,寨子村村民的文化娱乐生活取得了意想不到的效果。郑冰适时成立妇女协会,至 2002 年扩展到 35 个村,并且集中开了 5 个农资科技中心,为组织的后续发展奠定了坚实基础。2003 年,郑冰组织 1000 余名会员参加永济市元宵节社火表演,极大地提高了协会的社会影响力。

吸取初次还贷失败教训,这次郑冰积极组织农民科技学习。一方面以每亩 50 元的方式动员农民入股农资店,以此培养农民的责任意识;另一方面组织农民学习,成立 28 个学习小组,以消除盲目冒进、急功近利的思想心态,旨在提高农民的文化水平。随着农民学习热情高涨而来的是协会凝聚力不断提升,由此形成村民的行动共识。同时,随着男性村民的不断主动加入协会,协会适时改名为农民协会。

农民协会 2004 年成立后做的第一件大事就是修整村庄道路,清理村庄堆积十余年的垃圾和整治街头巷道。仅三天,全村出工出力即把垃圾清理完毕,村建理事会趁势成立。新建立的协会理事会决定发展经济项目,105 户农民联合建立 300 亩小麦良种试验田;83 户农民以每股 300 元的方式共同出资 9 万元创办了涂料厂。此外,还开办了手工蒸馍作坊,成立了手工艺品开发中心。

2005 年,协会提出千亩生态园发展计划,带领农民共同致富,为此特地赴河南南街村考察。最后实际集中 870 亩土地发展经济水果生态园,土地集中以两种方式入股,一是农户以自己的承包地入股,每亩一股,每年每股收入 1000 元,生态园的利润按股分红;二是根据农民意愿转包土地,每亩每年固定由协会负责支付 350 元。虽然生态园由懂技术的会员负责,但是雇工管理等问题很快暴露,农民投工不投劳,管理成本高,与农户交易信用危机等问题集中爆发,导致生态园项目失败。同时,协会主办的涂料厂、手工蒸馍作坊、小麦试验田等经济合作项目也因经营管理不善和不熟悉市场环境全部失败。

千亩生态园失败的教训是协会不能直接从事劳动力密集型的农业生产,而其他诸多项目的失败也让大家有了共识,一是不能急功近利,要根据自身能力和需求一步步发展,稳扎稳打;二是注重人才培养,协会骨干多是中老年人,事业发展必须有年轻人加入。

3. 蒲韩种植农民专业合作联合社阶段(2008 年至今)

2008 年,根据国家出台的《农民专业合作社法》,郑冰带领农民在协会下面组建了 28 家专业合作社,这些合作社全部独立生产,自担风险,后有 6 家专业合作社退出协会。2012 年,郑冰又组织农民正式成立了蒲韩种植农民专业合作联合社,并将已有的 22 家合作社整合为 18 家。

到 2011 年,蒲韩种植农民专业合作联合社已经呈现出多元化的业务发展模式,同时在有机农业种植、农资统购、农产品统销、手工艺加工等多领域经营。2012 年 9 月,合作联合社又创办了资金互助部。到 2013 年 7 月,资金互助的收益已达 43 万;同年合作联合社统购统销从农产品向消费品发展,农资店也转型为以生活用品的统购为主,合作联合社在经济上已经实现可持续发展。

蒲韩种植农民专业合作联合社经过十余年探索终获成功,它的每一步发展都离不开蒲韩社区的支持,它担负起社会责任,积极回馈乡村,提供各种服务,如垃圾分类、回收和制作农家肥,红娘手工艺服务,老年人康乐中心等。

(二)主要做法

1.合作经济发展

(1)"家庭农场+合作社"的经济发展模式

蒲韩种植农民专业合作联合社通过千亩生态园失败的教训,已清晰认识到合作社不适合直接从事农业生产。这方面,温铁军认为,农民在生产领域进行合作,95%以上都以失败告终,因此他在多个会议场合都告诫合作社里的农民精英不要轻易组织农民在生产领域开展合作。陈锡文调查后也指出,企业雇佣农民经营农业由于缺乏应有的监督管理,农民的"磨洋工"现象在所难免。所以合作社曾经直接介入农业生产而无利可图也就不足为奇。因此,家庭成为世界各国农业生产的基本经营单位,这是因为土地上所有产出都属于家庭,农民才有投工出力的生产积极性。故而,蒲韩种植农民专业合作联合社逐步摸索出了一条"家庭农场+合作社"的经济发展模式。

家庭农场为农业经营的基本单位,不仅能够增加留守村庄的农民家庭收入,也提高了他们居村从事农业生产的积极性,还降低了农业生产的管理成本,保证农田单位面积产量最大化。然而,人多地少的基本国情限制了家庭农场的规模,单个农户依然无法解决农田水利等公共设施,无力抵御旱涝灾害的侵袭,更难以平等的身份参与市场竞争,不能化解规模经营与现代化大市场之间的矛盾。这在客观上需要创新农业生产经营组织体系,发展新型农民合作组织。在家庭农场基础上,大力发展农民专业合作社,既发挥合作社"规模经济"与"聚集效应"的综合优势,又获得单个家庭农场没有的"合作效益"。蒲韩种植农民专业合作联合社在退出农业生产后,着力从事农资的统购和农产品的统销,其盈利不但没有下降,相反快速上升,这证实了"家庭农场+合作社"模式是可行的。

(2)"公司+合作社+农户"经济发展模式

2009年香港迈斯公司主动找到郑冰协商合作,迈斯公司愿出资3亿元租种合作社3万亩土地,种植有机棉花。合作社因千亩生态园的前车之鉴,郑冰表示不同意,但提出了"公司+合作社+农户"的新模式,即由公司负责销售,合作社负责协调农民利益,集中土地,农户负责田间地头的生产。新模式得到三方的支持,此分工协作既降低了公司从事农业生产的投入成本和经营风险,又保证了产品质量。到2012年,社员用来种植有机棉花的土地数量已经达到9000亩,而合作联合社也建立起从种植、技术推广、全程监控到市场销售的完整运营体系。合作联合社在此基础上，逐步扩大有机农作物种植，有机小麦、有机蔬菜和有机水果等也逐步纳入经营业务的范围，取得了较好的发展效果。

（3）小额信贷到资金互助发展模式

2006年银监会发布《中国银行监督管理委员会关于调整放宽农村地区银行业金融机构准入政策　更好地支持社会主义新农村建设的若干意见》（银监发〔2006〕90号），同年北京富平农村社区发展学校与蒲州镇果品协会试办小额信贷业务。小额信贷由协会义务负责放贷与收贷，本息全部归还学校，农民三年间的借贷从未有坏账行为。尝到甜头后，2009年6月学校集资3000万元在寨子村成立小额信贷公司，到2012年8月已累计贷出1.27亿元，获利2000万元以上。虽然小额信贷方便了农民，也促进了农业生产，但是它的商业盈利目的过于突出。一是贷款年利率高达21%，二是农户提前还贷依然需要支付违约金，三是公司承诺部分利息用于社区教育和村庄发展没有兑现，四是公司与农户单向贷还行为架空合作社在村庄发展中的作用。因此，合作社追求的社会责任与公司追求的商业利益之间潜存的冲突，最终导致了合作社和小额信贷公司关系的破裂。

所以，2012年9月，蒲韩种植农民专业合作联合社正式创办了自己的资金互助业务。它的资金来源有三个方面，一是社员入股股金，每亩地500元，至2013年底共有股金178.6万元；二是合作社开展统购统销的盈利，到2013年底共有86万；三是施永青基金会投入的资金，基金会收取8.4%的年利率，不参与合作社的经营管理。同时，合作社资金互助部调整了放贷政策，降低了资金使用利率，规定提前还款不需再交违约金，并只对社员开展放贷业务。它不同于正规金融机构"重利轻义"的放贷理念，注重"重义兼利"的合作文化培育，积极发挥合作社在社区的作用。"重义兼利"的义利观已成为合作社重要的文化资产，不仅是合作社参与小额信贷和自办资金互助的根本保障，也是合作社历经多次项目运作失败还能持续发展的稳定性力量。

2. 回馈社区服务

（1）舞出人生的农村留守妇女

随着农村男性青壮年进城务工，女性劳动力逐渐成为农业生产经营的主体，妇女也是留守农村的主体。蒲韩种植农民专业合作联合社的发展过程中妇女扮演着比男性社员更重要的角色，她们长期主导蒲韩种植农民专业合作联合社，是推动合作社前进的骨干力量。从1997年农技培训开始，妇女就发挥重要作用，之后妇女一直工作在一线，如由妇女首倡的文化活动，妇女牵头的街巷整治，小额信贷和资金互助中贷款放收的对象几乎全是妇女。在男性青壮年进城后,蒲韩乡村的大半边天都是妇女群体撑起的,妇女通过工作也找到了生命的意义,她们不再是独守阡陌,而是舞出了精彩的人生。妇女群体参加合作社的工作既提高了她们的社会地位,也推动了合作组织的向前发展,带来了农村社区的繁荣。

(2)返乡成长的农村青年

2011年,"国际合作社日"的主题是"青年,合作社的未来",可见国际合作社联盟对青年在合作社中的长远发展非常重视,中国新型农民合作社的持续健康发展同样离不开青年参与。20世纪40年代,费孝通先生就指出"乡土培植起来的人已不复为乡土所用",农村人才的流失必然会导致乡村的衰败。当下乡村的青年人才依然流向城市,而乡村的发展需要青年参与,那么新型农民合作组织能否为青年返乡成长提供载体?我们看蒲韩乡村是如何实践的。早在2003年郑冰就开始从涉农院校引进青年大学生,采取"感情留人"和"事业留人"相结合的引人策略。当时引进的青年多是对农村感情深厚的外地农村籍大学生,但是在合作社发展屡遭挫折以及工资偏低等打击下,他们在激情消散后选择离开。2008年,郑冰等转变人才引进思路。首先,合作社开始着力引进本社区出去读书的大中专院校毕业的青年人,他们本身对家乡有认同感,又有事业留人相助,这类青年对合作社长远发展非常有利。其次,为促进返乡青年尽快融入社区和组织,融于农业生产,树立起主人翁意识,郑冰力主创办青年农场给返乡青年经营,促进他们成为组织发展的中坚力量。再次,采取措施助推青年成长,如推动返乡青年包村工作,使他们能够深入村庄事务一线,同时创造条件让他们每年外出参观、培训和学习,以提升他们的整体素质。

(3)老有所依的留守老人

我国自2000年进入老龄化社会以来,老龄化程度不断提高,这必然引起养老服务体系相应变化。2006年全国老龄工作委员会办公室等10部委联合制定了《关于加快发展养老服务业的意见》,明确提出"逐步建立和完善以居家养老为基础,社区服务为依托、机构养老为补充的服务体系",由此居家养老逐渐成为政府倡导的养老模式。居家养老既可以依托政府力量,也可以依托市场力量和社会力量,那么新型合作组织能否肩负起养老服务的社会责任?蒲韩种植农民专业合作联合社探讨出了一套老年人老有所依的养老模式。

2012年7月,蒲韩种植农民专业合作联合社建立了老年人康乐中心,开始为丧失劳动能力的老年人提供居家养老服务。合作社动员有志愿精神的妇女报名参加养老服务,针对老年人的身体状况提供上门服务和集中服务,在服务前征求老人及其子女的双重意见,同时合作社把居家养老服务视为公益事业,绝不从中盈利,合作社发挥的作用是为需求方和供给方牵线搭桥。由于居家养老的效果明显,2016年计划推广到蒲韩乡村所有的村庄。蒲韩乡村的居家养老服务,走的是"家庭供养,组织参与,社区依托"相结合的"三位一体"的社会化养老道路,显示合作社在参与老年人居家养老方面的比较优势。

(三)发展机制

蒲韩种植农民专业合作联合社的发展有两套行动逻辑,一个是合作社凭借乡村社区的资源发展组织,另一个是合作组织走上良性发展后对社区的回馈再造。

首先是大社区中合作社的生发逻辑。一是组织内部整合机制。合作社尚是妇女协会阶段就着手培养组织内部整合能力,注重会员学习,培养会员对协会的认同感和团结协作精神。自2008年以来,合作社逐步形成一个凝聚力、向心力非常强的9人常务理事会,组织有了主心骨就能形成自我规则化能力,构建起日益完善的管理规则体系。二是资源汲取机制。合作社一方面吸收《农民专业合作社法》等制度资源,另一方面汲取传统文化中的"重利兼义"、"重义尚利"等理念,推崇"君子爱财,取之有道"的财富观。三是自我规则化机制。合作社重视动员所有社员参与民主协商,以此为基础形成共识规则。四是嵌入式扩散机制。通过把合作嵌入村镇"大社区",依托每一个积极会员将基于契约的治理规则和文化规则扩散、传递给更多农民。五是濡化认同机制,合作社所倡导的合作文化和商业观日益突破社员和非社员的界限,逐步成为"大社区"村民所普遍认可的地方性文化规范,这极大地拓展了合作组织制定的契约主义规则的适用范围。

其次是合作社回馈社区的逻辑。一是乡土人才的回流和培养。蒲韩种植农民专业合作联合社为青年返乡工作打开局面,而返乡青年的培养又为组织与社区的发展奠定人才基础。二是老人的居家赡养,合作社提供的居家养老服务既减轻了子代经济和精神压力,使子代摆脱舆论压力安心在外工作,又可提升老年人的生活水平,最终使乡村再度成为安度灵魂的地方。三是农村社会阶层结构重塑,合作社的发展不仅培育壮大了家庭收入水平处于中等的农民群体,而且吸引该群体留村居家生产生活,农村中间阶层的壮大为国家政权建设和农村社区稳定打下了牢固的社会基础。四是农村社会治理模式创新,合作社在发展中不断拓展组织的社会功能,参与到农村公共服务创新实践,为改善农村社会治理模式积累了有益经验。

(四)经验启示

蒲韩种植农民专业合作联合社将近 20 年的实践既取得了瞩目的成绩,也尚有待改进的地方。在经济发展方面,它通过组建合作社创新经济发展模式,开展资金互助合作,有力促进了社区经济的发展。文化和制度方面,它积极挖掘传统文化的现代意义,如"重义兼利"的义利观等,同时不断创新组织管理,及时借鉴外部经验又总结自身教训不断向前发展,尤其是合作社发展出的跨越自然村的"大社区"信任机制对社区的发展功不可没,这也是它自身能够面对挫折不断发展的关键因素。

由此,我们认为在新的历史时期,应逐步区分出两种不同的合作社发展路径:一种是同类农产品的生产经营者或者同类农业生产经营服务的提供者、利用者联合发起成立的,以社员同质性为基础发展起来的,以专业农户为主要服务对象的专业性农民合作社;另一种是分散的小农户联合发起的,以社员异质性为基础发展起来的,以兼业农户为主要服务对象的综合性农民合作社。其中,专业合作社的发展应建立在适度规模经营的家庭农场数量不断攀升的基础之上,并在发展的过程中尽快探索构建符合现行法律法规和国际合作社联盟规定的基本合作宗旨的产权制度、治理结构和管理机制。综合性农民合作社的发展,既可以通过组织不同类型的专业合作社进行再联合组建合作联合社或动员专业合作社不断拓展经营领域发展新业务来实现,也可以直接组织分散的小农户成立新的合作组织并逐步发展起来。目前来看,前者是农民合作社发展的基础和关键,后者是农民合作社发展的补充和方向,都值得社会各界的广泛关注。

案例 13:浙江省杭州富阳山居农产品专业合作社联合社[①]

(一)基本情况

2013 年,在上级主管部门指导和帮助下发起组建了杭州地区首家农民专业合作社联合社——杭州富阳山居农产品专业合作社联合社。由 32 家合作社出资组成,注册资金 1000 万,联合社内设财务部、项目部、资金互助会、电子商务部、销售部、技术研发部等部门,各部的负责人由成员社理事长担任,职责

---

① 撰写者:何叶丹(杭州富阳山居农产品专业合作社联合社)。

分工明确,工作人员主要由大学本科以上学历毕业生专职专岗,联合社现聘有大学生 18 名。

(二)主要做法

经过几年的探索发展,在各级领导部门的高度重视和大力支持下,联合社 2015 年实现经营收入 1089 万余元,利润 123 万余元,联合社始终坚持"民办、民营、民受益"的原则,努力为农民办实事、办大事,联合社主要工作如下:

一是强化组织结构促团结。联合社设立了成员大会、理事会和监事会。理事会在 32 家成员合作社理事长中产生,经选举由 11 人组成,负责联合社日常运营管理和制订发展规划。监事会 3 人,也由成员合作社理事长选举产生,负责监督审核联合社财务管理和成员盈余分配,同时兼有督察联合社日常事务的权利。理事会每月召开一次会议,成员大会每年召开两次。由于 32 个合作社涉及 4816 户,联合社理事会和成员大会结束后,我们还要求各成员合作社按照联合社的模板再召开相应的会议,以引领成员合作社加强组织制度的落实。进一步增强联合社的凝聚力和向心力。

二是强化财务管理促规范。现有专职会计人员 6 人,专门为合作社等农业经营组织提供代理记账、纳税申报、发票开具等专业财务服务。凡是委托联合社财务管理的合作社,均由联合社代为建立成员账户,经费支出均通过银行转账。目前除对成员合作社实行全面规范的财务管理外,还为 213 家(约占全区合作社的三分之一)合作社 72 家家庭农场,69 家农业公司提供财务代理服务,财务部 2015 年经营收入 37 万余元。同时,我们严格执行盈余返还制度,年终盈余按交易额的 61% 由联合社返还给成员社,并由成员社直接返还到农户手中。

三是强化项目资金管理促发展。联合社项目部现有本科以上学历人员 6 人,同时聘请农业、林业、科技等部门退休人员组成专业顾问团队。项目部为合作社等农业经营组织提供信息咨询、项目规划、项目申报等服务。2015 年提供各类项目申报服务 237 项,申报成功 232 项,成功率 97.8%,累计申请财政资金 1649 万元,项目部 2015 年经营收入 53 万余元。有效地缓解了成员社生产发展的资金压力。联合社在为成员单位争取项目扶持资金的同时,也对项目单位高标准严要求,项目实施建设全程由联合社项目部成员参与监督,有效地保证了财政资金的合理充分使用。

四是强化资金互助促联合。根据中央财政支持农村金融改革创新综合试点工作的要求,立足于联合社农户切身实际需要。富阳山居联合社、富阳区财政局与富阳区农商银行三方本着诚实守信、互惠互利的原则,于 2015 年 6 月 1 日签订了《合作协议书》。《合作协议书》的主要内容为:富阳区农商银行作为贷款发放银行,富阳山居联合社为其下属合作社、家庭农场、农业企业以及个人作为贷款担保方提供贷款担保,富阳区财政局将中央财政支持农村金融改革创新综合试点补助资金 1000 万作为保证金存入农商银行账户,作为富阳山居联合社贷款客户的担保风险基金。并且富阳区农商银行根据担保风险基金放大 10 倍作为贷款总额。截至 2016 年 5 月 31 日,富阳山居联合社已为下属 10 家单位提供无偿担保 1885 万元。该项目引导地方政府加大推动农村金融科学发展力度,综合协调金融部门和农业组织主体,共同探索农村金融多层次发展的内容和形式,建立低成本、广覆盖、可持续、风险可控、适度竞争的现代农村金融体系,具有重要意义。

五是强化品牌服务促销售。联合社为成员社提供农技推广和培训、农资统一采购、农产品统一销售等服务。在打造品牌开拓市场方面,我们统一注册了"富春山居"商标,并按品牌标准要求实行统一包装。同时,积极拓展"互联网＋"销售渠道,开设阿里巴巴店铺 1 家、淘宝店铺 7 家,开设丰收购、微店,在网上销售富阳地区名优土特产。联合社电子商务创业项目还获得了 2015 年富阳区创新创业大赛优秀奖。我们还成功结合"半山桃花节、竹笋节"等活动开拓 O2O 营销模式,与杭州城市社区、超市等订立农产品直销协议,2015 年完成电子商务销售额 1000 余万余元;有力地解决了富阳地区广大农户的产品销售困难问题,为实现农户增产增收发挥了重要的促进作用。

六是强化标准制定促科学。联合社 2015 年起草制定了杭州市地方标准——《农民专业合作社运行指南》。根据产业特点,建立示范园区,发挥带动效应。新登大雷山鲜桃示范基地、长盘竹笋示范基地等六个园区被评为省级生态示范基地。与浙江大学等科研院校开展合作,在新登大雷山鲜桃示范基地积极引进 82 个水果新品种;在新登潘堰稻-蛙示范基地引进农业物联网系统建设,积极推广新型农作制度创新示范与应用。

"功崇惟志,业广惟勤",杭州富阳山居农产品专业合作社联合社将不懈努力,为描绘美好新"富春山居图",实现美丽"富阳梦"贡献自己的一份力量。

附:联合社资金互助会运行情况汇报

杭州市富阳区山居农产品农民专业合作社联合社资金互助会自 2015 年 10 月 9 日注册成立以来按照杭州市政府办公厅杭政办函〔2014〕162 号《杭州市人民政府办公厅关于印发杭州市农民专业合作社资金互助会试点工作办法

的通知》和富阳区政府《关于印发〈杭州市富阳区农民专业合作社资金互助会试点管理暂行办法〉的通知》、《关于印发〈杭州市富阳区农民专业合作社资金互助会试点组建核准工作指引〉的通知》的文件精神,以《杭州市富阳区山居农产品农民专业合作社联合社资金互助会章程》为运行指南,以服务会员,促进农业增效、农民增收、农村发展和谋求全体会员共同利益为宗旨。经过半年多的探索,富阳山居资金互助会在为谋求会员利益、促进会员增收、帮扶会员农业经营等方面作出了不懈努力。

资金互助会共有会员 1063 个,涉及农户 1063 户,共募集资金 1022 万元,截至 2016 年 6 月底,富阳山居资金互助会累计发放贷款 1986.9 万元,贷款余额为 817.7 万元,发放贷款 69 户,帮扶会员资金 115 笔次。良好地解决了一部分会员农业生产经营中的资金需求。目前发放资金的利率较一般银行同期利率低。

杭州市富阳区山居农产品农民专业合作社联合社资金互助会,注册资金 1022 万元,拥有会员 1603 户,全部为个人会员,经营地点位于富阳区新登镇新兴西路 6-3 号,经营面积 90 平方米,聘请经理 1 名(农商银行退休信贷经理)、会计主管 1 名,信贷员和柜员 2 名。

互助会严格遵守《杭州市富阳区农民专业合作社资金互助会试点管理暂行办法》的文件要求,制定了完善的互助会章程和各项制度,为互助会的正常运行提供良好的制度保障。互助会在资金放贷审核机制上,在最大程度方便农户贷款的同时,严格遵循分级审批制度,从业务员到互助会理事会层层把关,对每笔贷款都要求账实一致、业务员负责到底的原则,每周一互助会经理须向理事会汇报上一周的工作情况,并经理事会审议批准下一周的工作方案。同时互助会实行严格的钱账分离制度,所有的互助会资金流动都要经浙江富阳农商银行,互助会内不发生任何的现金流动,进一步降低互助会资金风险。

杭州市富阳区山居农产品专业合作社联合社资金互助会经富阳区农办、农经总站等相关领导部门监督引导开展内部资金互助,构建农民专业合作社资金互助平台,以热情服务、规范管理、"扎紧两头"、封闭运作、信用合作、多种互助、服务三农为宗旨,为成员农户提供资金互助服务。

1.资金互助会开展资金互助具备以下优势

(1)审批流程快捷。银行等金融机构贷款流程一般需要一周时间,必须经过多重审核,而且需要满足各种抵质押条件,流程不仅烦琐且费时。由于农民的文化水平有限及农业生产的特殊时效性,农户很难申请获得银行的贷款。资金互助会对农户的贷款条件相对放松,农户提供相应的抵质押物,当天即可办理相应贷款。信用和小额担保贷款一般流程不超过两天,在极大地便利了农户的同时也很好地满足了农户的切实需要。例如杭州富阳大荣竹笋专业合作社下属的会员孙会军,原为在家无业人员,根据其具体家庭情况,在联合社以及资金互助会的鼓励和帮助下,他在家搞起养殖业。2015 年 12 月资金互助会在两个工作日里给予其 5 万元的贷款,帮助孙会军搭建起了简易牛棚以及购买了 5 头牛。2016 年 4 月,孙会军的简易牛棚因不能满足其业务量需扩大时,资金互助会又在两个工作日里给予其 5 万元的贷款用于新建牛棚。目前孙会军不仅养牛、鸡、鸭、鹅等,还注册成立了家庭农场专业从事养殖。

(2)贷款风险低。银行等金融机构的贷款后,往往就失去了对资金和贷款对象的监管,贷款风险高,造成不少的坏账和死账。而资金互助会则充分利用自身的特点,利用与互助对象建立全程资金流向管理途径,对互助对象获得互助金后的生产、建设内容实行全程跟踪服务,既保证了互助会资金安全,降低了贷款风险,也更好地服务了农户,帮助农户真正利用互助金实现农业生产增产增收。

(3)互助模式多样化、灵活化。互助会除了像银行等金融机构的定期贷款外,还根据农业生产的实效特征,灵活开展多种资金互助。比如 2015 年 11 月份,为冬笋的收购时节,互助会为杭州富阳深峰竹笋专业合作社提供互助金 30 万元(互助利率 6.1‰,同期银行利率 7.5‰),为其开展收购冬笋提供了充足的资金保证,同时互助会利用联合社电子商务平台为其联系了上海、广州的客户,解决了销售问题。到 2016 年 1 月,深峰竹笋不仅还清了本息,还通过冬笋销售实现销售收入 52 万余元,净利润 13 万余元。互助会的灵活互助模式,有效适应了农产品生产在不同周期的特殊需要,不仅解决了成员单位的资金需求,还满足了成员单位生产资料供应、劳动力需求、产品销售等迫切要求。保障了成员单位资金借贷的可靠性和收益率。

2.资金互助会发展遇到的问题

(1)资金总量不足。随着互助会服务范围的不断扩大,成员资金需求量的不断增大,光靠成员自主集资难以充分满足富阳农业整体规模化、产业化发展需要。互助会希望更好地为成员提供担保贷款业务,拓展新的融资渠道,解决资金难问题。

(2)经营成本高。互助会因其经营性质,贷款利率普遍低于同期银行利率,资金总量有限,造成其经营成本一直居高不下,互助会如果想长期健康地生存下去,为富阳区广大农户提供优质可靠的金融信贷服务,就需要有关部门能够给予相应的支持。

（3）经营网点不足。互助会目前的经营场所还只有新登镇新兴西路1个点，但互助会的会员遍及富阳全区各个乡镇，除了新登镇的农户，其他乡镇的农户贷款都受到交通不便的影响，同时也影响到了互助资金的及时发放，互助会经营网点不足将随着互助会业务的不断扩展日趋严重，希望有关部门能够给予相应的政策帮助和支持。

附录1:

中华人民共和国农民专业合作社法

(第十届全国人民代表大会常务委员会第二十四次会议通过)

第一章 总 则

第一条 为了支持、引导农民专业合作社的发展,规范农民专业合作社的组织和行为,保护农民专业合作社及其成员的合法权益,促进农业和农村经济的发展,制定本法。

第二条 农民专业合作社是在农村家庭承包经营基础上,同类农产品的生产经营者或者同类农业生产经营服务的提供者、利用者,自愿联合、民主管理的互助性经济组织。

农民专业合作社以其成员为主要服务对象,提供农业生产资料的购买,农产品的销售、加工、运输、贮藏以及与农业生产经营有关的技术、信息等服务。

第三条 农民专业合作社应当遵循下列原则:

(一)成员以农民为主体;

(二)以服务成员为宗旨,谋求全体成员的共同利益;

(三)入社自愿、退社自由;

(四)成员地位平等,实行民主管理;

(五)盈余主要按照成员与农民专业合作社的交易量(额)比例返还。

第四条 农民专业合作社依照本法登记,取得法人资格。

农民专业合作社对由成员出资、公积金、国家财政直接补助、他人捐赠以及合法取得的其他资产所形成的财产,享有占有、使用和处分的权利,并以上述财产对债务承担责任。

第五条　农民专业合作社成员以其账户内记载的出资额和公积金份额为限对农民专业合作社承担责任。

第六条　国家保护农民专业合作社及其成员的合法权益,任何单位和个人不得侵犯。

第七条　农民专业合作社从事生产经营活动,应当遵守法律、行政法规,遵守社会公德、商业道德,诚实守信。

第八条　国家通过财政支持、税收优惠和金融、科技、人才的扶持以及产业政策引导等措施,促进农民专业合作社的发展。

国家鼓励和支持社会各方面力量为农民专业合作社提供服务。

第九条　县级以上各级人民政府应当组织农业行政主管部门和其他有关部门及有关组织,依照本法规定,依据各自职责,对农民专业合作社的建设和发展给予指导、扶持和服务。

第二章　设立和登记

第十条　设立农民专业合作社,应当具备下列条件:

(一)有五名以上符合本法第十四条、第十五条规定的成员;

(二)有符合本法规定的章程;

(三)有符合本法规定的组织机构;

(四)有符合法律、行政法规规定的名称和章程确定的住所;

(五)有符合章程规定的成员出资。

第十一条　设立农民专业合作社应当召开由全体设立人参加的设立大会。设立时自愿成为该社成员的人为设立人。

设立大会行使下列职权:

(一)通过本社章程,章程应当由全体设立人一致通过;

(二)选举产生理事长、理事、执行监事或者监事会成员;

(三)审议其他重大事项。

第十二条　农民专业合作社章程应当载明下列事项:

(一)名称和住所;

(二)业务范围;

(三)成员资格及入社、退社和除名;

(四)成员的权利和义务;

(五)组织机构及其产生办法、职权、任期、议事规则;

(六)成员的出资方式、出资额;

(七)财务管理和盈余分配、亏损处理;

（八）章程修改程序；

（九）解散事由和清算办法；

（十）公告事项及发布方式；

（十一）需要规定的其他事项。

第十三条　设立农民专业合作社，应当向工商行政管理部门提交下列文件，申请设立登记：

（一）登记申请书；

（二）全体设立人签名、盖章的设立大会纪要；

（三）全体设立人签名、盖章的章程；

（四）法定代表人、理事的任职文件及身份证明；

（五）出资成员签名、盖章的出资清单；

（六）住所使用证明；

（七）法律、行政法规规定的其他文件。

登记机关应当自受理登记申请之日起二十日内办理完毕，向符合登记条件的申请者颁发营业执照。

农民专业合作社法定登记事项变更的，应当申请变更登记。

农民专业合作社登记办法由国务院规定。办理登记不得收取费用。

第三章　成　员

第十四条　具有民事行为能力的公民，以及从事与农民专业合作社业务直接有关的生产经营活动的企业、事业单位或者社会团体，能够利用农民专业合作社提供的服务，承认并遵守农民专业合作社章程，履行章程规定的入社手续的，可以成为农民专业合作社的成员。但是，具有管理公共事务职能的单位不得加入农民专业合作社。

农民专业合作社应当置备成员名册，并报登记机关。

第十五条　农民专业合作社的成员中，农民至少应当占成员总数的百分之八十。

成员总数二十人以下的，可以有一个企业、事业单位或者社会团体成员；成员总数超过二十人的，企业、事业单位和社会团体成员不得超过成员总数的百分之五。

第十六条　农民专业合作社成员享有下列权利：

（一）参加成员大会，并享有表决权、选举权和被选举权，按照章程规定对本社实行民主管理；

（二）利用本社提供的服务和生产经营设施；

（三）按照章程规定或者成员大会决议分享盈余；

（四）查阅本社的章程、成员名册、成员大会或者成员代表大会记录、理事会会议决议、监事会会议决议、财务会计报告和会计账簿；

（五）章程规定的其他权利。

第十七条　农民专业合作社成员大会选举和表决，实行一人一票制，成员各享有一票的基本表决权。

出资额或者与本社交易量（额）较大的成员按照章程规定，可以享有附加表决权。本社的附加表决权总票数，不得超过本社成员基本表决权总票数的百分之二十。享有附加表决权的成员及其享有的附加表决权数，应当在每次成员大会召开时告知出席会议的成员。

章程可以限制附加表决权行使的范围。

第十八条　农民专业合作社成员承担下列义务：

（一）执行成员大会、成员代表大会和理事会的决议；

（二）按照章程规定向本社出资；

（三）按照章程规定与本社进行交易；

（四）按照章程规定承担亏损；

（五）章程规定的其他义务。

第十九条　农民专业合作社成员要求退社的，应当在财务年度终了的三个月前向理事长或者理事会提出；其中，企业、事业单位或者社会团体成员退社，应当在财务年度终了的六个月前提出；章程另有规定的，从其规定。退社成员的成员资格自财务年度终了时终止。

第二十条　成员在其资格终止前与农民专业合作社已订立的合同，应当继续履行；章程另有规定或者与本社另有约定的除外。

第二十一条　成员资格终止的，农民专业合作社应当按照章程规定的方式和期限，退还记载在该成员账户内的出资额和公积金份额；对成员资格终止前的可分配盈余，依照本法第三十七条第二款的规定向其返还。

资格终止的成员应当按照章程规定分摊资格终止前本社的亏损及债务。

第四章　组织机构

第二十二条　农民专业合作社成员大会由全体成员组成，是本社的权力机构，行使下列职权：

（一）修改章程；

（二）选举和罢免理事长、理事、执行监事或者监事会成员；

（三）决定重大财产处置、对外投资、对外担保和生产经营活动中的其他重大事项；

（四）批准年度业务报告、盈余分配方案、亏损处理方案；

（五）对合并、分立、解散、清算作出决议；

（六）决定聘用经营管理人员和专业技术人员的数量、资格和任期；

（七）听取理事长或者理事会关于成员变动情况的报告；

（八）章程规定的其他职权。

第二十三条　农民专业合作社召开成员大会，出席人数应当达到成员总数三分之二以上。

成员大会选举或者作出决议，应当由本社成员表决权总数过半数通过；作出修改章程或者合并、分立、解散的决议应当由本社成员表决权总数的三分之二以上通过。章程对表决权数有较高规定的，从其规定。

第二十四条　农民专业合作社成员大会每年至少召开一次，会议的召集由章程规定。有下列情形之一的，应当在二十日内召开临时成员大会：

（一）百分之三十以上的成员提议；

（二）执行监事或者监事会提议；

（三）章程规定的其他情形。

第二十五条　农民专业合作社成员超过一百五十人的，可以按照章程规定设立成员代表大会。成员代表大会按照章程规定可以行使成员大会的部分或者全部职权。

第二十六条　农民专业合作社设理事长一名，可以设理事会。理事长为本社的法定代表人。

农民专业合作社可以设执行监事或者监事会。理事长、理事、经理和财务会计人员不得兼任监事。

理事长、理事、执行监事或者监事会成员，由成员大会从本社成员中选举产生，依照本法和章程的规定行使职权，对成员大会负责。

理事会会议、监事会会议的表决，实行一人一票。

第二十七条　农民专业合作社的成员大会、理事会、监事会，应当将所议事项的决定做成会议记录，出席会议的成员、理事、监事应当在会议记录上签名。

第二十八条　农民专业合作社的理事长或者理事会可以按照成员大会的决定聘任经理和财务会计人员，理事长或者理事可以兼任经理。经理按照章程规定或者理事会的决定，可以聘任其他人员。

经理按照章程规定和理事长或者理事会授权,负责具体生产经营活动。

第二十九条　农民专业合作社的理事长、理事和管理人员不得有下列行为:

(一)侵占、挪用或者私分本社资产;

(二)违反章程规定或者未经成员大会同意,将本社资金借贷给他人或者以本社资产为他人提供担保;

(三)接受他人与本社交易的佣金归为己有;

(四)从事损害本社经济利益的其他活动。

理事长、理事和管理人员违反前款规定所得的收入,应当归本社所有;给本社造成损失的,应当承担赔偿责任。

第三十条　农民专业合作社的理事长、理事、经理不得兼任业务性质相同的其他农民专业合作社的理事长、理事、监事、经理。

第三十一条　执行与农民专业合作社业务有关公务的人员,不得担任农民专业合作社的理事长、理事、监事、经理或者财务会计人员。

第五章　财务管理

第三十二条　国务院财政部门依照国家有关法律、行政法规,制定农民专业合作社财务会计制度。农民专业合作社应当按照国务院财政部门制定的财务会计制度进行会计核算。

第三十三条　农民专业合作社的理事长或者理事会应当按照章程规定,组织编制年度业务报告、盈余分配方案、亏损处理方案以及财务会计报告,于成员大会召开的十五日前,置备于办公地点,供成员查阅。

第三十四条　农民专业合作社与其成员的交易、与利用其提供的服务的非成员的交易,应当分别核算。

第三十五条　农民专业合作社可以按照章程规定或者成员大会决议从当年盈余中提取公积金。公积金用于弥补亏损、扩大生产经营或者转为成员出资。

每年提取的公积金按照章程规定量化为每个成员的份额。

第三十六条　农民专业合作社应当为每个成员设立成员账户,主要记载下列内容:

(一)该成员的出资额;

(二)量化为该成员的公积金份额;

(三)该成员与本社的交易量(额)。

第三十七条　在弥补亏损、提取公积金后的当年盈余,为农民专业合作社的可分配盈余。

可分配盈余按照下列规定返还或者分配给成员,具体分配办法按照章程规定或者经成员大会决议确定:

(一)按成员与本社的交易量(额)比例返还,返还总额不得低于可分配盈余的百分之六十;

(二)按前项规定返还后的剩余部分,以成员账户中记载的出资额和公积金份额,以及本社接受国家财政直接补助和他人捐赠形成的财产平均量化到成员的份额,按比例分配给本社成员。

第三十八条　设立执行监事或者监事会的农民专业合作社,由执行监事或者监事会负责对本社的财务进行内部审计,审计结果应当向成员大会报告。

成员大会也可以委托审计机构对本社的财务进行审计。

第六章　合并、分立、解散和清算

第三十九条　农民专业合作社合并,应当自合并决议作出之日起十日内通知债权人。合并各方的债权、债务应当由合并后存续或者新设的组织承继。

第四十条　农民专业合作社分立,其财产作相应的分割,并应当自分立决议作出之日起十日内通知债权人。分立前的债务由分立后的组织承担连带责任。但是,在分立前与债权人就债务清偿达成的书面协议另有约定的除外。

第四十一条　农民专业合作社因下列原因解散:

(一)章程规定的解散事由出现;

(二)成员大会决议解散;

(三)因合并或者分立需要解散;

(四)依法被吊销营业执照或者被撤销。

因前款第一项、第二项、第四项原因解散的,应当在解散事由出现之日起十五日内由成员大会推举成员组成清算组,开始解散清算。逾期不能组成清算组的,成员、债权人可以向人民法院申请指定成员组成清算组进行清算,人民法院应当受理该申请,并及时指定成员组成清算组进行清算。

第四十二条　清算组自成立之日起接管农民专业合作社,负责处理与清算有关未了结业务,清理财产和债权、债务,分配清偿债务后的剩余财产,代表农民专业合作社参与诉讼、仲裁或者其他法律程序,并在清算结束时办理注销登记。

第四十三条　清算组应当自成立之日起十日内通知农民专业合作社成员和债权人,并于六十日内在报纸上公告。债权人应当自接到通知之日起三十日内,未接到通知的自公告之日起四十五日内,向清算组申报债权。如果在规定期间内全部成员、债权人均已收到通知,免除清算组的公告义务。

债权人申报债权,应当说明债权的有关事项,并提供证明材料。清算组应当对债权进行登记。

在申报债权期间,清算组不得对债权人进行清偿。

第四十四条　农民专业合作社因本法第四十一条第一款的原因解散,或者人民法院受理破产申请时,不能办理成员退社手续。

第四十五条　清算组负责制定包括清偿农民专业合作社员工的工资及社会保险费用,清偿所欠税款和其他各项债务,以及分配剩余财产在内的清算方案,经成员大会通过或者申请人民法院确认后实施。

清算组发现农民专业合作社的财产不足以清偿债务的,应当依法向人民法院申请破产。

第四十六条　农民专业合作社接受国家财政直接补助形成的财产,在解散、破产清算时,不得作为可分配剩余资产分配给成员,处置办法由国务院规定。

第四十七条　清算组成员应当忠于职守,依法履行清算义务,因故意或者重大过失给农民专业合作社成员及债权人造成损失的,应当承担赔偿责任。

第四十八条　农民专业合作社破产适用企业破产法的有关规定。但是,破产财产在清偿破产费用和共益债务后,应当优先清偿破产前与农民成员已发生交易但尚未结清的款项。

第七章　扶持政策

第四十九条　国家支持发展农业和农村经济的建设项目,可以委托和安排有条件的有关农民专业合作社实施。

第五十条　中央和地方财政应当分别安排资金,支持农民专业合作社开展信息、培训、农产品质量标准与认证、农业生产基础设施建设、市场营销和技术推广等服务。对民族地区、边远地区和贫困地区的农民专业合作社和生产国家与社会急需的重要农产品的农民专业合作社给予优先扶持。

第五十一条　国家政策性金融机构应当采取多种形式,为农民专业合作社提供多渠道的资金支持。具体支持政策由国务院规定。

国家鼓励商业性金融机构采取多种形式,为农民专业合作社提供金融服务。

第五十二条　农民专业合作社享受国家规定的对农业生产、加工、流通、服务和其他涉农经济活动相应的税收优惠。

支持农民专业合作社发展的其他税收优惠政策,由国务院规定。

第八章 法律责任

第五十三条 侵占、挪用、截留、私分或者以其他方式侵犯农民专业合作社及其成员的合法财产，非法干预农民专业合作社及其成员的生产经营活动，向农民专业合作社及其成员摊派，强迫农民专业合作社及其成员接受有偿服务，造成农民专业合作社经济损失的，依法追究法律责任。

第五十四条 农民专业合作社向登记机关提供虚假登记材料或者采取其他欺诈手段取得登记的，由登记机关责令改正；情节严重的，撤销登记。

第五十五条 农民专业合作社在依法向有关主管部门提供的财务报告等材料中，作虚假记载或者隐瞒重要事实的，依法追究法律责任。

第九章 附 则

第五十六条 本法自 2007 年 7 月 1 日起施行。

附录 2：

农民合作社相关政策法规摘编

（2011—2016 年）

2011 年

中共中央国务院关于加快水利改革发展的决定

中发〔2011〕1 号

（二十五） 健全基层水利服务体系。建立健全职能明确、布局合理、队伍精干、服务到位的基层水利服务体系，全面提高基层水利服务能力。以乡镇或小流域为单元，健全基层水利服务机构，强化水资源管理、防汛抗旱、农田水利建设、水利科技推广等公益性职能，按规定核定人员编制，经费纳入县级财政预算。大力发展农民用水合作组织。

国家林业局关于组织开展创建农民林业专业合作社示范县活动的实施方案

林改发〔2011〕2 号

为了贯彻落实《中共中央 国务院关于全面推进集体林权制度改革的意见》（中发〔2008〕10 号）、《中共中央 国务院关于加大统筹城乡发展力度进一步夯实农业农村发展基础的若干意见》（中发〔2010〕1 号）、中央林业工作会议和全国集体林权制度改革百县经验交流会精神，推动集体林权制度改革全面深化发展，根据《农民专业合作社法》和《国家林业局关于促进农民林业专业合作社发展的指导意见》（林改发〔2009〕190 号），我局决定组织开展创建农民林业专业合作社示范县（含县级市、区、旗，以下简称示范县）活动。现制定如下实施方案。

一、重要意义

发展农民林业专业合作社，是坚持家庭承包经营、促进互助合作的重要形式，是推进适度规模经营、发展现代林业的重要抓手，是维护农民权益、促进农民增收的重要途径,是培育新型市场主体、发展市场经济的内在要求,是培育新型农民、推进社会主义新农村建设的主要载体。随着集体林权制度改革的全面推进,农民林业专业合作社在全国各地如雨后春笋般地涌现出来。目前,全国已成立各类涉林专业合作组织 6.4 万个,加入专业合作组织农户 1846 万户,经营林地 3.08 亿亩。其中,农民林业专业合作社 1.4 万个,入社农户 502 万户,经营林地 4670 万亩。这些农民林业专业合作社和其他林业专业合作组织涵盖了造林管护、种苗生产、物资采购、林道建设、科技服务和加工销售运输等业务,在组织农民、落实政策、对接市场方面发挥了积极的作用,有效地推动解决了农民经营林业所面临的技术缺乏、资金短缺、市场对接难等困难和问题。在全面深化集体林权制度改革的新阶段,推动农民林业专业合作社建设发展,具有十分重大的意义。

但是,全国农民林业专业合作社发展目前正处于起步阶段,与集体林权制度改革形势发展的需要相比尚有较大差距。组织开展创建示范县活动,有利于调动地方各地的积极性和主动性,促进各项优惠政策落到基层、落到实处,推动农民林业专业合作社建设发展,提高林业生产经营组织化程度。各级林业主管部门要高度重视,精心谋划,认真研究落实,抓紧抓实组织开展创建示范县活动工作。

二、指导思想、基本原则和总体目标

(一)指导思想

深入贯彻落实科学发展观,以家庭承包经营为基础,以农民自愿为前提,以促进农民增收、资源增长为目的,依托当地优势发展林业产业和特色产品,积极组织开展创建示范县工作,提高农民进入市场的组织化程度和参与市场竞争的能力,促进林业生产经营的专业化、规模化、集约化,带动各地农民林业专业合作社健康快速发展。

(二)基本原则

坚持家庭承包经营,维护农民合法权益。要始终坚持稳定农村土地承包经营制度,尊重农民意愿,维护农民各项合法权益,确保农民的知情权、参与权、决策权和监督权,坚持尊重农民的首创精神,鼓励农民大胆实践。

坚持市场引导,加大政府扶持。要以市场需求为导向,以利益共享为纽带,紧紧依托优势产业、特色产品来培育和发展专业合作社。切实加强政府的指导、支持和服务作用,加强典型示范,协调落实各项扶持政策。

坚持分类指导,突出重点示范。要因地制宜、分区施策,根据不同地区集体林权制度改革的进度和经济社会发展的水平,扶持发展各种农民林业专业合作社。重点指导扶持具有代表性的农民林业专业合作社,加强宣传,以点带面,促进农民林业专业合作社整体健康发展。

(三)总体目标

通过组织开展示范县创建活动,进一步探索扶持发展农民林业专业合作社的规律,理清发展思路,明确发展目标,创新体制机制,完善标准体系,优化发展环境,加快培育一批生态环境优、产业优势大、发展势头好、示范带动能力强的示范县和一批发展产业化、经营特色化、管理规范化、产品品牌化、服务标准化的示范社,推动集体林权制度改革全面深入发展,夯实集体林业可持续发展的基础。在"十二五"期间,培育扶持发展 200 个示范县和 2000 个示范社。

三、主要内容

创建示范县活动主要围绕组织建设和产业发展这两个目标开展。具体内容包括:一是促进农民林业专业合作社依法设立、规范运作,规范农民林业专业合作社依法登记,建立完善其章程和财务管理、会计核算、民主议事、质量管理等制度。二是鼓励农民林业专业合作社开展林产品商标注册、品牌创建、产品质量标准认证、森林可持续经营认证等活动,推广品类管理和供应链管理等现代管理技术。三是支持农民林业专业合作社的信息系统建设,加强商业实体与农民林业专业合作社之间业务流程的融合和信息系统的通联,提高市场反应能力。四是支持农民林业专业合作社承担林业工程建设项目和林业新品种、新技术推广项目等国家涉农项目。五是培训农民林业专业合作社成员,提高入社成员的整体素质。

四、工作要求

(一)选定示范县

创建示范县活动以县为单位选定示范县。示范县应该具备以下条件:一是基本完成明晰产权、承包到户的改革任务。二是领导重视,农民积极,农民林业专业合作社建设发展具有一定规模,产生的效果比较明显。三是认真贯彻执行《农民专业合作社法》,有关扶持政策落实到位。

示范县优先选择参加全国集体林权制度改革百县经验交流会的县。

(二)制定实施方案

申请为示范县的县级林业主管部门要组织制定实施方案,经同级人民政府批准后报送省级林业主管部门。实施方案要明确责任分工、确立年度目标、安排实施步骤和制定保障措施等。

（三）明确示范社

申请示范县的县要在全面了解本县农民林业专业合作社建设发展的基础上，明确本县重点扶持的农民林业专业合作示范社，并报送示范社的名称、规模、成员情况、运作模式、收益分配等基本情况。每个县的示范社原则上不超过 10 个。

示范社应该具备以下条件：一是主要从事林木种苗与花卉生产、植树造林、森林管护、森林采伐、林下种植、林间养殖、野生动物驯养繁殖、生态旅游等林业生产经营。二是依法注册登记 1 年以上。三是成员达到 100 名以上。四是建立规范的财务管理、收益分配、民主议事、质量监管等制度。五是较好地为成员提供市场信息、业务培训、技术服务、产品营销等服务。六是具有核心职能或者主打品牌，具有较好的市场前景，能够发挥良好的示范带动作用。

（四）报送方案材料

省级林业主管部门对示范县的实施方案和有关材料进行汇总，初步审定，于 2011 年 2 月 28 日前上报我局，由我局组织审核并行文予以确认。

五、保障措施

（一）加强组织领导

各级林业主管部门要高度重视，明确分工，落实责任，密切沟通，加强协调，当好本级党委政府的参谋助手，通过高位推动，切实抓好创建示范县工作的组织领导。要积极争取发展改革、财政、农业、税务、工商、商务、金融、供销等有关部门的大力支持，抓紧落实财政支持、税收优惠、金融服务、科技服务、产业扶持等优惠政策，出台配套措施，形成扶持发展农民专业合作社的合力。要充分发挥林业改革发展机构和林业工作站的作用，做好政策咨询、业务指导、宣传培训等工作。

（二）抓好宣传交流

加强与示范县和新闻媒体的联系，大力宣传创建农民林业专业示范县活动的重要意义、法律法规和国家政策。加强信息交流，及时掌握了解创建示范县活动进展情况，向我局每年书面报告进展情况。

（三）加大监督激励

推动落实资金扶持，加强对扶持发展资金使用的监督管理。经考核验收后，由我局对示范县以适当方式予以确认。

农业部关于做好 2011 年农业农村经济工作的意见

农发〔2011〕1 号

3.促进大力改善农村金融服务。……支持大力发展小额信贷,扩大农村青年创业小额贷款业务,积极开展农村信用合作。

19.大力发展农业机械化。……大力开展跨区作业和农航作业,继续发展农机专业合作社。完善农机购置补贴管理办法,加大监管力度。积极推动实施农业机械化推进工程,改善农机化技术推广、教育培训、安全监理、质量监督和信息宣传等农机化公共服务机构条件,支持农民专业合作社、农机大户购置大型农机,建设机库棚和维修点,扶持农机合作社等服务组织发展,开展农机以旧换新试点。

33.大力培养新型农民。强化农民职业培训,提高农民务农技能,以种养大户、农机手、农民专业合作社、农产品经纪人、农业产业化龙头企业等经营主体为重点,培养适应现代农业发展需要的新型农业生产经营主体。

35.积极发展农民专业合作社。全面推进示范社建设行动,稳步开展农民专业合作社信用合作试点工作,鼓励大学生村官参与、领办创办专业合作社。建立健全农民专业合作社辅导员队伍。扶持引导农民专业合作社发展,推动完善注册登记、税务管理等办法,将农民专业合作社出资兴办的加工、营销等实体纳入享受优惠政策范围。

农业部办公厅关于做好"十二五"农业利用国外贷赠款工作的意见

农办计〔2011〕2 号

三、努力推动重点领域工作创新发展

(四)推进现代农业示范区建设。支持示范区壮大主导产业,突出主导产品,因地制宜地改善生产条件,积极推进示范区发展方式转变和农业经营制度创新,发挥广大农民、合作社、涉农企业的主体作用,达到试验示范、引领发展的目的。

农民专业合作社辅导员工作规程

农经发〔2011〕1 号

第一章　总　则

第一条　为贯彻落实《中华人民共和国农民专业合作社法》,促进农民专业合作社辅导员工作规范化,建设高素质的农民专业合作社辅导员队伍,制定本规程。

第二条　农民专业合作社辅导员是经农业行政主管(农村经营管理)部门指定或聘任,专职或兼职对农民专业合作社建设与发展给予业务指导、政策咨询、财务会计辅导和服务的人员。农民专业合作社辅导员主要由下列人员组成:

(一)农业行政主管(农村经营管理)部门中从事农民专业合作社业务和技术指导工作的专职工作人员;(二)从事农民专业合作社领域研究的专家和学者;(三)有关部门及有关组织中从事与农民专业合作社业务相关工作的人员;(四)到农村任职的高校毕业生;(五)其他为农民专业合作社提供服务的相关人员。

第三条　农业部农村合作经济经营管理总站是农民专业合作社辅导员工作的主管机构,负责农民专业合作社辅导员业务指导、队伍体系建设、信息宣传及其他相关工作。

第四条　各省级农业行政主管(农村经营管理)部门负责本辖区内农民专业合作社辅导员的指定、聘任、考核、培训、信息报送等相关工作。

第二章　配备与组织机构

第五条　县级以上各级农业行政主管(农村经营管理)部门应当根据本辖区内农民专业合作社发展情况适当配备农民专业合作社专职辅导员。农民专业合作社专职辅导员队伍应当保持相对稳定,如有调整应妥善做好交接工作,确保对农民专业合作社指导服务的连续性。

第六条　有条件的地区可以成立农民专业合作社辅导服务专门机构,承担农民专业合作社建设与发展的辅导服务、综合协调、政策咨询、培训等工作。农民专业合作社辅导服务专门机构接受同级农业行政主管部门的领导和上级农村经营管理部门的业务指导和监督。

第三章　条件与工作职责

第七条　农民专业合作社辅导员应当具备下列条件:

（一）坚决执行党的基本路线和各项方针、政策，能够准确理解、把握和宣传党和国家的农村政策及农民专业合作社相关法律法规政策；（二）具有履行职责所需的合作经济理论知识和实践经验，熟悉农民专业合作社运行规律；（三）具备一定的语言表达、文字写作和组织协调能力，能开拓性地完成本职工作；（四）具备一定的计算机应用能力；（五）具备一定的农民专业合作社财务会计知识；（六）行为规范，忠于职守，尽职尽责，遵纪守法，爱岗敬业，公道正派，廉洁自律。

第八条　农民专业合作社辅导员应当遵循"引导不强迫、支持不包办、服务不干预"的原则，履行下列工作职责：

（一）宣传农民专业合作社相关法律、法规和政策；（二）指导农民专业合作社发起筹备和设立工作，协助指导农民专业合作社明确业务范围，编写农民专业合作社成员名册；（三）协助指导农民专业合作社起草章程，设立组织机构，召开设立大会；（四）为农民专业合作社申请工商登记提供咨询服务；（五）指导农民专业合作社根据生产发展需要确定经营服务内容，设立必要的工作机构，选配工作人员，制订工作计划；（六）指导农民专业合作社开展规范化建设，帮助建立健全民主管理制度、财务管理制度、收益分配制度、岗位责任制度等内部管理制度；（七）辅导农民专业合作社财务会计工作、成员账户设置和年度会计报表汇总上报工作；（八）指导农民专业合作社加强农产品质量安全监管，实行标准化生产，规范生产档案记录，推行农产品产地编码制度，建立农产品质量安全追溯和自律性检验检测制度，帮助农民专业合作社申报无公害农产品、绿色食品、有机食品和地理标志等认证认定；（九）指导农民专业合作社开拓产品市场，提高市场谈判和营销能力，开展品牌化经营，注册商标，组织农民专业合作社参加名牌产品和著名商标评比认定，推荐农民专业合作社参加宣传推介活动，指导农民专业合作社运用互联网进行产品展示及发布供求信息；（十）协助指导农民专业合作社申报承担国家有关涉农项目，制定项目实施方案，根据有关授权加强对项目资金使用的监督；（十一）做好对农民专业合作社日常运行情况的监测分析工作，及时上报统计信息；（十二）总结上报农民专业合作社的典型案例和成功经验；（十三）参加农业行政主管（农村经营管理）部门举办的业务培训；（十四）完成农业行政主管（农村经营管理）部门交办的其他工作任务。

第九条　农民专业合作社辅导员应当利用组织培训和上门指导相结合的工作方式为农民专业合作社提供服务。农民专业合作社辅导员应当根据农业生产经营活动规律合理安排培训时间，每半年至少组织一次农民专业合作社理事长或成员培训,形成培训工作笔记;每季度对农民专业合作社上门指导服务不得少于三次。

第十条　农民专业合作社辅导员应当遵守工作纪律,恪守职业道德,不得有下列行为:

(一)违反法定程序、超越权限行使职权;(二)利用职权向农民专业合作社索取财物,为自己或者他人谋取利益;(三)玩忽职守,不履行工作职责;(四)泄露国家秘密、工作秘密或者农民专业合作社商业秘密;(五)直接或间接承包农民专业合作社工程或向其推销物品;(六)其他违反法律法规的行为。

第四章　选聘、培训与考核

第十一条　各省级农业行政主管(农村经营管理)部门应当根据本辖区农民专业合作社发展情况,合理确定选聘农民专业合作社辅导员的总体规模和年度计划,依据本办法细化选聘办法和选聘条件。

第十二条　各省级农业行政主管(农村经营管理)部门应当制定农民专业合作社辅导员培训规划,建立健全农民专业合作社辅导员岗位培训制度,制定年度培训计划,每年至少举办一期岗位培训班。各省级农业行政主管(农村经营管理)部门应当在农民专业合作社辅导员任职前,安排任前培训。参加培训情况作为农民专业合作社辅导员考核、推优的依据。

农民专业合作社辅导员培训内容应当突出特色,针对职责特点,坚持以党的路线方针政策、涉农法律法规、农民专业合作社经营管理、财务会计、市场营销、合同谈判技巧与管理、合作金融、合作保险、农产品质量安全、农民专业合作社文化、调研方法与写作等知识为重点,着力提高农民专业合作社辅导员业务素质和能力。

第十三条　各省级农业行政主管(农村经营管理)部门应当建立农民专业合作社辅导员考核制度,考核内容主要包括农民专业合作社辅导员联系的农民专业合作社数量、辅导服务工作质量等方面。每年由接受辅导服务的农民专业合作社对农民专业合作社辅导员的工作情况进行信任度测评,考核结果作为对农民专业合作社辅导员动态管理的重要参考。

第十四条　农民专业合作社辅导员不按规定行使职责,对农民专业合作社生产经营造成不良影响,经批评教育仍不改正的,由省级农业行政主管(农村经营管理)部门撤销其农民专业合作社辅导员资格。

第五章　支持措施

第十五条　各省级农业行政主管(农村经营管理)部门负责指导本辖区内农民专业合作社辅导员工作,及时解决工作中出现的困难和问题,创新工作机制,确保农民专业合作社辅导员制度发挥作用。

第十六条　各省级农业行政主管(农村经营管理)部门应当建立农民专业合作社辅导员电子档案,记录农民专业合作社辅导员基本信息、工作业绩、考核奖励等情况。

第十七条　各省级农业行政主管(农村经营管理)部门可以根据有关规定建立农民专业合作社辅导员奖励制度,定期组织开展本辖区内农民专业合作社辅导员推优活动,对工作业绩突出的农民专业合作社辅导员进行表扬。

第十八条　农业部农村合作经济经营管理总站负责加强与中央、部属及其他媒体的合作,采取多种形式,宣传报道各地优秀农民专业合作社辅导员的先进事迹。

第十九条　农业部农村合作经济经营管理总站每年安排一定的资金,开展对农民专业合作社辅导员的培训,组织相关业务交流与考察活动,提高农民专业合作社辅导员业务工作水平。

第二十条　农业部农村合作经济经营管理总站负责设计农民专业合作社辅导员证书式样,各省级农业行政主管(农村经营管理)部门负责统一印制颁发。

第六章　附　则

第二十一条　各地可根据本规程制定具体的工作细则。

第二十二条　本规程由农业部农村合作经济经营管理总站负责解释。

第二十三条　本规程自发布之日起施行。

商务部农业部关于全面推进农超对接工作的指导意见

商建发〔2011〕43 号

三、主要任务

(一)搭建对接平台,畅通农超对接渠道。组织开展各种农超对接推广活动,采取洽谈会、展销会等多种形式,创造供需双方见面与沟通的机会,使更多的超市和农民专业合作社参与农超对接。加强农超对接信息化建设,着力提高农超对接信息服务系统的录入率和利用率,定期发布各种农产品供求信息。同时,鼓励连锁经营企业和农民专业合作社通过农超对接服务系统实时发布供求信息,逐步开展网上签约和交易试点,发展农产品电子商务。

(二)培育对接主体,提升农超对接水平。加强对连锁经营企业的培训和指导,帮助其建立现代经营管理制度,扩大经营规模,提高配送能力。鼓励大型超市设置合作社产品专卖区,扩大农超对接规模,增加农超对接的产品品种和数量。加强对农民专业合作社的指导和扶持,通过深入开展农民专业合作社示范社建设行动,引导合作社着力完善内部管理制度,不断提升带动农户的能力,打牢推进农超对接的基础。鼓励同类农产品合作社在自愿的基础上开展联合与合作,充分发挥集聚效应,形成规模效益,提高均衡供应超市农产品的能力。开设农超对接培训班,为超市采购人员提供农业生产技术、产品甄选、保鲜运输等方面的专业知识培训;定期开展农民专业合作社成员培训,帮助农民专业合作社熟悉市场信息和超市营销策略,推动农超对接上水平。

(三)加强指导监督,规范农超对接行为。降低合作社鲜活农产品进入超市的门槛,稳定对接关系。严格落实商务部、发展改革委、公安部、税务总局、工商局联合下发的《零售商供应商公平交易管理办法》(商务部令 2006 年第 17 号),严禁超市向合作社收取进场费、赞助费、摊位费、条码费等不合理费用,严禁任意拖欠货款。鼓励超市采取日结的方式收购蔬菜等生鲜农产品,尽量缩短账期。鼓励对接双方签订长期对接合同,建立长期、稳定、紧密的对接关系,提高合同契约意识和诚信意识。

推进农产品标准化生产和流通。大力支持农民专业合作社率先实施标准化生产,加强安全生产记录管理,依据农产品流通相关标准,对农产品进行分级、包装、加贴标识,创建品牌,实现合作社产品质量可追溯。要继续支持符合条件的农民专业合作社开展蔬菜园艺作物标准园、畜禽养殖标准化扶持项目、水产健康养殖示范场创建。指导农民专业合作社根据超市的需求,实行统一采购种苗、统一采购和使用农资、统一记载田间档案、统一采收产品、统一检测农残。组织超市和连锁企业加强对农民专业合作社生产的指导和服务。

农业部办公厅关于 2011 年农村经营管理工作要点

农办经〔2011〕3 号

12. 健全政策支持体系。推动完善农民专业合作社工商登记、税务登记与管理等办法,配合有关部门研究制定支持合作社出资兴办加工、营销等实体及支持大学生村官参与、领创办合作社的优惠政策。鼓励同业合作社在自愿的基础上开展联合与合作,做大做强一批示范社。引导和支持合作社在成员内部开展信用合作。支持符合条件的合作社更多地承担蔬菜园艺作物标准园、畜禽规模化养殖场(小区)、水产健康养殖示范场等国家涉农项目。研究制定合作社"三品一标"认证费用减免相关政策。

13. 推动合作社规范化建设。在深入开展农民专业合作社示范社建设行动的基础上,制定指导农民专业合作社财务管理规范化的文件,按照农民专业合作社辅导员工作规程要求,进一步完善辅导员工作规章制度,提高指导合作社规范化管理水平。开展农民专业合作社信息化试点,着力加强信息人才队伍建设,打造合作社服务网络平台,以信息化推动合作社规范化建设。

14. 强化对合作社的产销服务。大力开展"农超对接"等对接活动,促进合作社与各类市场主体实现产(供)销衔接。采取多种形式举办合作社产品展示展销活动,支持合作社产品直供城市社区,拓宽合作社产品营销渠道。支持合作社率先开展标准化生产,健全成员档案,实施安全生产记录管理,实现合作社产品质量可追溯。引导合作社树立精品、诚信意识,提高品牌化经营水平。

15. 做好合作社人才培养和宣传工作。实施现代农业人才支撑计划,培养1500名农民专业合作社带头人。继续把农民专业合作社人才培训纳入"阳光工程",重点培训合作社带头人、财会人员和基层合作社辅导员。支持和鼓励农村青年领创办合作社。在全国认定一批农民专业合作社人才培养实训基地。充分利用各种宣传途径,以及"合作社法律宣传日"的有利时机,加大宣传力度,营造支持合作社建设与发展的良好社会氛围。

17. 稳步推进农业产业化示范区建设。研究制定建立农业产业化示范区实施意见和国家农业产业化示范区管理办法,认定第一批国家农业产业化示范区,指导各地开展农业产业化示范区工作,重点开展龙头企业集群培育壮大主导产业示范、促进高标准生产基地建设示范、联结合作社提升辐射带动力示范、提升科技创新与推广能力示范、发展现代物流产业完善农产品市场功能示范、农产品品牌培育建设示范,集成利用资源要素,促进龙头企业集群发展。

18. 逐步完善利益联结机制。继续开展"龙头企业＋中介服务组织＋农户"试点工作,总结推广试点经验。鼓励和支持龙头企业领办创办农民专业合作社,推进龙头企业与农民专业合作社深度融合。大力发展订单农业,规范合同内容,探索建立订单可追溯制度。支持龙头企业为农户提供种养技术、市场信息、生产资料和产品销售等系列化服务,鼓励龙头企业通过保护价和加价收购农产品、利润返还、股份分红等多种方式,与农户建立紧密型利益联结关系,让农民共享农业产业化发展成果。

20. 大力发展一村一品。深入推进一村一品强村富民工程,加快专业示范村镇建设。研究支持一村一品发展的政策措施,制定全国一村一品专业示范村镇认定管理办法,认定一村一品专业示范村镇,带动一批主导产业突出、特色优势明显、产品附加值高、农民增收效果显著的专业村镇。积极推动专业村镇与龙头企业、农民专业合作社有效对接,提高农业生产经营组织化水平。

农业部办公厅关于进一步加强农民专业合作社财务管理工作的意见

农办经〔2011〕16 号

农民专业合作社(以下简称"合作社")是新时期提高农业组织化程度、创新农业经营体制机制的重要载体。财务管理作为合作社规范化建设的核心内容,对保证合作社健康发展至关重要。近年来,各地深入开展合作社示范社建设行动,在加强合作社财务管理方面下了很大气力,取得了积极成效,但是仍有一些合作社的财务管理存在着不记账或只记"流水账"、不编制会计报表、不设置成员账户等问题,一定程度上制约了合作社的健康规范发展。为进一步加强合作社财务管理工作,推动合作社示范社建设行动深入开展,现提出如下意见。

一、充分认识做好财务管理工作对促进合作社健康发展的重要性

(一)做好财务管理工作是推进合作社示范社建设的重要保障。开展合作社示范社建设行动,是树立可学可比典型、发挥示范引路作用,引导合作社完善运行机制,促进合作社规范发展的有效措施。合作社示范社的重要标志是财产关系和分配关系明确,对成员服务的责任切实得到落实。这就要求合作社必须做好财务管理工作,组织好各项资金活动,处理好各种财务关系,准确记录和反映生产运营状况和财务运行情况,准确计算和分析成员权益变动和年终盈余分配,为内部管理更加规范、质量提升更加明显奠定坚实基础。

(二)做好财务管理工作是维护合作社成员物质利益的根本措施。切实维护成员权益是合作社义不容辞的责任,经济上要维护成员的物质利益,政治上要维护成员的民主权利。物质利益主要体现在成员入社出资,以及合作社在生产经营中形成的权益要按相应标准量化到每一位成员,完整准确记载到成员账户中,并在成员退社时进行返还;合作社每年的期末可分配盈余要按法律规定返还或者分配给成员。通过健全完善的财务管理工作,准确全面地记录、反映和兑现成员应享有的权益和应分配的盈余,就是对合作社成员物质利益最有力的维护。

(三)做好财务管理工作是巩固扶持合作社发展大好环境的必然要求。中央明确提出允许有条件的合作社承担国家涉农项目,农业部等七部委联合下发了《关于支持有条件的农民专业合作社承担国家有关涉农项目的意见》(农经发〔2010〕6号),国家对合作社的项目资金扶持力度正逐渐加大,有关合作社税收、金融、信贷、保险等方面的扶持政策也在陆续出台。切实管好用好财政扶持资金,全面贯彻落实各项扶持政策,必须以健全完善的财务管理为基础,这样既有利于促进合作社更好更快地发展,也有利于继续巩固扶持合作社发展的大好环境。

二、切实做好合作社财务管理工作

(一)健全财务管理制度。全面贯彻落实《农民专业合作社财务会计制度(试行)》(财会〔2007〕15号,以下简称"财会制度"),切实建立健全合作社财务管理的各项制度,做到有章理事,依规办事。制度建设要兼顾政策性、实用性和操作性,认真做好合作社财务收入管理、财务开支审批、财务预决算、资金管理岗位责任和财务公开等方面的制度建设,确保合作社的资金安全;认真做好合作社资产保管、资产台账登记、资产评估和资产经营等方面的制度建设,确保合作社的资产安全;认真做好合作社货币资金、采购、销售和投融资等业务的内部控制制度建设,确保合作社会计信息的准确和经营效率的高效;认真做好合作社财产清查制度建设,定期对合作社的财产进行全面清查,及时发现和纠正财务管理过程中出现的漏洞。

(二)夯实财务管理基础。合作社要按照《会计基础工作规范》等基本要求,设立会计机构、配备会计人员、设置会计账簿、制定财务流程,为规范合作社的财务管理工作奠定基础。会计机构及岗位的设置应匹配会计业务需要,不具备单独设置条件的,可采取外聘兼职、委托代理等方式。会计人员要具备专业知识和从业资质,遵守职业道德,掌握财会制度,地市级以上合作社示范社的会计人员必须持证上岗。合作社要根据财会制度的规定和会计工作的需要,设置总账、明细账、日记账等各类账簿,连续、系统、全面、完整地反映和登记各项经济业务,杜绝"流水账"等现象的存在。合作社要制定统一的财务工作流程,符合财经法规要求及章程规定,特别要针对财务收支审批、重大项目建设、大额举债和投融资等经济活动,建立详细的工作流程。

(三)规范盈余分配制度。合作社要按照《农民专业合作社法》的规定,为每个成员分别建立成员账户,及时记录成员的权益变动和交易情况,年度终了在成员账户上,统一计算分配应量化给每个成员的公积金份额,统一计算调整因成员数量变动导致的专项基金增减,统一计算提取应向成员返还的盈余数额。合作社要按照财会制度和章程的规定,制定盈余分配方案,规范盈余分配顺序,确保盈余分配合理。在确定盈余分配比例时,要保证按交易量(额)比例向成员返还的盈余总额不得低于可分配盈余的60%。合作社要建立盈余支付机制,将提取的盈余及时、全额支付给成员,坚决杜绝虚提盈余、不及时不足额甚至不向成员支付等现象的发生。

(四)完善会计报表编制和报送制度。合作社要按照财会制度的规定,准确、及时、完整地编制资产负债表、盈余及盈余分配表、成员权益变动表、科目余额表、收支明细表等会计报表和财务状况说明书等,详实地反映合作社当期财务状况和经营成果。合作社要努力提高会计报表的编制水平,报表要满足表内和表间的勾稽关系。合作社要主动将编制好的会计报表及时报送给登记机关和所在地的农村经营管理部门。省级合作社示范社要按照统一规定,将会计报表逐级汇总上报农业部。

三、加强领导,密切配合,加大对合作社财务管理工作的指导和监督

(一)强化组织领导,加强沟通协调。财务管理是合作社规范发展的基础和核心,更是推进示范社建设的必然要求。各级农业部门务必高度重视,把财务管理摆在合作社规范化建设的突出位置上来抓,明确具体工作部门、人员和责任,狠抓各项工作措施的落实。要建立沟通协调机制,从服务合作社发展的大局出发,加强部门内部相关处(室、站)之间的紧密配合,积极争取纪检、财政、税务、工商等部门的配合和支持,合力推动解决合作社财务管理工作中遇到的各种新情况、新问题。

(二)切实加大对合作社财务管理工作的指导力度。各地要结合实际加大对合作社财会人员的培训力度,认真贯彻《财政部农业部关于认真贯彻实施〈农民专业合作社财务会计制度(试行)〉的通知》(财会〔2008〕9号)的规定,落实培训经费,扩大培训范围,确保培训常态化,全面提高合作社财会人员的素质和能力。要推动完善合作社财务管理和税收政策的衔接,解决合作社报税难、领取和使用发票难等问题。要全面规范合作社的各类表格、账簿和票据,特别是抓紧对科目余额表和收支明细表的格式及编制说明作出明确规定,有条件的地方应对会计账簿、凭证、往来票据、合同等格式制定统一规范。

(三)加强对合作社财务管理工作的监督。建立健全合作社会计报表报送制度,定期汇总分析相关会计信息,全面掌握和监测合作社的财务状况及经营情况。组织做好合作社审计工作,明确审计重点,特别是对财政扶持项目资金要进行重点审计,并将审计结果向合作社成员和相关部门公示。完善扶持项

目申报审批程序,将财务管理水平和规范程度作为是否列入项目扶持对象的重要衡量指标。研究制定违反财经纪律责任追究制度,特别是对私分乱用财政扶持资金、侵占挪用集体资产等行为进行严肃查处。

(四)积极做好总结宣传表彰工作。各级农业部门要积极发现和总结在规范合作社财务管理方面的好经验和好做法,及时通过电视、广播、网络、报刊、简报等形式广泛宣传报道,树立先进典型,加强舆论引导。要探索创新表彰激励机制,对于财务管理规范的合作社给予表彰奖励。

国务院办公厅关于促进物流业健康发展政策措施的意见

国办发〔2011〕38 号

八、优先发展农产品物流业

……大力发展"农超对接"、"农校对接"、"农企对接"等产地到销地的直接配送方式,支持发展农民专业合作组织,加强主产区大型农产品集散中心建设,促进大型连锁超市、学校、酒店、大企业等最终用户与农民专业合作社、生产基地建立长期稳定的产销关系。

全国农业和农村经济发展第十二个五年规划

农计发〔2011〕9 号

第三章 明确任务,推动发展新跨越

六、完善和创新农业农村发展体制机制

(二)发展多种形式适度规模经营。……支持专业种养大户、家庭农(牧)场、农民专业合作社、农业产业化龙头企业等经营主体,发展多种形式的适度规模经营。实施一村一品强村富民工程,促进资金、技术、人才等优质资源聚集,培育一大批规模优势和产业特色明显的专业户、专业村。

(三)大力发展农民专业合作社。广泛开展示范社建设行动,加强合作社辅导员队伍建设。深入开展"农超对接",鼓励农民专业合作社与学校、酒店、大企业等最终用户实现产销衔接,支持农民专业合作社参加国内外农产品展示展销活动。鼓励农民专业合作社开展信用合作,推动合作社之间联合与合作,提高生产经营水平和市场开拓能力。扶持合作社建设农产品仓储、冷藏、

初加工等设施。

（四）提升农业产业化发展质量。……大力推广"龙头企业＋合作社＋农户"等组织模式,支持农户、合作社以资金、技术、劳动等要素入股龙头企业,形成产权联合等多种形式的紧密型利益关系,增强带动农户的能力。

农业科技发展"十二五"规划(2011—2015 年)

三、重点任务

6.构建多元化农技推广服务体系。培育新型农业社会化服务组织。适应农民多层次、多领域、多形式的技术需求,大力培育农民专业合作社、涉农企业、农业专业服务组织等农业社会化服务组织,引导其结合自身生产经营活动,开展新品种和新技术引进、农资供应、标准化生产指导、技术培训与咨询、病虫害统防统治、耕种收机械作业、农产品市场营销等产前、产中和产后服务,提高农业科技服务的专业化、社会化水平。

10.农村实用人才培养与新型农民培训。依托农业职业院校、农业广播电视学校、农业技术推广机构以及具备条件的其他培训机构和涉农企业,充分利用远程教育技术手段,积极培育农村各类实用人才,加快提高种养专业大户、农民专业合作社、龙头企业等各种类型经营主体的科技应用水平和经营管理能力。

全国农民教育培训"十二五"发展规划

农科教发〔2011〕14 号

二、"十二五"时期面临的机遇与挑战

（一）发展机遇

3.发展条件进一步改善。"十二五"期间,我国将进一步加大体制机制创新和政策支持力度,继续完善以基层农技推广机构为主导,农民专业合作经济组织为基础,农业科研、教育培训等单位和涉农企业等广泛参与,分工协作、服务到位、充满活力的新型农业技术推广体系。

五、主要任务

（一）大力开展多层次农民教育培训工作

4.扎实开展农民创业培训。对有一定产业基础、文化水平较高、有创业愿望的农民和返乡农民工等开展创业培训,通过技术指导、政策扶持和跟踪服务,使其树立创业理念、增强创业意识、掌握创业方法、提高创业能力,促进其提高经营水平、扩大经营规模、领办农民专业合作经济组织、创办农业企业。

5.积极开展农民学历教育。针对农村初高中毕业生、村组干部、农业经纪人、种养大户、农民专业合作经济组织骨干、复转军人等,开展现代农业生产技术、农产品加工与营销、农村经济管理、农村土地承包纠纷调解等专业的中高等职业教育,改善农业劳动者学历结构,提高他们的综合素质,使他们成为发展现代农业和建设新农村的带头人。

（二）着力构建多渠道农民教育培训体系

充分发挥农业广播电视学校等农民教育培训机构的主渠道作用,强化各级农民科技教育培训中心、中高等农业职业院校、农业技术推广机构和农业科研院所在农民教育培训中的主导地位,鼓励和支持符合条件的涉农企业、农民专业合作经济组织及其他培训机构参与农民培训工作,逐步构建起从中央到省、地、县、乡相互衔接、上下贯通、社会各界广泛参与的农民教育培训体系。

六、重大工程

（二）农民创业培训工程

依托条件较好的培训机构,以现代农业发展对人才的需求为导向,以增强农民创业意识为重点,以提升农民创业能力为核心,对农民开展创业培训,帮助农民掌握创业方法、提高经营水平、扩大经营规模、领办农民专业合作经济组织、创办农业企业。以创业带动就业,以创业促进增收。

七、保障措施

（三）创新教育培训机制

充分发挥农业广播电视学校、农业技术推广机构和中高等农业院校在农民教育培训中的作用,引导农业企业和农民专业合作社等组织根据自身发展需要开展农民教育培训。

国务院办公厅关于加强鲜活农产品流通体系建设的意见

国办发〔2011〕59 号

（三）加快培育流通主体，提高流通组织化程度。推动鲜活农产品经销商实现公司化、规模化、品牌化发展。鼓励流通企业跨地区兼并重组和投资合作，提高产业集中度。扶持培育一批大型鲜活农产品流通企业、农业产业化龙头企业、运输企业和农民专业合作社及其他农业合作经济组织，促其做大做强，提高竞争力。

（五）大力推进产销衔接，减少流通环节。积极推动农超对接、农校对接、农批对接等多种形式的产销衔接，鼓励批发市场、大型连锁超市等流通企业，学校、酒店、大企业等最终用户与农业生产基地、农民专业合作社、农业产业化龙头企业建立长期稳定的产销关系，降低对接门槛和流通成本，扩大对接规模。多措并举，支持农业生产基地、农业产业化龙头企业、农民专业合作社在社区菜市场直供直销，推动在人口集中的社区有序设立周末菜市场及早、晚市等鲜活农产品零售网点。

（十）加强金融支持。鼓励和引导金融机构把农产品生产、加工和流通作为涉农金融服务工作重点，加大涉农贷款投放力度。合理把握信贷投放节奏，为农产品经销商等集中提供初级农产品收购资金，加强对农产品供应链上下游企业和农户的信贷支持。发挥地方各类涉农担保机构作用，着力解决农户、农民专业合作社和小企业融资担保能力不足问题。鼓励保险机构研究开发鲜活农产品保险产品，积极引导企业、农民专业合作社和农民投保，有条件的地方可对保费给予适当财政补贴。

中共中央国务院关于加快推进农业科技创新持续增强农产品供给保障能力的若干意见

中发〔2012〕1 号

3. 加大农业投入和补贴力度。持续加大财政用于"三农"的支出，持续加大国家固定资产投资对农业农村的投入，持续加大农业科技投入，确保增量和比例均有提高。发挥政府在农业科技投入中的主导作用，保证财政农业科技投入增幅明显高于财政经常性收入增幅，逐步提高农业研发投入占农业增加值的比重,建立投入稳定增长的长效机制。按照增加总量、扩大范围、完善机制的要求,继续加大农业补贴强度,新增补贴向主产区、种养大户、农民专业合作社倾斜。

4.提升农村金融服务水平。加大农村金融政策支持力度,持续增加农村信贷投入,确保银行业金融机构涉农贷款增速高于全部贷款平均增速。完善涉农贷款税收激励政策,健全金融机构县域金融服务考核评价办法,引导县域银行业金融机构强化农村信贷服务。大力推进农村信用体系建设,完善农户信用评价机制。深化农村信用社改革,稳定县(市)农村信用社法人地位。发展多元化农村金融机构,鼓励民间资本进入农村金融服务领域,支持商业银行到中西部地区县域设立村镇银行。有序发展农村资金互助组织,引导农民专业合作社规范开展信用合作。完善符合农村银行业金融机构和业务特点的差别化监管政策,适当提高涉农贷款风险容忍度,实行适度宽松的市场准入、弹性存贷比政策。继续发展农户小额信贷业务,加大对种养大户、农民专业合作社、县域小型微型企业的信贷投放力度。

10.着力抓好种业科技创新。科技兴农,良种先行。……加大动植物良种工程实施力度,加强西北、西南、海南等优势种子繁育基地建设,鼓励种子企业与农民专业合作社联合建立相对集中稳定的种子生产基地,在粮棉油生产大县建设新品种引进示范场。

13.培育和支持新型农业社会化服务组织。通过政府订购、定向委托、招投标等方式,扶持农民专业合作社、供销合作社、专业技术协会、农民用水合作组织、涉农企业等社会力量广泛参与农业产前、产中、产后服务。充分发挥农民专业合作社组织农民进入市场、应用先进技术、发展现代农业的积极作用,加大支持力度,加强辅导服务,推进示范社建设行动,促进农民专业合作社规范运行。支持农民专业合作社兴办农产品加工企业或参股龙头企业。壮大农村集体经济,探索有效实现形式,增强集体组织对农户生产经营的服务能力。

16.大力培训农村实用人才。以提高科技素质、职业技能、经营能力为核心,大规模开展农村实用人才培训。充分发挥各部门各行业作用,加大各类农村人才培养计划实施力度,扩大培训规模,提高补助标准。加快培养村干部、农民专业合作社负责人、到村任职大学生等农村发展带头人,农民植保员、防疫员、水利员、信息员、沼气工等农村技能服务型人才,种养大户、农机大户、经纪人等农村生产经营型人才。大力培育新型职业农民,对未升学的农村高初中毕业生免费提供农业技能培训,对符合条件的农村青年务农创业和农民工返乡创业项目给予补助和贷款支持。

19.加快农业机械化。……加大信贷支持力度,鼓励种养大户、农机大户、农机合作社购置大中型农机具。

21.加强农产品流通设施建设。……扶持产地农产品收集、加工、包装、贮存等配套设施建设,重点对农民专业合作社建设初加工和贮藏设施予以补助。

22.创新农产品流通方式。……大力发展订单农业,推进生产者与批发市场、农贸市场、超市、宾馆饭店、学校和企业食堂等直接对接,支持生产基地、农民专业合作社在城市社区增加直供直销网点,形成稳定的农产品供求关系。扶持供销合作社、农民专业合作社等发展联通城乡市场的双向流通网络。

2012 年

农业部关于做好 2012 年农业农村经济工作的意见

农发〔2012〕1 号

1.全面落实强农惠农富农政策。……把农业"四补贴"、粮棉油糖高产创建、草原生态保护补奖、生产大县奖励补助、"菜篮子"生产专项等作为政策落实工作重点,积极推动新增补贴向主产区、种养大户、农民专业合作社倾斜。

2.推动完善农村金融和农村社会发展等支持政策。继续推动完善农村金融扶持政策,创新农村金融机构、产品和服务,引导农民专业合作社规范开展信用合作,探索满足农村金融需求有效办法。推动扩大农业保险险种和覆盖面,加大保费补贴力度,开展设施农业保费补贴试点,扶持发展渔业互助保险,鼓励地方开展优势农产品生产保险。

3.毫不放松抓好粮食生产。……推进高产创建示范片与高标准农田建设、农业产业化龙头企业、农民专业合作社和各种社会化服务组织相结合,改善高产示范片生产条件,提高粮食生产在农资供应、耕作收获、生产管理、病虫防治等方面的组织化程度。

16.发展现代农作物种业。……鼓励种子企业与农民专业合作社联合建立相对集中稳定的种子生产基地,在粮棉油生产大县建设新品种引进示范场。

17.培养现代农业人才和新型农民。……加强农村实用人才队伍建设,以培训种养大户、农民专业合作社负责人、农业产业化龙头企业负责人、大学生村官、农村经纪人、农机手、农产品加工和休闲农业从业人员等为重点,加快培养一批农村发展带头人、农村技能服务型人才和农村生产经营型人才。

20.提升农业机械化水平。……推动落实支持农机化发展的信贷、税费优惠政策,鼓励种养大户、农机大户、农民专业合作社购置大中型农机具。推动农机服务市场化和产业化,培育壮大农机社会化服务组织,促进农机专业合作社与农机企业、金融企业开展"社企合作"。

22.加强农产品市场流通体系建设。……支持生产基地、专业合作社就地建设农产品窖储、加工、包装、贮存等配套设施,发展一体化冷链物流体系,提高生产者营销能力。

24.推进农业生产经营信息化。……启动农民专业合作社信息化建设工程试点。

25.促进农产品产销衔接。大力发展订单农业,推进生产者与批发市场、农贸市场、超市、宾馆饭店、学校企业食堂等直接对接,支持生产基地、农民专业合作社在城市社区增加直供直销网点,形成稳定的农产品供求关系。

30.大力发展农民专业合作社。完善扶持合作社发展的政策体系,加大财政、税收、金融等支持力度,推动涉农建设项目委托有条件的合作社实施。推进合作社规范化建设,深入开展示范社建设行动,加强合作社带头人和财会人员培训,建立健全合作社辅导员队伍。鼓励和支持大学生村官领创办合作社,组织好"国际合作社年"系列活动。

31.发展农业产业化经营。……强化龙头企业与合作社、一村一品专业村镇、农户的密切合作,完善利益联结机制,进一步提高农业生产经营组织化程度。

33.积极推进农村其他改革。……推进以股份经济合作制为主要形式的农村集体经济组织产权制度改革,探索建立农村集体产权交易平台。

35.深入基层调查研究。……建立健全领导干部联系基层制度,鼓励农业系统领导干部长期定点联系一个村、一个农民专业合作社或一个农业产业化龙头企业,深入了解农业生产、政策落实和农民生活等情况,以点带面指导工作。

全国现代农业发展规划(2011—2015年)

国发〔2012〕4号

三、重点任务

(五)提高农业产业化和规模化经营水平

强化农民专业合作社组织带动能力。广泛开展示范社建设行动,加强规范化管理,开展标准化生产,实施品牌化经营。加大合作社经营管理人员培训培养力度,加强合作社辅导员队伍建设。支持农民专业合作社参加农产品展示展销活动,与批发市场、大型连锁超市以及学校、酒店、大企业等直接对接,建立稳定的产销关系。鼓励农民专业合作社开展信用合作,在自愿基础上组建联合社,提高生产经营和市场开拓能力。扶持合作社建设农产品仓储、冷藏、初加工等设施。

发展多种形式的适度规模经营。在依法自愿有偿和加强服务基础上,完善土地承包经营权流转市场,发展多种形式的规模化、专业化生产经营。引导土地承包经营权向生产和经营能手集中,大力培育和发展种养大户、家庭农(牧)场。严格规范管理,支持农民专业合作社及农业产业化龙头企业建立规模化生产基地。实施"一村一品"强村富民工程。

五、重大工程

(十)农业机械化推进工程

重点支持农民、农民专业合作社购置大型复式和高性能农机具,加大对秸秆机械化还田和收集打捆机具配套的支持力度,改善农机化技术推广、农机安全监理、农机试验鉴定等公共服务机构条件,完善农业、气象等方面的航空站和作业起降点基础设施,扶持农机服务组织发展。

(十四)新型农村人才培养工程

改善农业广播电视学校、农业职业院校、农业技术推广机构、农村实用人才培训基地、农业职业技能鉴定机构的设施条件,提高培训服务能力。加强对农民专业合作社、农业龙头企业、农产品加工企业中的经营和管理骨干、农民经纪人、农产品营销大户的经营管理培训,加强对种养能手、农机手、农民信息员和涉农企业从业人员的技术培训。

六、保障措施

(一)建立农业投入稳定增长机制

改善农村金融服务。加快农村金融组织、产品和服务创新,推动发展村镇银行等农村中小金融机构。进一步完善县域内法人银行业金融机构新吸收存款主要用于当地发放贷款政策,落实和完善涉农贷款税收优惠、农村金融机构定向费用补贴和县域金融机构涉农贷款增量奖励等政策。引导金融机构发放农业中长期贷款,加强考核评价。完善农民专业合作社管理办法,支持其开展信用合作,落实农民专业合作社和农村金融有关税收优惠政策。扶持农业信贷担保组织发展,扩大农村担保品范围。加快发展农业保险,完善农业保险保费补贴政策。健全农业再保险体系,探索完善财政支持下的农业大灾风险分散机制。

农业部办公厅关于 2012 年农村经营管理工作要点

农办经〔2012〕1 号

(十二)加大政策支持力度。抓好现有扶持政策的贯彻落实,推动出台促进农民专业合作社发展的政策性文件,加大财政、税收、金融等政策扶持力度,优化合作社发展的政策支持环境。进一步扩大财政扶持规模,推动涉农建设项目委托有条件的合作社实施。研究制定支持合作社发展农产品加工和大学生村官领创办合作社的相关优惠政策。推动出台合作社开展信用合作的具体办法,引导合作社规范开展信用合作。

(十三)推动合作社规范化建设。建立健全农民专业合作社示范社建设情况发布机制,形成全国发布、重点扶持的工作机制,推动各地示范社建设行动深入开展。启动实施合作社信息化建设工程试点,推广应用信息科技,以信息化推动合作社规范化建设。加强合作社人才培养实训基地建设,实施好现代人才支撑计划、"阳光工程"培训和"千员万社"培训工程,重点培训合作社带头人、财会人员和基层合作社辅导员,指导合作社建立健全内部规章制度,发挥成员(代表)大会、理事会、监事会等"三会功能",提高合作社规范化管理水平。强化合作社财务管理,落实合作社财务会计制度,重点抓好示范社建账核算和成员账户设置,规范合作社盈余分配,完善合作社会计报表编制和报送制度。

(十四)促进合作社提高综合服务水平。按照自主自愿、自下而上的原则,鼓励引导农民专业合作社之间开展各种形式的联合与合作,发挥联合功能,在更大范围、更高层次上为合作社及其成员提供更有效的服务。大力推进合作社标准化生产,鼓励合作社购置大中型农机具,推广应用良种良法、良机良艺,努力提升合作社产品科技含量,实现质量安全可追溯。支持合作社建设产地仓储保鲜设施,鼓励合作社参与多种形式的产品展示展销活动,强化合作社市场信息获取能力,帮助合作社与超市、龙头企业、高校后勤采购集团、城市社区等实现"农超对接"、"农企对接"、"农校对接"、"农社对接"。深入推进合作社直销试点,支持合作社在公益性农贸市场和社区菜市场开设直销点,对合作社在城市社区建立直销店、连锁店,适当给予店面租金补贴,提高合作社市场营销能力。

(十五)加大宣传力度。结合《农民专业合作社法》实施五周年暨国际合作社年,配合全国人大做好有关执法检查工作,推动有关部门进一步贯彻落实法律精神。开展各种形式的庆祝纪念活动,营造促进合作社发展良好舆论氛围。加强合作社国际交流与合作。

(十九)完善农业产业化利益联结机制。积极实施订单农业,引导龙头企业与农户签订订单合同,明确品种、收购数量和价格、技术标准等内容,提高订单合同履约率。推广"龙头企业＋合作社＋农户"等模式,促进龙头企业与合作社深度融合,实现互利共赢。支持龙头企业为农产品生产基地农户提供农资购置、技术培训、农产品统购统销等多种服务,与农户建立紧密型利益联结机制。开展第五次国家重点龙头企业监测,淘汰不合格企业。

共青团中央关于加强农村专业合作组织团建工作的有关意见

中青办发〔2012〕19 号

近年来,农村专业合作组织(主要包括农民专业合作社、供销合作社、各类专业协会等)迅猛发展,日益成为发展现代农业、促进农民增收的重要组织力量,日益成为农村青年重要的聚集、交流平台和市场联结纽带。加强农村专业合作组织团建工作,是从产业链上对农村青年进行组织化梳理的有效措施,是实现"两个全体青年"目标的必然要求。

一、总体要求

坚持"两条主线、三个关键"的工作思路,把农村专业合作组织团建作为农村共青团非层级化组织载体建设的主要方向,与层级化组织载体建设相结合,与促进农村青年就业创业工作相结合,努力实现每个乡镇至少成立一个农村专业合作组织团组织的目标,进一步扩大基层团组织对农村青年的有效覆盖。同时,积极争取政策支持,加强服务手段和载体建设,促进农村专业合作组织团组织发挥作用。

二、积极在农村专业合作组织中建立团组织

1.团的各级领导机关均负有推动农村专业合作组织团建工作的责任,县、乡团委是第一责任主体。对于规模较大或跨乡镇的农村专业合作组织,建团工作由团县委负责推动;对于规模不大的农村专业合作组织,建团工作由乡镇团委负责推动。

2.凡有 3 名以上团员的农村专业合作组织,原则上要独立建立团的组织;

团员人数在 3 人以下的,可采取联建、依托建等灵活的方式建立团组织,在单个合作组织内部,建立团小组;有青年但没有团员的,可利用业缘、地缘、兴趣爱好等因素,建立青年工作委员会。选拔思想好、威信高、业务强、有热情的青年党团员担任农村专业合作组织团组织的负责人。

3.把握社会机理,运用市场、情感等因素,找准农村专业合作组织建团路径。一是借助党建工作格局和工作成果建团。坚持党建带团建,注意与基层党建在工作空间、工作内容、干部力量上的结合。在已建党组织的专业合作组织中,要建立团的组织。积极争取各级党委支持,为专业合作组织团建创造条件。二是依托行政主管部门、行业协会及相关服务机构建团。以专业合作组织行政部门主管领域为牵动,依托行政管理职能和业务领域建立团组织。联系农村各类行业协会、服务机构,发挥其与当地农业主导产业结合度高、聚集大量农村青年的优势,建立团组织。三是相邻较近、规模较小、产业相同或类似的专业合作组织联合建团。四是农业产业化龙头企业带动建团。加强农业产业化龙头企业团建工作,带动其相关联的农村专业合作组织建团,促进企业团组织与合作组织团组织联建、共建。五是县乡团组织牵头建立团(工)委(团总支)或实行村社联建。农村专业合作组织较多的县和乡镇,团组织可牵头成立合作组织团(工)委,建立"团(工)委(团总支)—团支部—团小组"体系。村团组织可与专业合作组织团组织联合建设、共同开展活动。六是推动青年能人领创办农村专业合作组织并建团。把农村团的重点工作向青年能人倾斜,鼓励、支持青年能人积极领创办农村专业合作组织,并在其中建团。七是示范社建团。开展农民专业合作社青年示范社创建活动,把建团作为认定青年示范社的重要条件。

4.农村专业合作组织团组织原则上由批准其成立的团组织进行管理;已建立党组织的农村专业合作组织,其团组织的隶属关系一般与党组织的相对应,团组织受同级党组织领导,同时受团的上级组织领导。各级团组织要把农村专业合作组织团干部纳入培训范围。

三、推动农村专业合作组织团组织发挥作用

农村专业合作组织团组织的首要任务是联系农村青年,要在密切与合作组织内部青年成员联系的基础上,增强对同类从业青年的吸引和凝聚,保持对农村青年的合理、适度影响。同时,把握农村专业合作组织合作、互助、平等和专业化便利性、松散性等特点,研究共青团组织性质、任务与农村专业合作组织功能相融合的切入点,因地制宜开展工作。一是提升技能。辅助开展培训,帮助农村专业合作组织成员提高农业生产经营专业化水平和增收致富能力。二是促进交流。为农村专业合作组织青年成员提供沟通、交流的渠道和机制，增强凝聚力。三是引导观念。帮助农村专业合作组织青年成员树立平等、合作、竞争、风险意识。四是促进管理。帮助青年成员理解和支持农村专业合作组织规则，辅助内部规范运行和自我管理。五是培养人才。通过选拔、使用、培训团干部，为农村专业合作组织培养后备经营管理人才。注意把思想好、能力强的优秀青年推荐为党员发展对象。六是传递信息。研究、宣传、协助争取国家强农惠农政策，向基层党政和上级团组织反映农村专业合作组织呼声和合理诉求。

四、加强对农村专业合作组织团建工作的组织领导

1.明确团的领导机关在农村专业合作组织团建工作中的责任。地、州、市团委要在面上对农村专业合作组织团建工作进行安排，加强与农业、工商、供销、金融等单位协调，争取政策和资源，努力为农村专业合作组织团建工作提供支持；有条件的地方，可成立地州级青年专业合作组织联合组织。团县委要统筹考虑、研究制定区域内农村专业合作组织团建的具体措施，成立县域农村专业合作组织团工委，以此推动农村专业合作组织建团，扩大工作覆盖。乡镇团委要将农村专业合作组织团建作为重要工作内容，并做好联系、服务工作。

2.为农村专业合作组织发展提供力所能及的服务。深化与农业部门合作，培训一批合作社青年骨干，表彰一批合作社理事长，认定一批青年示范社，扶持农村青年领创办农村专业合作组织。加强与小额贷款、技能培训、科技服务、致富带头人培养等工作的融合，以服务促进农村专业合作组织团建工作。加强与农业、供销等部门合作，通过举办农产品展销会对接会、承接政府委托涉农项目等手段，服务农村专业合作组织发展。

3.充分发挥基层的积极性和创造性。尊重基层首创精神，鼓励基层结合实际，大胆尝试，采取灵活多样的方式建团，探索好的做法和经验。注重工作总结和研究，把握工作规律，探索推进工作的有效模式和途径。总结、挖掘一批农村专业合作组织团建工作典型，为基层提供具体、可操作的工作示范。加强工作宣传，营造促进农村专业合作组织发展、支持农村专业合作组织团建的良好氛围。

国务院办公厅关于进一步做好减轻农民负担工作的意见

国办发〔2012〕22 号

四、深入治理加重村级组织和农民专业合作社负担问题

加强对向村级组织收费事项的日常审核监管，防止乱收费和各种摊派行为。……加强农民专业合作社负担监管，深入治理乱收费、乱罚款和集资摊派等问题，加大动态监管和跟踪督查力度，推动落实各项优惠扶持政策。

七、严肃查处涉及农民利益的违规违纪行为

加大对涉及农民利益违规违纪问题的查处力度，对向农民、村级组织和农民专业合作社违规违纪收取的各种款项，坚决予以退还；对违规使用的农民劳务，按当地工价标准给予农民合理补偿；对擅自出台、设立涉及加重农民负担的文件和收费项目、建设项目，坚决予以撤销；对擅自提高的收费标准，坚决予以降低。严格实行农民负担责任追究制度，对违反政策规定，加重农民负担或影响强农惠农富农政策落实的相关责任人员，要依照有关规定予以严肃处理。

全国农村经济发展"十二五"规划

发改农经〔2012〕1851 号

三、加快发展现代农业

（三）加快农业科技创新和技术推广

4.提升农业技术推广能力。……推动高等学校、科研院所同基层农技推广机构、农民专业合作社、龙头企业、农户开展多种形式的合作，实现科技创新与农业生产经营的有效对接。

（五）提高农业生产经营组织化程度

1.推进农业产业化经营。……依托龙头企业建设专业化、标准化、规模化生产基地，大力发展龙头企业联结农民专业合作社、带动农户的组织模式。

2.大力发展农民专业合作社。全面贯彻落实《农民专业合作社法》，加快发展农民专业合作社，扶持专业合作社做大做强，提高市场竞争力。创新合作社发展形式，鼓励在生产经营各个环节组建专业合作社。拓展合作社服务领

域,完善合作社服务功能,支持有条件的专业合作社开展信用、土地流转等合作。增强供销合作社对农民专业合作社的带动力。支持农民专业合作社兴办农产品加工企业或参股龙头企业。鼓励有条件的地方成立农产品行业协会。

3.建立新型农业社会化服务体系。加快构建以公共服务机构为依托、合作经济组织为基础、龙头企业为骨干、其他社会力量为补充,公益性服务和经营性服务相结合、专项服务和综合服务相协调的新型农业社会化服务体系。培育和发展多元化的农业社会化服务组织,扶持农民专业合作社、供销合作社、专业技术协会、农民用水合作组织、涉农企业等社会力量广泛参与农业产前、产中、产后服务。增强农村集体组织对农户生产经营的服务能力。

国务院关于大力推进信息化发展和切实保障 信息安全的若干意见

国发〔2012〕23 号

五、推进农业农村信息化,实现信息强农惠农

(一)提高农业生产经营信息化水平。推动农业适用信息技术的研发应用,加快推进农业生产基础设施、装备与信息技术的融合。提高种植业、养殖业生产信息化和农村专业合作社、农产品批发市场经营信息化水平。加强农业生产环境监控、生产过程监测、行业发展监管,建立和完善农产品质量安全追溯体系。积极培育、示范、推广适用的农业信息化应用模式。

国务院办公厅关于加快林下经济发展的意见

国办发〔2012〕42 号

(三)总体目标。努力建成一批规模大、效益好、带动力强的林下经济示范基地,重点扶持一批龙头企业和农民林业专业合作社,逐步形成"一县一业,一村一品"的发展格局,增强农民持续增收能力,林下经济产值和农民林业综合收入实现稳定增长,林下经济产值占林业总产值的比重显著提高。

(五)推进示范基地建设。积极引进和培育龙头企业,大力推广"龙头企业+专业合作组织+基地+农户"运作模式,因地制宜发展品牌产品,加大产品营销和品牌宣传力度,形成一批各具特色的林下经济示范基地。

(七)健全社会化服务体系。支持农民林业专业合作组织建设,提高农民

发展林下经济的组织化水平和抗风险能力。

（十二）强化政策扶持。对符合小型微型企业条件的农民林业专业合作社、合作林场等，可享受国家相关扶持政策。

中共中央国务院关于加快发展现代农业进一步增强农村发展活力的若干意见

中发〔2013〕1 号

二、健全农业支持保护制度，不断加大强农惠农富农政策力度

1. 加大农业补贴力度。按照增加总量、优化存量、用好增量、加强监管的要求，不断强化农业补贴政策，完善主产区利益补偿、耕地保护补偿、生态补偿办法，加快让农业获得合理利润、让主产区财力逐步达到全国或全省平均水平。继续增加农业补贴资金规模，新增补贴向主产区和优势产区集中，向专业大户、家庭农场、农民合作社等新型生产经营主体倾斜。

2. 改善农村金融服务。加强国家对农村金融改革发展的扶持和引导，切实加大商业性金融支农力度，充分发挥政策性金融和合作性金融作用，确保持续加大涉农信贷投放。

三、创新农业生产经营体制，稳步提高农民组织化程度

1. 稳定农村土地承包关系。抓紧研究现有土地承包关系保持稳定并长久不变的具体实现形式，完善相关法律制度。坚持依法自愿有偿原则，引导农村土地承包经营权有序流转，鼓励和支持承包土地向专业大户、家庭农场、农民合作社流转，发展多种形式的适度规模经营。

3. 大力支持发展多种形式的新型农民合作组织。农民合作社是带动农户进入市场的基本主体，是发展农村集体经济的新型实体，是创新农村社会管理的有效载体。按照积极发展、逐步规范、强化扶持、提升素质的要求，加大力度、加快步伐发展农民合作社，切实提高引领带动能力和市场竞争能力。鼓励农民兴办专业合作和股份合作等多元化、多类型合作社。实行部门联合评定示范社机制，分级建立示范社名录，把示范社作为政策扶持重点。安排部分财政投资项目直接投向符合条件的合作社，引导国家补助项目形成的资产移交合作社管护，指导合作社建立健全项目资产管护机制。增加农民合作社发展资金，支持合作社改善生产经营条件、增强发展能力。逐步扩大农村土地整

理、农业综合开发、农田水利建设、农技推广等涉农项目由合作社承担的规模。对示范社建设鲜活农产品仓储物流设施、兴办农产品加工业给予补助。在信用评定基础上对示范社开展联合授信，有条件的地方予以贷款贴息，规范合作社开展信用合作。完善合作社税收优惠政策，把合作社纳入国民经济统计并作为单独纳税主体列入税务登记，做好合作社发票领用等工作。创新适合合作社生产经营特点的保险产品和服务。建立合作社带头人人才库和培训基地，广泛开展合作社带头人、经营管理人员和辅导员培训，引导高校毕业生到合作社工作。落实设施农用地政策，合作社生产设施用地和附属设施用地按农用地管理。引导农民合作社以产品和产业为纽带开展合作与联合，积极探索合作社联社登记管理办法。抓紧研究修订农民专业合作社法。

四、构建农业社会化服务新机制，大力培育发展多元服务主体

2.培育农业经营性服务组织。支持农民合作社、专业服务公司、专业技术协会、农民用水合作组织、农民经纪人、涉农企业等为农业生产经营提供低成本、便利化、全方位的服务，发挥经营性服务组织的生力军作用。

3.创新服务方式和手段。……发展专家大院、院县共建、农村科技服务超市、庄稼医院、专业服务公司加合作社加农户、涉农企业加专家加农户等服务模式，积极推行技物结合、技术承包、全程托管服务，促进农业先进适用技术到田到户。

五、改革农村集体产权制度，有效保障农民财产权利

3.加强农村集体"三资"管理。……鼓励具备条件的地方推进农村集体产权股份合作制改革。探索集体经济组织成员资格界定的具体办法。

七、完善乡村治理机制，切实加强以党组织为核心的农村基层组织建设

1.强化农村基层党组织建设。……加强农民合作社党建工作，完善组织设置，理顺隶属关系，探索功能定位。

农业部关于做好 2013 年农业农村经济工作的意见

农发〔2013〕1 号

1.加大强农惠农富农政策落实力度。……扩大粮棉油糖高产创建、"菜篮子"产品生产专项规模,增加产粮(油)大县奖励资金,落实生猪调出大县奖励政策,逐步扩大种粮大户补贴试点范围,增加农民合作社发展资金。

3.推动政策落实机制创新。完善农业补贴办法,创新农业补贴方式,促进新增补贴向专业大户、家庭农场和农民合作社等新型经营主体倾斜,鼓励补贴与生产挂钩,有条件的地方与生态资源保护挂钩。

8.稳定农村土地承包关系。……坚持依法自愿有偿原则,引导土地承包经营权有序流转,鼓励和支持承包土地向专业大户、家庭农场、农民合作社流转,发展多种形式的适度规模经营。

9.培育新型农业经营体系。坚持以家庭承包经营为基础,以发展多种形式的适度规模经营和培育新型经营主体为重点,创新农业生产经营体制,不断提高农业生产组织化程度。加快培育新型农业经营主体,加大对联户经营、专业大户、家庭农场、农民合作社等扶持力度。开展家庭农场统计监测,鼓励有条件的地方建立家庭农场注册登记制度,制定扶持政策和管理服务办法。扶持农民合作社加快发展,鼓励农民兴办专业合作和股份合作等多元化、多类型合作社,逐步扩大农村土地整理、农业综合开发、农田水利建设、农技推广等涉农项目由合作社承担的规模。深入推进示范社建设行动,加快建立示范社评定机制,发布示范社名录,把示范社作为政策扶持重点。加强合作社财务、资产和审计监管。落实龙头企业扶持政策,创建农业产业化示范基地,完善利益联结机制。

11.进行农村集体产权制度等各项改革。鼓励具备条件的地方推进农村集体产权股份合作制改革,探索集体经济组织成员资格界定的具体办法。

21.加大农业农村人才和新型职业农民培养力度。……实施新型职业农民培训工程,重点加大专业大户、初高中毕业生、返乡创业农民工、退役军人的教育培养力度。大力开展新型职业农民培育试点,探索建立教育培养、认定管理、支持扶持衔接配套的新型职业农民培育政策体系。大力实施阳光工程,构建普及性培训、职业技能培训和农民学历教育培训三位一体的培训体系。建设合作社带头人人才库和培训基地,广泛开展合作社带头人、农民经纪人、经营管理人员和辅导员培训,引导高校毕业生到合作社工作。

23.大力推进农业机械化。……发展农机社会化服务,鼓励支持农机合作社、农机作业公司和农机大户增强作业服务能力。

农业部办公厅关于 2013 年农村经营管理工作要点

农办经〔2013〕1 号

(三)加强农村土地承包经营权流转管理和服务。深入开展土地流转规范化管理和服务试点工作,研究完善土地承包经营权流转管理办法,探索建立严格的工商企业租赁农户承包地准入和监管制度。按照归属清晰、权责明确、形式多样、管理严格、流转顺畅的要求,建立健全土地承包经营权流转市场,规范有序流转土地承包经营权。鼓励和支持承包土地向专业大户、家庭农场、农民合作社流转,发展多种形式的适度规模经营。鼓励有条件的地方建立家庭农场登记制度,明确认定标准、登记办法、扶持政策。探索开展家庭农场统计和家庭农场经营者培训工作。推动相关部门采取奖励补助等多种办法,扶持家庭农场健康发展。鼓励有条件的地方结合开展土地承包经营权登记和农田基本建设,引导农民采取互利互换方式,解决承包地块细碎化问题。

(七)开展农民负担重点问题治理。针对农民反映和检查发现的突出问题,深入开展农民负担专项治理,重点解决计划生育、农民建房、农村义务教育等领域多收乱罚及向村级组织、农民专业合作社乱收费、乱摊派问题。

(十一)加强和规范农村财务管理。研究制定规范村级财务管理的指导性意见,强化村级财务公开,进一步推动农村财务管理规范化建设。继续做好农村财会人员业务师资培训。建立农民专业合作社会计报表及时编制和汇总报送机制。

(十二)深入推进示范社建设行动。实行部门联合评定示范社机制,分级建立示范社名录。指导各地合作社主管部门加强与有关部门联合,建立示范社评定发布工作机制,对示范社开展运行监测、动态管理。把示范社作为政策扶持重点,所有涉农项目要与示范社对接,逐步扩大农村土地整理、农业综合开发、农田水利建设、农技推广等涉农项目由合作社承担的规模,指导合作社建立健全项目资产管护机制。

(十三)推动政策完善落实。要把完善政策作为今年一项重点工作,按照积极发展、逐步规范、强化扶持、提升素质的要求,加大力度、加快步伐发展农民专业合作社,争取在财政、税收、金融、用地等方面有新的突破,切实提高引领带动能力和市场竞争能力。积极会同财政、税务、金融部门,增加合作社发展资金,支持合作社改善生产经营条件、增强发展能力,对示范社建设鲜活农产品仓储物流设施、兴办农产品加工业给予补助。完善合作社税收优惠政策,推动有关部门把合作社纳入国民经济统计并作为单独纳税主体列入税务登记,指导合作社做好发票领用等工作。在信用评定基础上对示范社开展联合授信,引导各地规范开展信用合作。创新适合合作社生产经营特点的保险产品和服务。

(十四)加强人才培养。建立农民专业合作社带头人人才库,支持建立一批合作社人才培训实训基地,依托基地逐步健全广覆盖、多层次、可持续的合作社人才培养体系,广泛开展合作社带头人、经营管理人员和辅导员培训,着力打造一支管理水平高、市场意识强、乐于奉献、素质优良的合作社领军人才队伍,大力培养一支政治素养高、业务本领强、服务意识好、热心合作事业的合作社辅导员队伍。引导高校毕业生到合作社工作。

(十五)强化服务指导。鼓励和引导农民专业合作社广泛参与各类农产品展示展销活动,支持合作社在城市社区建立直销店(连锁店),开展"农社对接"试点。鼓励农民兴办专业合作和股份合作等多元化、多类型合作社,引导合作社以产品和产业为纽带开展合作与联合,积极探索合作社联社登记管理办法。配合有关方面抓紧研究修订农民专业合作社法。

(十九)完善农业产业化利益联结机制。深入研究不同行业、不同类型龙头企业带动农户的典型经验,总结推广一批龙头企业加基地加农户、龙头企业加合作社加农户、龙头企业加一村一品专业村镇加农户、行业协会加龙头企业加合作社加农户等典型模式,示范引导龙头企业与农户建立更加紧密的利益联结机制,让农户共享农业产业化发展成果。

(二十五)创新社会化服务机制。鼓励各地搭建区域性农业社会化服务综合平台,有效整合各类公益性、经营性服务组织资源,形成综合配套服务体系,创新服务供需对接机制。鼓励公益性服务机构、经营性服务组织发挥各自优势,开展多种形式分工合作,发展专业服务公司合作社加农户、龙头企业加合作社加农户等服务模式。

财政部关于支持农民合作组织发展 促进农业生产经营体制机制创新的意见

财农〔2013〕7 号

为贯彻落实《中华人民共和国农民专业合作社法》,2013 年中央一号文件以及党中央、国务院关于支持农民合作组织(以下简称"合作组织")发展的有关精神,提高农业生产组织化程度,加快促进农业生产经营体制创新,现就财政支持合作组织发展提出如下意见:

一、充分认识新时期财政支持农民合作社发展的重要意义

近年来各级财政认真贯彻落实国家强农惠农政策,积极创新机制,不断加大对合作社的支持力度,有力促进了合作社快速、规范、健康发展。实践证明,大力支持合作社发展,是提高农业生产组织化程度、稳定完善农村基本经营制度的重要途径,是培育新型生产经营主体、解决现代农业人力资源约束的重要手段,是稳定农产品市场和价格、促进农民收入持续增长的重要措施,是加强和创新农村社会管理、维护农村社会和谐稳定的重要内容。当前,各地区要充分认识新时期支持合作社发展的重要性和紧迫性,牢固树立扶持合作社就是扶持农业和农民的理念,将支持合作社作为加快推进农业生产经营体制创新的有力抓手,积极发挥财政职能,利用市场机制作用,进一步加大支持力度,着力创新政策措施,促进合作社又好又快发展,为加快推进农业现代化和社会主义新农村建设作出更大贡献。

二、明确财政支持合作社发展的工作目标和基本原则

财政支持合作社发展要坚持以科学发展观为指导,以加快现代农业建设为核心,以促进农民持续增收为主线,以推动支农项目对接合作社为手段,不断提高合作社的规模化、实体化、规范化水平,做到"扶持一个社、壮大一项产业、增强一地经济、富裕一方农民"。力争到"十二五"时期末,培养一批经营规模大、运作机制新、产业基础牢、带动能力强、产品质量优、民主管理好的合作社,实现农民参与合作社的比例明显提高、合作社的可持续发展能力明显增强、与农户利益联结机制明显改善、参与农户收入水平明显提升的目标。

财政支持合作社发展要坚持以下基本原则:一是坚持自愿民主。坚持民办、民管、民受益,突出农民的主体地位,充分尊重农民的意愿和选择,不能搞

强迫命令、包办代替。二是坚持市场调节。强化财政政策导向功能,发挥市场机制调节作用,进一步撬动金融资本、社会资本与合作社发展相融合。三是坚持因地制宜。实行省级指导、地方选项,因地制宜围绕地方农业农村发展实际和优势特色产业状况,引导和支持农民发展合作社。四是坚持整合统筹。以优势特色产业为平台,整合和统筹各级、各有关部门的相关资金,支持合作社发展,做到渠道不乱、用途不变、集中投入、各负其责、各记其功。五是坚持重点扶持。要按照今年中央一号文件"把示范社作为政策扶持重点"的要求,各种农业产业项目资金都重点投向示范社,向示范社倾斜。六是坚持绩效导向。围绕发展目标,加强绩效管理,突出支持管理运作规范、项目实施效果好、农民群众满意的合作社,形成良好的政策导向。

三、突出财政支持合作社发展的工作特点

（一）推动支农项目与合作社对接。进一步完善支农政策促进支农项目与合作社广泛有效对接。突出合作社项目主体地位,着重将在田间地头、农村社区以及需要有组织、规模化、成片推进的项目,优先让符合条件的合作社参与申报和实施。通过项目扶持,引导和促进合作社规范管理、加快发展。

1.农业补贴方面。将合作社纳入相关农业补贴支持范围,新增的农业补贴适当向合作社倾斜。进一步加大对农机服务组织购买先进适用农业机械的补贴力度。鼓励以合作社为主体参加农业保险,并按规定享受农业保险费补贴政策。能繁母猪饲养补贴、畜牧良种补贴等要将畜牧类合作社作为重点支持对象。

2.农业农村基础设施方面。逐步将符合条件的农业基础设施项目交由合作社承担。小型农田水利设施建设、现代农业生产发展、村级公益事业一事一议、农村道路、农村环境保护等项目明确允许合作社申报和实施,加大对合作社的支持力度,鼓励在农业综合开发土地治理项目中安排资金扶持合作社单独申报。

3.农业产业发展方面。将合作社作为支持优势特色农业产业发展的重要载体,逐步扩大现代农业生产发展、扶贫开发、农业综合开发及其他相关资金项目由合作社承担的规模。在农业产业化相关资金项目安排中,鼓励龙头企业与合作社更多地开展联系和合作,推广完善"农户＋合作社＋龙头企业"等多种有效经营方式。

4.农业社会化服务方面。以合作社为依托,推进新型农业社会化服务体系建设。加大农业科技成果转化和推广投入,支持合作社引进推广新品种、新

技术、新设备,提高成产标准化、规模化水平。支持合作社提供病虫害防治、动物疫病防控、农产品质量安全监测等专业化服务。进一步完善科普惠农兴村计划,加大对农村专业技术协会的支持力度。

5.农产品流通方面。支持和引导合作社开展品牌创建工作,增强产品竞争力。支持合作组织开展贮运、包装、保鲜、冷藏、加工等经营、延伸产业链条,加大农产品产地初加工补助资金对合作社的支持力度。支持合作社发展"农超对接"、"农校对接"、"农企对接"等营销模式。

6.农村人才培训方面。积极支持合作社人才队伍建设。加强对合作社领头人、财会人员、经营管理人员和辅导员的培训。鼓励返乡创业农民工、大学生村官领办创办合作社。进一步加大现代农业人才支撑计划和阳光工程对合作社人才培训力度。充分利用各种教育资源,有针对性地加强合作社人才培养。

(二)推动支农项目资产移交合作社。财政补助合作社形成的资产和由合作组织承担实施项目形成的资产,由合作社依法占有和使用,并平均量化到合作社成员账户,按照相关法律法规进行核算管理。对于政府部门组织实施、由第三方建设的项目,如果项目形成的资产与农民生产生活密切相关,项目区内有规范、成熟的合作组织,经验收合格后,有条件的可将项目资产移交给合作组织。该部分资产视同国家补助资产,并按照相关规定进行核算管理。

(三)推动建立合作组织项目资产管护机制。各地要指导合作社建立健全支农项目资产运营和管护机制,明晰产权和受益对象,确定管护主体、管护责任和管护资金来源。财政支农项目资产移交给合作组织后,对经营性资产,合作组织应从收益中提取一定的资金建立管护基金,用于资产的管护和折旧。对于农村纯公益性资产可以采取村集体和合作组织管护基金各拿一点、财政适当补助一点的方式,筹集资产管护资金。建立奖励机制,将合作组织资产管护情况与评选表彰、项目支持等挂钩,对资产管护好的合作组织予以适当奖励。

(四)进一步加大专项扶持力度。要逐年增加财政扶持合作组织发展,补助专项资金规模,重点支持合作组织发展能力建设,引导合作组织加强和规范管理,增强与成员之间的利益联结。资金安排要向种粮农民合作组织倾斜。结合农村小型水利建设和集体林权制度改革,进一步加大对农民用水合作组织和林农专业合作组织的支持力度。

四、完善财政支持合作组织发藤的保障措施

（一）建立健全沟通协调机制。各地财政部门要在党委、政府的统一领导下，加强与农业、林业、水利、发展改革、税务、工商、民政、供销、金融等相关部门和单位的沟通协调，建立健全有效的工作机制，形成分工负责、优势互补、统一协调的工作格局。强化财政部门内部协作配合，加大资金整合和统筹力度，增强支持合作组织发展的合力。

（二）创新资金投入方式。推行先建后补、以奖代补、民办公助、贷激贴息等方式，调动合作组织自我发展积极性。鼓励积极探索各种有效方式，引导金融机构为合作组织提供融资服务。稳步开展绩效评价工作，合理运用绩效评价结果，建立以绩效为导向的资金投入机制，引导完善合作组织与成员的利益联结机制，着力保障农户在承担支农项目中的利益。

（三）加强资金使用管理。加强相关资金项目的政策衔接，在赋予合作组织项目主体地位的同时，要明确挟持条件、要求和标准。规范项目评审、项目立项、资金分配、资金拨付等行为，积极探索项目审批权限逐步下放到县。严格执行相关项目资金的管理制度，加强工程监理和财务会计管理，确保资金专款专用。

（四）加大监督检查力度。各地要积极组织开展财政支持合作组织相关资金项目的监督检查，防止"挂牌"、"翻牌"或"空壳"合作组织虚报项目、套取资金。充分发挥乡镇财政就地就近监管作用，让乡镇财政参与项目申报的审核，项目立项后，及时将项目信息抄送、告知乡镇财政，委托乡镇财政对辖区内的项目建设、实施、竣工验收等情况开展巡查。

（五）做好相关基础工作。各地要加强对财政支持合作组织发展的总结、统计和分析工作，积极探索创新政策措施，不断提高支持合作组织发展成效。进一步加强相关信息的报送工作，充分利用各种媒体、渠道加强宣传，积极营造良好的舆论氛围。

各地、各有关部门要切实贯彻落实党中央、国务院决策部署，按照上述有关意见的要求，将财政支持合作组织发展这项工作抓紧抓好。要结合本地区实际情况，因地制宜地加快改革创新步伐。要注意研究工作中出现的新情况、新问题，积极探索和总结解决问题的办法和经验，有关情况要及时报送省财政厅。

国家农民专业合作社示范社评定及监测暂行办法

农经发〔2013〕10 号

第一章 总 则

第一条 根据中央关于"实行部门联合评定示范社机制,分级建立示范社名录,把示范社作为政策扶持重点"的要求,为进一步规范国家农民专业合作社示范社的评定及监测工作,加强对农民专业合作社示范社的指导、扶持与服务,促进农民专业合作社快速健康发展,制定本办法。

第二条 国家农民专业合作社示范社(以下简称"国家示范社")是指按照《中华人民共和国农民专业合作社法》、《农民专业合作社登记管理条例》等法律法规规定成立,达到规定标准,并经全国农民合作社发展部际联席会议(以下简称"全国联席会议")评定的农民专业合作社。

第三条 对国家示范社的评定和监测,坚持公开、公平、公正原则,不干预农民专业合作社的生产经营自主权,实行竞争淘汰机制,发挥中介组织和专家的作用。

第四条 国家示范社评定工作采取名额分配、等额推荐、媒体公示、发文认定的方式。全国联席会议根据各省(区、市)农民专业合作社发展和示范社建设情况,确定各省(区、市)国家示范社分配名额。

第二章 申 报

第五条 申报国家示范社的农民专业合作社原则上应是省级示范社,并符合以下标准:

(一)依法登记设立

1.依照《中华人民共和国农民专业合作社法》登记设立,运行 2 年以上。登记事项发生变更的,农民专业合作社依法办理变更登记。

2.组织机构代码证、税务登记证齐全。有固定的办公场所和独立的银行账号。

3.根据本社实际情况并参照农业部《农民专业合作社示范章程》、国家林业局《林业专业合作社示范章程(示范文本)》,制订章程。

(二)实行民主管理

1.成员(代表)大会、理事会、监事会等组织机构健全,运转有效,各自职责和作用得到充分发挥。

2.建立完善的财务管理、社务公开、议事决策记录等制度,并认真执行。

3.每年至少召开一次成员(代表)大会并有完整会议记录,所有出席成员在会议记录或会议签到簿上签名。涉及重大财产处置和重要生产经营活动等事项由成员(代表)大会决议通过。

4.成员(代表)大会选举和表决实行一人一票制,或采取一人一票制加附加表决权的办法,附加表决权总票数不超过本社成员基本表决权总票数的20%。

(三)财务管理规范

1.配备必要的会计人员,设置会计账簿,编制会计报表,或委托有关代理记账机构代理记账、核算。财会人员持有会计从业资格证书,会计和出纳互不兼任。财会人员不得兼任监事。

2.成员账户健全,成员的出资额、公积金量化份额、与本社的交易量(额)和返还盈余等记录准确清楚。

3.可分配盈余按成员与本社的交易量(额)比例返还,返还总额不低于可分配盈余的60%。与成员没有产品或服务交易的股份合作社,可分配盈余应按成员股份比例进行分配。

4.每年编制年度业务报告、盈余分配方案或亏损处理方案、财务会计报告,经过监事会审核,在成员(代表)大会召开的十五日前置于办公地点供成员查阅,理事会接受成员质询。

5.监事会负责对本社财务进行内部审计,审计结果报成员(代表)大会。成员(代表)大会也可以委托审计机构对本社财务进行审计。

6.国家财政直接补助形成的财产平均量化到成员账户,并建立具体的项目资产管护制度。

7.按照《农民专业合作社财务会计制度(试行)》规定,年终定期向工商登记机关和农村经营管理部门报送会计报表。

(四)经济实力较强

1.成员出资总额100万元以上。

2.固定资产:东部地区200万元以上,中部地区100万元以上,西部地区50万元以上。

3.年经营收入:东部地区500万元以上,中部地区300万元以上,西部地区150万元以上。

4.生产鲜活农产品(含林产品,下同)的农民专业合作社参与"农社对接"、"农超对接"、"农企对接"、"农校对接"等,进入林产品交易市场和林产品交易服务平台流通,销售渠道稳定畅通。

5.生产经营、财务管理、社务管理普遍采用现代技术手段。

（五）服务成效明显

1.坚持服务成员的宗旨，以本社成员为主要服务对象。

2.入社成员数量高于本省（区、市）同行业农民专业合作社平均水平，其中，种养业合作社成员数量达到100人以上（特色农林种养业合作社成员数量可适当放宽）。农民成员占合作社成员总数的80％以上，企业、事业单位和社会团体成员不超过成员总数的5％。

3.成员主要生产资料统一购买率、主要产品（服务）统一销售（提供）率超过80％，新品种、新技术普及推广。

4.带动农民增收作用突出，成员收入高于本县（市、区）同行业非成员农户收入30％以上。

（六）产品（服务）质量安全

1.广泛推行标准化，有严格的生产技术操作规范，建立完善的生产、包装、储藏、加工、运输、销售、服务等记录制度，实现产品质量可追溯。

2.在同行业农民专业合作社中产品质量、科技含量处于领先水平，有注册商标，获得质量标准认证，并在有效期内（不以农产品生产加工为主的合作社除外）。

（七）社会声誉良好

1.遵纪守法，社风清明，诚实守信，在当地影响大、示范带动作用强。

2.没有发生生产（质量）安全事故、环境污染、损害成员利益等严重事件，没有行业通报批评等造成不良社会影响，无不良信用记录。

第六条 对于从事农资、农机、植保、灌排等服务和林业生产经营的农民专业合作社，申报标准可以适当放宽。国家示范社的评定重点向生产经营重要农产品和提供农资、农机、植保、灌排等服务，承担生态建设、公益林保护等项目任务重、贡献突出的农民专业合作社倾斜。

第七条 申报国家示范社的农民专业合作社应提交本社基本情况等有关材料。

具体申报程序：

（1）农民专业合作社向所在地的县级农业行政主管部门及其他业务主管部门提出书面申请。

（2）县级农业行政主管部门会同农业（农机、渔业、畜牧、农垦）、水利、林业、供销社等部门和单位，对申报材料进行真实性审查，征求发改、财政、税务、工商、银行业监督管理机构等单位意见，经地（市）级农业行政主管部门会同其他业务主管部门复核，向省级农业行政主管部门推荐，并报省级有关业务主管部门备案。

（3）省级农业行政主管部门分别征求农业(农机、渔业、畜牧、农垦)、发改、财政、税务、工商、银行业监督管理机构、水利、林业、供销社等部门和单位意见,经专家评审后在媒体上进行公示。经公示无异议的,根据示范社分配名额,以省级农业行政主管部门文件向全国联席会议办公室等额推荐,并附审核意见和相关材料。

第三章　评　定

第八条　国家示范社每两年评定一次。

第九条　全国联席会议办公室组织工作组,对各地推荐的示范社进行复核。

第十条　国家示范社评定要坚持标准,严格程序。

评定程序:

（1）工作组根据各省(区、市)农业行政主管部门会同其他业务主管部门联合审定的推荐意见,对示范社申报材料进行审查,提出国家示范社候选名单和复核意见。

（2）全国联席会议办公室根据工作组的意见和建议,形成评定工作报告报全国联席会议审定。

（3）全国联席会议审定后,在有关媒体上进行公示,公示期为 7 个工作日。对公示的农民专业合作社有异议的,由地方农业行政主管部门会同有关部门进行核实,提出处理意见。

（4）经公示无异议的农民专业合作社,获得国家农民专业合作社示范社称号,由农业部、国家发改委、财政部、国家税务总局、国家工商总局、中国银监会、水利部、国家林业局、中华全国供销合作总社等部门和单位联合发文并公布名单。

（5）全国联席会议办公室将国家示范社名单汇总,建立国家示范社名录。

第四章　监　测

第十一条　建立国家示范社动态监测制度,对国家示范社运行情况进行综合评价,为制定国家示范社的动态管理和扶持政策提供依据。

第十二条　全国联席会议成员单位加强对国家示范社的调查研究,跟踪了解国家示范社的生产经营情况,研究完善相关政策,解决发展中遇到的突出困难和问题。

第十三条　实行两年一次的监测评价制度。

具体程序:

（1）全国联席会议办公室提出国家示范社运行监测工作方案，报全国联席会议确定后组织开展运行监测评价工作。

（2）国家示范社在监测年份的 5 月 20 日前，将本社发展情况报所在县级农业行政主管部门及其他业务主管部门。材料包括：国家示范社发展情况统计表，示范社成员产品交易、盈余分配、财务决算、成员增收、涉农项目实施等情况，享受税费减免、财政支持、金融扶持、用地用电等优惠政策情况。

（3）县级农业行政主管部门会同农业（农机、渔业、畜牧、农垦）、水利、林业、供销社等部门和单位，对所辖区域国家示范社所报材料进行核查。核查无误后，经市级农业行政主管部门进行汇总，报省级农业行政主管部门。省级农业行政主管部门会同有关部门组织专家对本地区内国家示范社监测材料进行审核，提出合格与不合格监测意见并报全国联席会议办公室。

（4）全国联席会议办公室组织相关领域专家成立专家组，负责对各省（区、市）监测结果进行审查，提出监测意见和建议。

（5）根据专家组的监测意见，全国联席会议办公室对国家示范社的运行状况进行分析，完成监测报告并提交全国联席会议审定。

第十四条 监测合格的国家示范社，以农业部文件确认并公布。监测不合格的或者没有报送监测材料的，取消其国家示范社资格，从国家示范社名录中删除。

第十五条 全国联席会议办公室根据各省（区、市）在监测中淘汰的国家示范社数量，在下一次国家示范社评定中予以等额追加。

第五章 附 则

第十六条 国家示范社及申报国家示范社的农民专业合作社应按要求如实提供有关材料，不得弄虚作假。如存在舞弊行为，一经查实，已经评定的国家示范社取消其资格；未经评定的取消其申报资格，3 年内不得再行申报。

第十七条 国家示范社要及时提供有关材料，对不认真、不及时提供的，要给予警告，并作为监测考核的重要依据。

第十八条 对在申报、评定、监测工作中，不坚持公开、公平、公正原则，存在徇私舞弊行为的有关人员，要按有关党纪政纪规定予以严肃查处。

第十九条 各省（区、市）农业行政主管部门可根据本办法，会同发改、财政、水利、税务、工商、林业、银行业监督管理机构、供销社等部门和单位，制定本地示范社评定办法。

第二十条 本办法由全国联席会议办公室负责解释。

第二十一条 本办法自发布之日起施行。

工商总局农业部关于进一步做好农民专业合作社登记与相关管理工作的意见

工商个字〔2013〕199 号

《农民专业合作社法》颁布实施以来,各级工商行政管理、农业行政管理部门充分发挥职能作用,积极服务和促进农民专业合作社发展,农民专业合作社数量快速增长,实力逐步增强,在发展现代农业、促进农民增收、建设社会主义新农村中发挥了重要作用。为贯彻落实《中共中央国务院关于加快发展现代农业进一步增强农村发展活力的若干意见》(中发〔2013〕1 号)精神,按照"积极发展、逐步规范、强化扶持、提升素质"的要求,进一步加强农民专业合作社登记及相关管理,促进农民专业合作社健康发展,现提出如下意见:

一、进一步规范农民专业合作社管理工作

(一)按照《农民专业合作社法》、《农民专业合作社登记管理条例》的要求,农民专业合作社成员应依法在工商行政管理部门备案。各级登记机关应加强对农民专业合作社申办者的宣传引导,按照法律法规对农民专业合作社所有成员予以备案。

(二)已迁入城镇居住但仍保留土地承包经营权的居民申请设立农民专业合作社可以按照农民身份对待,其成员身份证明为居民身份证、土地承包经营权证,或者村民委员会(居民委员会)出具的身份证明。

(三)国有农(牧、渔、林)场等企业、事业单位中实行承包经营、从事农产品生产经营或农业生产经营服务的职工可以参照《农民专业合作社法》、《农民专业合作社登记管理条例》设立农民专业合作社。从事农产品生产经营的,在登记时应当提交土地承包经营合同;从事农业生产经营服务(包括农业技术服务、农产品运输、农机服务、养殖等)的,在登记时应当提交本人居民身份证和由所在国有农(牧、渔、林)场出具的身份确认文件。符合上述条件的职工人数或职工与农民人数之和至少应当占成员总数的 80%。

(四)村民委员会不能成为农民专业合作社的单位成员。不得混淆村民委员会管理公共事务的职能与农民专业合作社的经济组织功能、实行"村社合一"。

(五)依照《农民专业合作社法》的要求,遵循民管、民享、民受益和农民自愿的原则推进农民专业合作社发展,不得采取自上而下、行政命令的方法强行推动设立农民专业合作社或者农民专业合作社联合社。

（六）扎实推进农民专业合作社示范社建设。制定农民专业合作社示范社评定标准,建立科学的示范社申报、审核评定和动态监测机制,将示范社作为政策扶持重点,引导农民专业合作社积极创建示范社。

二、建立农民专业合作社年报制度

（七）建立农民专业合作社年报制度,掌握农民专业合作社登记事项执行情况和经营运行状态,是落实《农民专业合作社财务会计制度（试行）》的客观要求,是为农民专业合作社积累商业信誉,提供信用服务,引导农民专业合作社规范发展的有效途径。

（八）农民专业合作社每年定期向登记机关报送农民专业合作社年度报告书,在登记机关指定网站上公示其年报的相关资料,并对公示年报信息的真实性负责。

（九）工商行政管理、农业行政管理部门应对农民专业合作社年报信息的填报加强指导,帮助农民专业合作社完整准确公示信息。要运用年报信息开展监督管理、行政指导、政策扶持和配套服务。要建立年报信息抽查核查制度,对年报信息的真实性进行核查,对年报中弄虚作假的,要依法予以处理。要将年报信息填报情况作为示范社动态监测的重要内容,对未按规定时间进行年度申报或申报信息不完整的,在动态监测中予以标注。

三、积极探索开展农民专业合作社联合社登记管理工作

（十）引导农民专业合作社以产品和产业为纽带开展合作与联合,积极探索农民专业合作社联合社登记管理办法。

（十一）农民专业合作社联合社应当由农民专业合作社根据发展需要自愿联合组建,以服务成员为宗旨,实行民主管理。

（十二）农民专业合作社联合社设立、变更、注销及备案登记参照《农民专业合作社法》、《农民专业合作社登记管理条例》相关规定办理,在设立登记时领取《农民专业合作社法人营业执照》。

（十三）农民专业合作社联合社成员应为农民专业合作社,且成员数应在3个以上。设立农民专业合作社联合社应有符合《农民专业合作社法》、《农民专业合作社登记管理条例》规定的章程、组织机构、成员出资、业务范围。农民专业合作社联合社可以与其成员使用同一住所。

（十四）农民专业合作社联合社名称依次由行政区划、字号、行业、组织形式组成,组织形式应当标明"专业合作社联合社"字样,并符合国家有关名称登记管理规定。

（十五）农民专业合作社联合社由住所所在地的县（市）、区以上工商行政管理部门登记。

各地工商行政管理部门和农业行政管理部门要认真贯彻落实本《意见》精神，加强沟通协作，建立高效的会商机制，加强研究、定期交流、信息共享、密切配合，共同做好农民专业合作社登记管理、跟踪服务与指导工作。执行过程中遇到的新情况、新问题，要及时报告工商总局和农业部。

2014 年

农业部关于切实做好 2014 年农业农村经济工作的意见

农发〔2014〕1 号

8. 加快推进农业标准化生产。……推行生产全程控制，加快推进全国农产品质量追溯管理信息平台建设，指导农产品生产企业和合作社建立产地证明准出制度，推行农产品质量标识制度，强化产地准出与市场准入的衔接。

11. 推进有利于农民增收的制度建设。……加强与金融部门的协调合作，创新农村抵押担保方式，培育抵押物交易市场和中介组织，支持建立农业信贷担保机构，设立抵押担保风险补偿基金。推进合作社开展信用合作试点，推动修订《农民专业合作社法》。推动完善农业保险保费补贴政策，不断扩大以三大粮食品种和畜牧业为核心的农业保险覆盖面，提高风险保障水平，逐步减少或取消产粮大县县级保费补贴，探索开展渔业养殖保险。

17. 构建新型农业经营体系。坚持家庭经营在农业中的基础地位，加快构建以农户家庭经营为基础、合作与联合为纽带、社会化服务为支撑的立体式复合型现代农业经营体系。加强对家庭农场的示范引导扶持，建立健全家庭农场管理服务制度。鼓励发展专业合作、股份合作等多种形式的农民合作社，评定国家农民专业合作社示范社，开展农民合作社贷款担保试点，支持合作社开展联合合作，大力发展农社对接等直供直销。落实和完善相关税收优惠政策，支持农民合作社发展农产品加工流通。推进农业产业化龙头企业扶持政策落实，支持龙头企业为农户提供贷款担保、订单收购、保险资助等服务。鼓励发展混合所有制农业产业化龙头企业，加强国家农业产业化示范基地建设，推动龙头企业集群发展，密切与农户、农民合作社的利益联结关系。

19.加强职业农民和农村实用人才培育。抓紧制定农业职业教育和技术培训专门规划,大力发展现代农业远程教育。推进"阳光工程"转型升级,重点培训农民合作社带头人、家庭农场经营者、种养大户、科技示范户和返乡创业的农民工,以及立志务农的大中专毕业生。……鼓励和支持农业产业化龙头企业、农业高等院校和农民合作社组建农业生产实训基地,积极培养农业后备人才。

28.促进农机装备水平提升和结构优化。……加快培育农机大户、农机合作社等新型农机化社会服务组织,加强农机售后培训、维修服务和作业服务,充分发挥农机化对规模经营的带动作用。

中共中央国务院关于全面深化农村改革加快推进农业现代化的若干意见

中发〔2014〕1号

12.加快发展现代种业和农业机械化。……积极发展农机作业、维修、租赁等社会化服务,支持发展农机合作社等服务组织。

22.扶持发展新型农业经营主体。鼓励发展专业合作、股份合作等多种形式的农民合作社,引导规范运行,着力加强能力建设。允许财政项目资金直接投向符合条件的合作社,允许财政补助形成的资产转交合作社持有和管护,有关部门要建立规范透明的管理制度。推进财政支持农民合作社创新试点,引导发展农民专业合作社联合社。按照自愿原则开展家庭农场登记。鼓励发展混合所有制农业产业化龙头企业,推动集群发展,密切与农户、农民合作社的利益联结关系。在国家年度建设用地指标中单列一定比例专门用于新型农业经营主体建设配套辅助设施。鼓励地方政府和民间出资设立融资性担保公司,为新型农业经营主体提供贷款担保服务。加大对新型职业农民和新型农业经营主体领办人的教育培训力度。落实和完善相关税收优惠政策,支持农民合作社发展农产品加工流通。

23.健全农业社会化服务体系。……扶持发展农民用水合作组织、防汛抗旱专业队、专业技术协会、农民经纪人队伍。

24.加快供销合作社改革发展。发挥供销合作社扎根农村、联系农民、点多面广的优势,积极稳妥开展供销合作社综合改革试点。按照改造自我、服务农民的要求,创新组织体系和服务机制,努力把供销合作社打造成为农民生产生活服务的生力军和综合平台。支持供销合作社加强新农村现代流通网络和农产品批发市场建设。

26.发展新型农村合作金融组织。在管理民主、运行规范、带动力强的农民合作社和供销合作社基础上,培育发展农村合作金融,不断丰富农村地区金融机构类型。坚持社员制、封闭性原则,在不对外吸储放贷、不支付固定回报的前提下,推动社区性农村资金互助组织发展。完善地方农村金融管理体制,明确地方政府对新型农村合作金融监管职责,鼓励地方建立风险补偿基金,有效防范金融风险。适时制定农村合作金融发展管理办法。

27.加大农业保险支持力度。……鼓励开展多种形式的互助合作保险。

31.加强农村基层党的建设。……进一步加强农民合作社、专业技术协会等的党建工作,创新和完善组织设置,理顺隶属关系。

33.创新基层管理服务。……推动农村集体产权股份合作制改革,保障农民集体经济组织成员权利,赋予农民对落实到户的集体资产股份占有、收益、有偿退出及抵押、担保、继承权,建立农村产权流转交易市场,加强农村集体资金、资产、资源管理,提高集体经济组织资产运营管理水平,发展壮大农村集体经济。

农业部办公厅关于 2014 年农村经营管理工作要点

农办经〔2014〕2 号

(六)加强农民负担监督管理工作指导。……适应构建新型农业经营体系新要求,推动农民负担监管向家庭农场、专业大户、农民合作社等新型农业经营主体延伸,防止乱收费在新的领域滋生蔓延。

(九)强化减负惠农政策落实监督检查。……扩大农民负担监测范围,修订完善监测指标,构建包括家庭农场、专业大户、农民合作社等新型经营主体的监测指标系统。

(十三)加强和规范农村财务管理。……组织开展农民合作社示范社会计报表编制、报送和分析工作,研究加强合作社财务管理、会计核算的具体措施。

(十五)加强规范化建设。研究制定加强合作社规范化建设的意见,指导合作社健全规章制度、完善运行机制、强化财务管理,提升合作社管理水平和发展质量。认真贯彻落实《工商总局农业部关于进一步做好农民专业合作社登记与相关管理工作的意见》(工商个字〔2013〕199 号),加强与工商登记机关的协作配合,做好农民合作社和联合社登记管理工作,建立定期会商与登记信息共享机制。深入推进示范社建设行动,引导合作社规范发展。认真落实《国家农民专业合作社示范社评定及监测暂行办法》(农经发〔2013〕10 号),开展国家示范社申报和评定工作,建立国家示范社名录,为把示范社作为政策扶持的重点提供依据。指导各地开展示范社动态监测,对示范社运行情况进行综合评价,对不合格的示范社取消其资格,推动合作社规范化建设。

(十六)强化扶持和服务。加强与有关部门沟通协调,积极落实支持合作社发展的政策措施。配合财政部门完善有关政策,推动财政项目资金投向符合条件的合作社,把示范社作为扶持重点。推动财政项目形成的资产转交合作社持有和管护,指导合作社建立健全管护机制,明确管护责任,提高资金使用效率,实现资产保值增值。开展农民合作社贷款担保费补贴试点,探索财政资金撬动金融资本的有效方式。配合财政部、国家税务总局研究制定对农民合作社开展农产品加工流通业务给予所得税优惠政策。配合国土部门认真落实农用地政策,划定一定比例的土地用于支持合作社建设配套辅助设施。加大对农民合作社辅导员、带头人、经营管理人员和骨干成员的培训力度。

(十七)支持合作社做大做强。支持合作社开展标准化生产和“三品一标”认证,建立产品质量追溯制度,确保广大人民群众“舌尖上的安全”。鼓励合作社注册自有商标,加强品牌建设,提升合作社产品知名度和影响力。支持合作社开展信息化建设,用信息化手段提升经营管理水平。鼓励合作社大力发展农产品加工和流通业务,拉长产业链,缩短营销链。继续开展农社对接试点,扩大试点范围,发展多种形式的产销衔接。支持合作社坚持自愿互利、自下而上原则,以产品和产业为纽带开展合作与联合。鼓励同业合作社或产业密切关联的合作社在自愿前提下,采取兼并、合并等方式进行重组,共同开展加工营销业务,进一步提升合作社带动农户能力、自我发展能力和市场竞争能力。

(十八)开展农民合作社信用合作试点。会同有关部门研究起草农民合作社信用合作业务规范管理办法。重点围绕粮食、蔬菜、水果、畜禽、花卉苗木等产业,选择一批产业基础牢、经营规模大、带动能力强、信用记录好的合作社,按照限于成员内部、用于产业发展、吸股不吸储、分红不分息、风险可掌控的原则,开展信用合作试点。

(十九)鼓励专业合作、股份合作等多元化、多类型合作社发展。加强对各种类型合作社的指导,将符合条件的各类农民合作社纳入示范社评选等支持范围。鼓励农民以土地经营权折价入股农民专业合作社。正确引导仅以土地流转中介为目的的农民专业合作社发展,防止出现强制“归大堆”的做法。引导农民发展多种形式的股份合作社,增加农民财产性收入。积极推进农民专业合作社法修订工作。

(二十二)完善融合多元主体共同发展的机制。充分发挥农业产业化经营有效融合各类农业经营主体的联结带动作用。探索完善"龙头企业＋家庭农场"、"龙头企业＋合作社＋农户"、"龙头企业＋农户"等组织模式,建立示范和奖励机制,支持龙头企业为农户提供贷款担保、订单收购农产品、资助农业保险等服务,研究创新财政支持农业产业化发展措施。

（二十五）创新服务供给机制和实现形式。在充分发挥农业公益性服务机构作用的基础上,按照主体多元、形式多样、竞争充分的原则,大力培育发展专业服务公司、专业服务合作社、专业技术协会、专业服务队等农业经营性服务组织,积极探索增强集体经济组织服务能力的有效形式。

（二十六）创新服务方式和工作手段。鼓励和引导各类服务组织积极拓展服务领域,延长服务链条,创新服务方式,提升服务水平。积极推广专业服务公司加合作社加农户、涉农企业加专家加农户等服务模式,引导各类服务组织与生产经营主体形成稳定的利益关系。

农业部关于促进家庭农场发展的指导意见

农经发〔2014〕1 号

三、明确工作指导要求。

要充分认识到,在相当长时期内普通农户仍是农业生产经营的基础,在发展家庭农场的同时,不能忽视普通农户的地位和作用。要充分认识到,不断发展起来的家庭经营、集体经营、合作经营、企业经营等多种经营方式,各具特色、各有优势,家庭农场与专业大户、农民合作社、农业产业化经营组织、农业企业、社会化服务组织等多种经营主体,都有各自的适应性和发展空间,发展家庭农场不排斥其他农业经营形式和经营主体,不只追求一种模式、一个标准。要充分认识到,家庭农场发展是一个渐进过程,要靠农民自主选择,防止脱离当地实际、违背农民意愿、片面追求超大规模经营的倾向,人为归大堆、垒大户。

九、引导家庭农场加强联合与合作。 引导从事同类农产品生产的家庭农场通过组建协会等方式,加强相互交流与联合。鼓励家庭农场牵头或参与组建合作社,带动其他农户共同发展。鼓励工商企业通过订单农业、示范基地等方式,与家庭农场建立稳定的利益联结机制,提高农业组织化程度。

社会信用体系建设规划纲要（2014—2020 年）

国发〔2014〕21 号

六、建立实施支撑体系

（三）实施专项工程

农村信用体系建设工程。为农户、农场、农民合作社、休闲农业和农产品生产、加工企业等农村社会成员建立信用档案，夯实农村信用体系建设的基础。开展信用户、信用村、信用乡（镇）创建活动，深入推进青年信用示范户工作，发挥典型示范作用，使农民在参与中受到教育，得到实惠，在实践中提高信用意识。推进农产品生产、加工、流通企业和休闲农业等涉农企业信用建设。建立健全农民信用联保制度，推进和发展农业保险，完善农村信用担保体系。

关于引导和促进农民合作社规范发展的意见

农经发〔2014〕7 号

近年来，农民合作社快速发展，在建设现代农业、促进农民增收、建设社会主义新农村中发挥了重要作用。但在发展中，一些地方重数量、轻质量，一些合作社有名无实、流于形式，制约了农民合作社功能作用的充分发挥。因此，当前和今后一个时期，应把加强农民合作社规范化建设摆在更加突出的位置，采取切实有效措施，提高农民合作社发展质量。为贯彻落实《中共中央国务院关于全面深化农村改革加快推进农业现代化的若干意见》（中发〔2014〕1 号）精神，现就引导和促进农民合作社规范发展提出以下意见。

一、引导和促进农民合作社规范发展意义重大

1. 引导和促进农民合作社规范发展是加快构建新型农业经营体系、推进农业现代化的重要举措。要构建以农户家庭经营为基础、合作与联合为纽带、社会化服务为支撑的立体式复合型现代农业经营体系，就必须筑牢农民合作与联合的组织载体。引导农民合作社加强制度建设，强基固本，提高发展质量，为农户提供低成本便利化服务，紧密联结农业生产经营各环节各主体，为建设现代农业提供坚实的组织支撑。

2. 引导和促进农民合作社规范发展是维护成员合法权益、增强农民合作

社发展内生动力的客观要求。农民合作社作为农民群众自愿联合的互助性经济组织，其生命力关键取决于能否让农民持续受益。只有引导农民合作社健全规章制度，严格依法办社依章办事，才能维护好成员权益，切实增强农民合作社的吸引力、凝聚力和向心力，实现农民合作社持续健康发展。

3.引导和促进农民合作社规范发展是承接国家涉农项目、创新财政支农方式的重要基础。将农民合作社作为国家涉农项目的重要承担主体，既是国际的成功经验，也是我国创新财政支农方式、提高财政支农效率的改革方向。引导农民合作社建立完善的运行机制，真正实现民办民管民受益，吸引更多的农民加入农民合作社，为实施国家涉农项目、创新财政支农方式做实组织载体，确保农民群众从中受益。

二、引导和促进农民合作社规范发展的总体思路、基本原则和主要目标

4.总体思路。全面贯彻落实党的十八大和十八届三中全会精神，按照"服务农民、进退自由、权利平等、管理民主"的要求，以构建新型农业经营体系为主线，以促进农业稳定发展和农民持续增收为目标，坚持发展与规范并举、数量与质量并重，健全规章制度，完善运行机制，加强民主管理，强化指导扶持服务，注重示范带动，不断增强农民合作社经济实力、发展活力和带动能力，使之成为引领农民参与国内外市场竞争的现代农业经营组织。

5.基本原则

——坚持农民主体地位。尊重农民的主体地位和首创精神，以服务成员为宗旨，坚持成员地位平等，实行民主管理、民主监督，使全体成员共同受益。

——坚持分类指导。因地制宜、因社施策、循序渐进，根据不同产业、不同类型采取差别化的政策措施，增强指导的针对性和有效性。

——坚持典型示范。树立一批规范运行的先进典型，充分发挥其示范带动作用，提升农民合作社发展质量。

——坚持市场引导与政府监督相结合。在充分发挥市场配置资源决定性作用的基础上，强化政府对法律法规政策落实的督促检查，促进农民合作社规范治理、信用自治、有效运行。

6.主要目标。经过5年的努力，农民合作社规模扩大、成员数量增加，运行管理制度比较健全，组织机构运转有效，民主管理水平不断提高，产权归属清晰，财务社务管理公开透明，服务能力和带动效应明显增强，成员权益得到切实保障，发展质量显著提升。力争有70%以上的农民合作社建立完备的成员账户、实行社务公开、依法进行盈余分配，县级以上示范社超过20万家。

三、引导和促进农民合作社规范发展的主要任务

7. 发挥章程的规范作用。章程是决定农民合作社发展方向的根本制度，是农民合作社运行管理的基本遵循。指导农民合作社参照示范章程，制定符合自身特点的章程。农民合作社要根据生产经营活动和自身发展变化及时修改完善章程。章程一经法定程序通过，必须严格执行。

8. 依法登记注册。依法登记注册是农民专业合作社取得法人资格的前提。申请设立农民专业合作社，应当按照农民专业合作社法律法规规定，如实向工商部门提交章程、全体成员名册、成员出资清单等文件。工商部门应依法对农民专业合作社所有成员予以备案，并在企业信用信息公示系统公示相关登记信息及备案信息。农民专业合作社因法定事由发生变化，须及时向工商部门申请变更或备案。农民专业合作社联合社的登记，应按照《工商总局农业部关于进一步做好农民专业合作社登记与相关管理工作的意见》办理。

9. 实行年度报告制度。农民专业合作社要通过企业信用信息公示系统定期向工商部门报送年度报告。有关部门根据年报公示信息，加强对农民专业合作社的监督管理和配套服务，对没有按时报送信息或在年报中弄虚作假的农民专业合作社，列入经营异常名录，并不得纳入示范社评定和政策扶持范围。

10. 明晰产权关系。农民合作社应明确各类资产的权属关系。村集体经济组织、企事业单位、种养大户等领办农民合作社的，应严格区分其与农民合作社之间的产权。农民合作社公积金、财政补助资金形成的财产、捐赠财产应依法量化到每个成员。成员以其账户内记载的出资额和公积金份额为限对农民合作社承担责任。财政补助形成的资产转交农民合作社持有和管护的，应明确资产权属，建立健全管护机制。农民合作社接受国家财政直接补助形成的财产，在解散、破产清算时，不得作为可分配剩余资产分配给成员。

11. 完善协调运转的组织机构。农民合作社要依法建立成员（代表）大会、理事会、监事会等组织机构。各组织机构要切实履行职责，密切协调配合。成员（代表）大会是农民合作社的最高权力机构，每年至少召开一次，决策部署本社重大事项，选举和表决实行一人一票制加附加表决权。理事会是执行机构，负责落实成员（代表）大会决定，管理日常事务。监事会是监督机构，代表全体成员监督理事会的工作。理事会和监事会会议的表决，实行一人一票。规范经理选聘程序和要求，明确经理工作职责。理事长、理事、经理和财务会计人员不得兼任监事。

12.健全财务管理制度。指导农民合作社认真执行农民专业合作社财务会计制度,配备会计人员或将农民合作社财务进行委托代理,设置会计账簿,规范会计核算,并及时向登记机关和农村经营管理部门报送会计报表,并抄报有关行业主管部门。从事会计工作的人员,必须取得会计从业资格证书,会计与出纳互不兼任。理事长、监事会成员及其直系亲属、执行与农民合作社业务有关公务的人员,不得担任农民合作社的财务会计人员。

13.建立成员账户和管理档案。农民合作社应为每个成员建立成员账户,准确记载成员出资额、公积金量化份额、与农民合作社交易量(额)等内容。加强档案管理,建立符合自身产业特点、行业要求的基础台账,包括成立登记、年度计划、规章制度、会议记录(纪要)以及产品加工、收购、购销合同等文书档案,会计凭证、账簿、成员盈余分配等会计档案以及其他档案。

14.收益分配公平合理。收益分配事关农民合作社成员的切身利益。农民合作社应按照法律和章程制定盈余分配方案,经成员(代表)大会批准实施。可分配盈余中,按成员与农民合作社的交易量(额)比例返还的总额不得低于可分配盈余的60%;剩余部分依据成员账户中出资额、公积金份额、财政补助和社会捐赠形成的财产平均量化的份额,按比例进行分配。农民合作社可以由章程或成员(代表)大会决定,对成员为农民合作社提供管理、技术、信息、商标使用许可等服务或作出的其他突出贡献,给予一定报酬或奖励,在提取可分配盈余之前列支。农民合作社可以从当年盈余中提取公积金、公益金和风险金。农民合作社不得将成员作为牟利对象,其与成员和非成员的交易应当分别核算。

15.定期公开社务。指导农民合作社建立社务公开制度,法律章程要求公开的必须向成员如实公开,逐步实现公开事项、方式、时间、地点的制度化。理事会须依法编制年度业务报告、盈余分配方案、亏损处理方案以及财务会计报告,于成员(代表)大会召开的十五日前,置备于办公地点,供成员查阅。执行监事或者监事会负责对农民合作社年度业务报告和财务会计报告进行内部审计,农民合作社也可委托审计机构进行财务审计,审计结果须向成员(代表)大会报告。

16.坚持诚信经营。农民合作社要守法经营,重合同、守信用。强化产品质量安全,大力推行农业标准化、清洁化生产,积极推广使用节地、节水、节肥、节药等技术措施,控肥、控药、控添加剂,指导成员建立生产记录制度。实行农产品质量标识制度,积极开展"三品一标"认证、森林产品认证,建立健全农产品质量可追溯体系。开展种养殖废弃物利用和无害化处理,防止环境污染。加强合作文化建设,弘扬互助协作、扶贫济困、团结友爱传统美德,营造良好的乡风民风社风。

17. 稳妥开展信用合作。农民合作社开展信用合作,必须经有关部门批准,坚持社员制封闭性、促进产业发展、对内不对外、吸股不吸储、分红不分息的原则,严禁对外吸储放贷,严禁高息揽储。农民合作社要对信用合作业务进行单独核算,建立健全内部管理制度。各地要落实对农民合作社开展信用合作的监管责任,加强风险防控;对违反信用合作基本要求涉嫌非法集资的,依法进行处理和集中清理,对涉嫌严重违法的,移交司法机关追究法律责任;未落实监管责任、明确监管部门、建立监管制度的,停止审批。

18. 推进信息化建设。农民合作社应加强信息设备条件建设,利用物联网等现代信息技术开展生产经营、技术培训、财务社务管理,积极发展电子商务,努力实现财务会计电算化、社务管理数字化、产品营销网络化。鼓励农民合作社建立网站、短信平台,发布生产技术、市场信息,公布重大事项和日常运行情况,探索运用短信、网络等方式进行民主决策。

四、充分发挥政策导向作用,促进农民合作社规范发展

19. 加强政策引导。进一步完善财政、税收、金融等支持政策,加大扶持力度,拓宽扶持渠道,改进扶持方式,提高扶持效益,真正把运行规范的农民合作社作为政策扶持重点。要高度重视发挥政策的激励和导向作用,通过政策扶持,引导农民合作社加强制度建设,完善民主管理,增强服务意识,提升发展质量,让广大农民成员真正受益。

20. 加大财政税收扶持。各级财政要增加农民合作社发展资金,支持农民合作社开展信息、技术、培训、市场营销、基础设施建设等服务。新增农(林)业补贴要向农民合作社倾斜,允许财政项目资金直接投向符合条件的农民合作社,允许财政补助形成的资产转交农民合作社持有和管护,抓紧建立规范透明的管理制度。扩大农村土地整理、农业综合开发、农田水利建设、农技推广等涉农(林)项目由农民合作社承担的规模。落实和完善农民合作社税收优惠政策,支持农民合作社发展农产品生产加工流通。

21. 创新金融保险服务。把农民合作社纳入银行业金融机构信用评定范围,对信用等级较高的农民合作社在同等条件下实行贷款优先等正向激励措施,对于符合条件的农民合作社及其成员进行综合授信;鼓励地方政府和民间出资设立融资性担保公司,为农民合作社提供贷款担保服务;有条件的地方,对农民合作社贷款给予贴息。创新适合农民合作社生产经营特点的保险产品和服务。

22.给予用地用水用电支持。农民合作社生产设施用地和附属设施用地按农用地管理,在国家年度建设用地指标中单列一定比例专门用于农民合作社等新型农业经营主体建设配套辅助设施。农民合作社从事种植、养殖的用水用电及本社成员农产品初加工用电执行农业生产相关价格。

五、强化指导服务,健全推进农民合作社持续健康发展的工作机制

23.加强组织领导。全国农民合作社发展部际联席会议成员单位要充分发挥职能作用,密切协调配合,合力推进农民合作社规范化建设,全面提升农民合作社发展质量和水平。各地要建立相应的工作机制,明确和落实农业、发改、财政、水利、税务、工商、林业、银监、供销等部门和单位的职责,采取有效措施,强化指导服务,抓好督促检查,深入调查研究,加强形势研判。推进农民合作社辅导员队伍建设,建立多层次的指导服务体系。

24.突出示范引领。深入推进示范社建设行动,积极开展示范社评定,建立示范社名录,实行示范社动态监测,引导带动农民合作社规范发展。认真总结推广各地依法办社的先进典型和经验做法,树立一批可学可比的标杆和样板,营造规范办社、比学赶超、争创先进的良好氛围。

25.注重人才培养。坚持内部培养与外部引进相结合,加强农民合作社人才队伍建设。要分级建立农民合作社带头人人才库,把农民合作社人才纳入现代农业人才支撑计划、新型职业农民培育工程等项目,依托农民合作社人才培养实训基地,大规模开展理事长、经营管理人员、财会人员培训。建立人才引进机制,制定优惠政策,鼓励农技人员、农村能人等领头创办农民合作社,支持高校毕业生到农民合作社工作,引导农民合作社聘请职业经理人,不断提升农民合作社经营管理水平。

各级农业、发改、财政、水利、税务、工商、林业、银监、供销等部门和单位要认真贯彻落实本意见精神,及时向全国农民合作社发展部际联席会议办公室反馈有关情况。

关于引导农村土地经营权有序流转发展农业
适度规模经营的意见

中办发〔2014〕61 号

三、规范引导农村土地经营权有序流转

(九)扶持粮食规模化生产。……对从事粮食规模化生产的农民合作社、家庭农场等经营主体,符合申报农机购置补贴条件的,要优先安排。

四、加快培育新型农业经营主体

(十三)加快发展农户间的合作经营。鼓励承包农户通过共同使用农业机械、开展联合营销等方式发展联户经营。鼓励发展多种形式的农民合作组织,深入推进示范社创建活动,促进农民合作社规范发展。在管理民主、运行规范、带动力强的农民合作社和供销合作社基础上,培育发展农村合作金融。引导发展农民专业合作社联合社,支持农民合作社开展农社对接。允许农民以承包经营权入股发展农业产业化经营。探索建立农户入股土地生产性能评价制度,按照耕地数量质量、参照当地土地经营权流转价格计价折股。

(十四)鼓励发展适合企业化经营的现代种养业。鼓励农业产业化龙头企业等涉农企业重点从事农产品加工流通和农业社会化服务,带动农户和农民合作社发展规模经营。……支持农业企业与农户、农民合作社建立紧密的利益联结机制,实现合理分工、互利共赢。支持经济发达地区通过农业示范园区引导各类经营主体共同出资、相互持股,发展多种形式的农业混合所有制经济。

(十五)加大对新型农业经营主体的扶持力度。鼓励地方扩大对家庭农场、专业大户、农民合作社、龙头企业、农业社会化服务组织的扶持资金规模。支持符合条件的新型农业经营主体优先承担涉农项目,新增农业补贴向新型农业经营主体倾斜。加快建立财政项目资金直接投向符合条件的合作社、财政补助形成的资产转交合作社持有和管护的管理制度。……落实和完善相关税收优惠政策,支持农民合作社发展农产品加工流通。

五、建立健全农业社会化服务体系

(十七)培育多元社会化服务组织。……积极推广既不改变农户承包关系,又保证地有人种的托管服务模式,鼓励种粮大户、农机大户和农机合作社开展全程托管或主要生产环节托管,实现统一耕作,规模化生产。

(十八)开展新型职业农民教育培训。……实施新型职业农民培育工程,围绕主导产业开展农业技能和经营能力培养培训,扩大农村实用人才带头人示范培养培训规模,加大对专业大户、家庭农场经营者、农民合作社带头人、农业企业经营管理人员、农业社会化服务人员和返乡农民工的培养培训力度,把青年农民纳入国家实用人才培养计划。

(十九)发挥供销合作社的优势和作用。扎实推进供销合作社综合改革试点,按照改造自我、服务农民的要求,把供销合作社打造成服务农民生产生活的生力军和综合平台。利用供销合作社农资经营渠道,深化行业合作,推进技物结合,为新型农业经营主体提供服务。推动供销合作社农产品流通企业、农副产品批发市场、网络终端与新型农业经营主体对接,开展农产品生产、加工、流通服务。鼓励基层供销合作社针对农业生产重要环节,与农民签订服务协议,开展合作式、订单式服务,提高服务规模化水平。

农业部关于加快推进农产品质量安全信用体系
建设的指导意见

农质发〔2014〕16 号

二、指导思想和目标原则

(一)指导思想

全面学习贯彻党的十八大,十八届三中、四中全会精神和习近平总书记系列重要讲话精神,按照《社会信用体系建设规划纲要(2014—2020)》的要求,以信息系统建设和信息记录共享为基础,以农业投入品生产经营企业、农产品生产企业、农民合作社、种养殖大户为重点,以建立守信激励和失信惩戒机制为核心,强化生产经营主体诚信自律,营造诚信守法的良好社会氛围,全面提升农产品质量安全诚信意识和信用水平。

(三)重点领域

农产品质量安全信用体系建设的重点是农业投入品和农产品两个领域,农业投入品领域的重点是种子、农药、肥料、兽药、饲料等生产经营单位,农产品领域的重点是农产品生产企业、农民合作社、种养殖大户、收购贮运企业、屠宰企业等生产经营单位。

国务院办公厅关于引导农村产权流转交易市场健康发展的意见

国办发〔2014〕71 号

二、定位和形式

（三）性质。……流转交易以服务农户、农民合作社、农村集体经济组织为主，流转交易目的以从事农业生产经营为主，具有显著的农业农村特色。

（四）功能。农村产权流转交易市场既要发挥信息传递、价格发现、交易中介的基本功能，又要注意发挥贴近"三农"，为农户、农民合作社、农村集体经济组织等主体流转交易产权提供便利和制度保障的特殊功能。

三、运行和监管

（九）交易主体。凡是法律、法规和政策没有限制的法人和自然人均可以进入市场参与流转交易，具体准入条件按照相关法律、法规和政策执行。现阶段市场流转交易主体主要有农户、农民合作社、农村集体经济组织、涉农企业和其他投资者。

2015 年

农业部关于扎实做好 2015 年农业农村经济工作的意见

农发〔2015〕1 号

10.加强农机作业薄弱环节与后续服务。……加快发展农机服务组织，培养职业型农机实用人才，拓展农机作业服务市场，发挥农机合作社和农机大户在农业规模经营和先进技术推广中的作用。

18.发展农产品电子商务。……推进合作社与超市、学校、企业、社区对接。

22.鼓励利用财政资金撬动金融保险支农。……积极探索新型农村合作金融发展的有效途径，稳妥开展农民合作社内部资金互助试点，落实地方政府监管责任。

28.培育新型农业经营主体。……贯彻落实《关于引导和促进农民合作社规范发展的意见》,引导合作社拓宽服务领域,实行年度报告公示制度,深入推进示范社创建行动。推进农业产业化示范基地建设和龙头企业转型升级。引导农民以土地经营权入股合作社和龙头企业。推进新型农业经营主体和新型职业农民"两新"融合、一体发展,扩大新型职业农民培育工程示范范围,在专业大户、家庭农场、农民合作社、龙头企业设立新型职业农民培训课堂、实训和创业基地。

农业部办公室关于 2015 年农村经营管理工作要点

农办经〔2015〕6 号

（六）引导和促进农民合作社规范发展

1.继续深入推进示范社创建。大力推动农业部等九部门《关于引导和促进农民合作社规范发展的意见》贯彻落实,促进合作社加强制度建设,完善民主管理,增强服务意识,提升发展质量。启动国家示范社动态监测,综合评价示范社运行情况,对不合格的取消其资格,确保示范社的先进性和代表性。督促地方指导合作社开展年度报告公示,及时准确报送和公示生产经营、资产状况等信息,提高资信能力。发挥合作社辅导员在规范合作社发展中的积极作用,强化合作社辅导员队伍建设,鼓励辅导员进村驻社,指导帮扶合作社健全管理制度。在合作社发展起步早的地方,力争率先实现规范发展。

2.稳妥开展农民合作社内部信用合作试点。按照发展新型农村合作金融组织工作领导小组要求,配合银监会等部门研究制定合作社开展内部信用合作试点方案和监管办法,加强监督管理和风险防控。重点围绕粮食、果蔬、畜禽等产业,选择一批管理民主、运行规范、带动力强的农民合作社,坚持社员制封闭性,依托产业发展,按照对内不对外、吸股不吸储、分红不分息的原则,开展合作社内部信用合作试点,为发展新型农村合作金融探索路子、积累经验。

3.引导合作社拓宽服务领域。鼓励合作社为成员提供专业化、社会化服务,不断拓宽服务范围。继续开展农社对接试点,推进合作社与社区、超市、企业、学校对接,发展农产品直供直销。鼓励合作社兴办农产品加工流通业务或入股加工流通企业,延长产业链条,提高产品附加值。鼓励和引导合作社坚持自愿平等互利原则发展联合社,提高合作层次,增强合作社市场竞争能力和带动农户能力。引导农民以土地经营权、资金、技术等要素入股合作社。坚持诚信经营,引导成员加强合作文化建设,弘扬互助协作、扶贫济困、团结友爱传统美德,营造良好乡风民风社风。

4.落实完善扶持政策。充分发挥全国农民合作社发展部际联席会议各部门职能作用,落实并完善支持合作社发展的财政、税收、金融、用地等政策措施,加大扶持力度,拓宽扶持渠道。营造支持合作社规范发展的政策环境,把运行规范的合作社尤其是示范社作为政策扶持重点和国家"三农"建设项目的重要承担主体,推动加大财政项目资金、涉农项目资金、新增农业补贴资金直接投向示范社的力度,推动财政项目形成的资产转交合作社持有和管护。继续开展农民合作社贷款担保保费补助试点,扩大试点范围,推广成功经验,探索创新财政支农方式。指导有条件的地方设立合作社贷款担保基金,为合作社贷款提供担保。加强与农业银行等金融机构合作,开展银社对接,扩大金融服务合作社的覆盖面。推动将合作社纳入政策性农业保险参保对象,提高保费补助标准。加大对农民合作社带头人和经营管理人员骨干成员的培训力度,提高依法办社能力。

5.加快农民专业合作社法修改进程。坚持问题导向,围绕影响合作社规范发展的突出问题和薄弱环节,着力研究专业合作、股份合作等各种类型合作社的运行方式和合作机制。配合有关方面抓紧修改《农民专业合作社法》,深入开展调研论证,广泛听取各方意见,完善有利于合作社持续健康发展的法律制度安排。指导各地加强合作社法治建设,建立健全配套法规,推动合作社依法建社、依法治社、依法兴社。

(七)大力发展农业产业化,促进一、二、三产业融合互动

1.推动农业产业化经营改革创新。引导农民以土地经营权入股农民合作社、龙头企业发展农业产业化经营。在部分具备条件的地区,开展土地经营权入股发展产业化经营试点,探索可复制、能推广的经验做法。

4.深入推进一村一品强村富民工程。……积极开展多种形式的产销对接活动,强化专业示范村镇与龙头企业、农民专业合作社等市场主体的有效对接,提高一村一品名优产品知名度和商品化率。

5.完善利益联结机制。……支持龙头企业与家庭农场、农民合作社进行产销对接,积极探索利润返还、股份合作等紧密型利益联结关系,做给农民看、带着农民干、帮助农民销、实现农民富。

（八）探索创新服务供给机制和实现形式，不断强化农业社会化服务

2.创新多元社会化服务机制。鼓励和引导各类服务组织积极拓展服务领域，延长服务链条，创新服务方式，提升服务质量和水平。……积极推广既不改变农户承包关系，又保证地有人种的托管服务模式，鼓励种粮大户、农机大户和农机合作社开展全程托管或主要生产环节托管，实现统一耕作、规模化生产。

（九）组织开展赋予集体资产股份权能改革试点

督促各地确定试点地区和试点内容，会同有关部门研究批复各省上报的积极发展农民股份合作赋予农民对集体资产股份权能改革试点方案，尽快启动试点工作。

（十三）切实规范农村财务管理

……加强农民合作社财务会计工作，健全财务管理制度，完善成员账户和档案管理，规范盈余分配和社务公开，进一步提高合作社经营管理水平。

（十五）深入开展农民负担重点治理

……加强向农民合作社、家庭农场、专业大户等新型农业经营主体乱收费乱罚款等行为的监管，推动各项优惠扶持政策落实。

关于加大改革创新力度加快农业现代化建设的若干意见

中发〔2015〕1 号

5.创新农产品流通方式。……推进合作社与超市、学校、企业、社区对接。

21.加快构建新型农业经营体系。坚持和完善农村基本经营制度，坚持农民家庭经营主体地位，引导土地经营权规范有序流转，创新土地流转和规模经营方式，积极发展多种形式适度规模经营，提高农民组织化程度。鼓励发展规模适度的农户家庭农场，完善对粮食生产规模经营主体的支持服务体系。引导农民专业合作社拓宽服务领域，促进规范发展，实行年度报告公示制度，深入推进示范社创建行动。推进农业产业化示范基地建设和龙头企业转型升级。引导农民以土地经营权入股合作社和龙头企业。鼓励工商资本发展适合企业化经营的现代种养业、农产品加工流通和农业社会化服务。土地经营权流转要尊重农民意愿，不得硬性下指标、强制推动。尽快制定工商资本租赁农

地的准入和监管办法,严禁擅自改变农业用途。

22. 推进农村集体产权制度改革。……对经营性资产,重点是明晰产权归属,将资产折股量化到本集体经济组织成员,发展多种形式的股份合作。

23. 稳步推进农村土地制度改革试点。在确保土地公有制性质不改变、耕地红线不突破、农民利益不受损的前提下,按照中央统一部署,审慎稳妥推进农村土地制度改革。分类实施农村土地征收、集体经营性建设用地入市、宅基地制度改革试点。……赋予符合规划和用途管制的农村集体经营性建设用地出让、租赁、入股权能,建立健全市场交易规则和服务监管机制。

24. 推进农村金融体制改革。……积极探索新型农村合作金融发展的有效途径,稳妥开展农民合作社内部资金互助试点,落实地方政府监管责任。做好承包土地的经营权和农民住房财产权抵押担保贷款试点工作。鼓励开展"三农"融资担保业务,大力发展政府支持的"三农"融资担保和再担保机构,完善银担合作机制。……完善对新型农业经营主体的金融服务。

25. 深化水利和林业改革。……鼓励发展农民用水合作组织,扶持其成为小型农田水利工程建设和管护主体。

26. 加快供销合作社和农垦改革发展。全面深化供销合作社综合改革,坚持为农服务方向,着力推进基层社改造,创新联合社治理机制,拓展为农服务领域,把供销合作社打造成全国性为"三农"提供综合服务的骨干力量。抓紧制定供销合作社条例。

27. 创新和完善乡村治理机制。……激发农村社会组织活力,重点培育和优先发展农村专业协会类、公益慈善类、社区服务类等社会组织。

29. 健全农业市场规范运行法律制度。……逐步完善覆盖农村各类生产经营主体方面的法律法规,适时修改农民专业合作社法。

30. 健全"三农"支持保护法律制度。……积极推动农村金融立法,明确政策性和商业性金融支农责任,促进新型农村合作金融、农业保险健康发展。加快扶贫开发立法。

农业部关于进一步调整优化农业结构的指导意见

农发〔2015〕2 号

四、强化进一步调整优化农业结构的政策措施

(四)加快构建新型农业经营体系,发挥新型农业经营主体在调整优化农业结构中的示范带动作用。加强新型农业经营主体培育,通过贴息贷款、项目支持等方式,支持种养大户、家庭农场、农民合作社、龙头企业等发展适度规模种养业、生态循环农业。深入推进农民合作社示范社创建行动,鼓励合作社兴办加工流通实体,大力发展农社对接。引导农民以土地经营权入股农民合作社和龙头企业。

国务院办公厅关于推进农村一二三产业融合发展的指导意见

国办发〔2015〕93 号

(十)强化农民合作社和家庭农场基础作用。鼓励农民合作社发展农产品加工、销售,拓展合作领域和服务内容。鼓励家庭农场开展农产品直销。引导大中专毕业生、新型职业农民、务工经商返乡人员领办农民合作社、兴办家庭农场、开展乡村旅游等经营活动。支持符合条件的农民合作社、家庭农场优先承担政府涉农项目,落实财政项目资金直接投向农民合作社、形成资产转交合作社成员持有和管护政策。开展农民合作社创新试点,引导发展农民合作社联合社。引导土地流向农民合作社和家庭农场。(农业部牵头负责)

(十一)支持龙头企业发挥引领示范作用。培育壮大农业产业化龙头企业和林业重点龙头企业,引导其重点发展农产品加工流通、电子商务和农业社会化服务,并通过直接投资、参股经营、签订长期合同等方式,建设标准化和规模化的原料生产基地,带动农户和农民合作社发展适度规模经营。(农业部、林业局牵头负责)

(十二)发挥供销合作社综合服务优势。推动供销合作社与新型农业经营主体有效对接,培育大型农产品加工、流通企业。健全供销合作社经营网络,支持流通方式和业态创新,搭建全国性和区域性电子商务平台。拓展供销合作社经营领域,由主要从事流通服务向全程农业社会化服务延伸、向全方位城乡社区服务拓展,在农资供应、农产品流通、农村服务等重点领域和环节为农民提供便利实惠、安全优质的服务。(供销合作总社牵头负责)

(十三)积极发展行业协会和产业联盟。……鼓励龙头企业、农民合作社、涉农院校和科研院所成立产业联盟,支持联盟成员通过共同研发、科技成果产业化、融资拆借、共有品牌、统一营销等方式,实现信息互通、优势互补。(农业部牵头负责)

(十五)创新发展订单农业。引导龙头企业在平等互利基础上,与农户、家庭农场、农民合作社签订农产品购销合同,合理确定收购价格,形成稳定购销关系。支持龙头企业为农户、家庭农场、农民合作社提供贷款担保,资助订单农户参加农业保险。鼓励农产品产销合作,建立技术开发、生产标准和质量追溯体系,设立共同营销基金,打造联合品牌,实现利益共享。(农业部、发展改革委、商务部、工商总局、银监会、保监会等负责)

(十六)鼓励发展股份合作。……以土地、林地为基础的各种形式合作,凡是享受财政投入或政策支持的承包经营者均应成为股东方,并采取"保底收益＋按股分红"等形式,让农户分享加工、销售环节收益。探索形成以农户承包土地经营权入股的股份合作社、股份合作制企业利润分配机制,切实保障土地经营权入股部分的收益。(农业部、发展改革委、财政部、国土资源部、林业局等负责)

(二十)创新农村金融服务。……坚持社员制、封闭性、民主管理原则,发展新型农村合作金融,稳妥开展农民合作社内部资金互助试点。……加强涉农信贷与保险合作,拓宽农业保险保单质押范围。(人民银行、财政部、银监会、证监会、保监会、农业部、发展改革委、税务总局等负责)

(二十一)强化人才和科技支撑。……鼓励科研人员到农村合作社、农业企业任职兼职,完善知识产权入股、参与分红等激励机制。(教育部、科技部、农业部、人力资源社会保障部、发展改革委、旅游局等负责)

中共中央国务院关于落实发展新理念加快农业现代化 实现全面小康目标的若干意见

中发〔2016〕1 号

5. 发挥多种形式农业适度规模经营引领作用。坚持以农户家庭经营为基础,支持新型农业经营主体和新型农业服务主体成为建设现代农业的骨干力量,充分发挥多种形式适度规模经营在农业机械和科技成果应用、绿色发展、市场开拓等方面的引领功能。完善财税、信贷保险、用地用电、项目支持等政策,加快形成培育新型农业经营主体的政策体系,进一步发挥财政资金引导作用,撬动规模化经营主体增加生产性投入。适应新型农业经营主体和服务主体发展需要,允许将集中连片整治后新增加的部分耕地,按规定用于完善农田配套设施。探索开展粮食生产规模经营主体营销贷款改革试点。积极培育家庭农场、专业大户、农民合作社、农业产业化龙头企业等新型农业经营主体。

支持多种类型的新型农业服务主体开展代耕代种、联耕联种、土地托管等专业化规模化服务。

6. 加快培育新型职业农民。将职业农民培育纳入国家教育培训发展规划,基本形成职业农民教育培训体系,把职业农民培养成建设现代农业的主导力量。……开展新型农业经营主体带头人培育行动,通过5年努力使他们基本得到培训。

15. 大力发展休闲农业和乡村旅游。依托农村绿水青山、田园风光、乡土文化等资源,大力发展休闲度假、旅游观光、养生养老、创意农业、农耕体验、乡村手工艺等,使之成为繁荣农村、富裕农民的新兴支柱产业。……积极扶持农民发展休闲旅游业合作社。

16. 完善农业产业链与农民的利益联结机制。促进农业产加销紧密衔接、农村一二三产业深度融合,推进农业产业链整合和价值链提升,让农民共享产业融合发展的增值收益,培育农民增收新模式。支持供销合作社创办领办农民合作社,引领农民参与农村产业融合发展、分享产业链收益。创新发展订单农业,支持农业产业化龙头企业建设稳定的原料生产基地、为农户提供贷款担保和资助订单农户参加农业保险。鼓励发展股份合作,引导农户自愿以土地经营权等入股龙头企业和农民合作社,采取"保底收益＋按股分红"等方式,让农户分享加工销售环节收益,建立健全风险防范机制。加强农民合作社示范社建设,支持合作社发展农产品加工流通和直供直销。

24. 推动金融资源更多向农村倾斜。加快构建多层次、广覆盖、可持续的农村金融服务体系,发展农村普惠金融,降低融资成本,全面激活农村金融服务链条。……扩大在农民合作社内部开展信用合作试点的范围,健全风险防范化解机制,落实地方政府监管责任。开展农村金融综合改革试验,探索创新农村金融组织和服务。……在风险可控前提下,稳妥有序推进农村承包土地的经营权和农民住房财产权抵押贷款试点。

26. 深化农村集体产权制度改革。到2020年基本完成土地等农村集体资源性资产确权登记颁证、经营性资产折股量化到本集体经济组织成员,健全非经营性资产集体统一运营管理机制。稳定农村土地承包关系,落实集体所有权,稳定农户承包权,放活土地经营权,完善"三权分置"办法,明确农村土地承包关系长久不变的具体规定。……深入推进供销合作社综合改革,提升为农服务能力。完善集体林权制度,引导林权规范有序流转,鼓励发展家庭林场、股份合作林场。

2016 年

农业部关于扎实做好 2016 年农业农村经济工作的意见
农发〔2016〕1 号

14. 提高农业标准化生产水平。……大规模开展农业标准化创建活动,开展产地环境污染调查与治理修复示范,推行高毒农药定点销售、实名购买制度,在龙头企业和合作社、家庭农场推行投入品记录制度,开展兽用抗菌药综合治理行动。扩大无公害农产品、绿色食品、有机农产品生产规模,加强农产品地理标志登记保护,着力打造一大批农业标准化生产基地。

25. 积极引导发展多种形式适度规模经营。完善土地所有权、承包权、经营权分置办法,研究提出现有土地承包关系保持稳定并长久不变的具体政策建议。引导农民依法自愿有偿流转土地经营权,支持家庭农场、合作社和社会化服务组织托管农民土地,鼓励农民在自愿前提下以土地经营权入股合作社、龙头企业,发展土地流转、土地托管、土地入股等多种规模经营模式。探索农户土地承包经营权依法自愿有偿退出政策。加强对工商资本租赁农户承包地准入、监管和风险防范。加强农村经营管理体系建设,改进完善土地流转管理服务。

28. 推进农村集体产权制度改革。全面落实中央推进农村集体产权制度改革精神,指导基层开展农村集体资产核实和成员身份确认,重点抓好经营性资产量化、资源性资产确权、非经营性资产管护等工作。继续开展农村集体资产股份权能改革试点,在发展股份合作以及完善股份有偿退出、抵押担保、继承等权能方面探索形成一批成熟经验。

29. 推动农业金融保险创新。推动商业金融、政策金融、合作金融支持现代农业发展。建立健全全国农业信贷担保体系,完成省级农业信贷担保机构组建,并开始实质运营。扩大在农民合作社内部开展信用合作试点范围,健全风险防范化解机制。

32. 加强农业法治建设。大力推动《耕地质量保护条例》、《基本草原保护条例》、《农作物病虫害防治条例》、《畜禽屠宰管理条例》制定工作,积极推进《农产品质量安全法》、《渔业法》、《农民专业合作社法》修订工作,出台《种子法》、《农药管理条例》配套规章。

农业部办公厅关于 2016 年农村经营管理工作要点

农办经〔2016〕5 号

6.加强农民合作社示范社建设。引导合作社完善规章制度,加强民主管理,严格依法办社。评定一批国家示范社,纳入国家示范社名录,作为政策扶持的重点。督促指导合作社按时完成年度报告,提高资信能力。加强合作社法治建设,积极配合全国人大修改农民专业合作社法,广泛听取基层群众意见建议,努力使法律适应合作社发展需要。

7.引导农民合作社创新发展。鼓励和引导农民加强联合与合作,不断创新合作社组织形式、运行机制、产业业态,增强合作社发展活力。发展专业合作、股份合作等多元化多类型合作社,让农民根据自身需求自主选择,可以采取土地经营权、资金、技术要素入股等形式加入合作社。引导农民合作社在自愿平等互利基础上发展联合社,共同出资、共创品牌、共享利益。发挥农民合作社对贫困农户的组织和带动作用,加强贫困地区农民合作社培育发展,鼓励广大农户立足当地资源禀赋、优势产业组建合作社,发展壮大主导产业,实现产业扶贫脱贫。

8.鼓励农民合作社拓展服务内容。配合银监会开展农民合作社内部信用合作试点,健全风险防范化解机制,对已开展试点的地方,认真总结阶段性成果,提供可复制可推广的经验。支持互联网＋合作社,将现代信息技术广泛应用于合作社生产经营、管理服务全过程。鼓励农民合作社开展土地托管、代耕代种、联耕联种等专业化服务,支持农民发展休闲旅游合作社。支持合作社大力发展农产品加工流通,开展直供直销,发展"农社对接"。鼓励和支持合作社参加各种展示展销活动,注重品牌建设,扩大产品知名度和社会影响力。

9.落实和完善合作社扶持政策。充分发挥全国农民合作社发展部际联席会议平台作用,推动落实和完善农民合作社相关扶持政策,帮助农民合作社尽快做大做强。支持符合条件的农民合作社优先承担政府涉农项目,推动财政项目资金直接投向农民合作社、形成资产转交合作社持有和管护,继续开展农民合作社贷款担保保费补助试点。深入开展农民合作社带头人和辅导员培训,加强政策法规、合作理念、专业知识的宣传教育,提高他们的市场意识和发展能力。坚持开放办社,引导大中专毕业生、新型职业农民、务工经商返乡人员领办农民合作社。

附录3:

最值得阅读的农民合作社研究论著

(2011—2015 年)

编者按：自 2007 年《农民专业合作社法》颁布实施以来,我国的农民合作社进入了快速发展阶段。与此相应的是,近些年来,有关我国农民合作社的研究文献可谓汗牛充栋,无论是在规范性分析还是实证性研究中都取得了比较可观的成果。探索和记录在新的历史条件下我国农民合作社研究的路径和态势,关注和梳理在农民合作社发展过程中提出的理论观点和学术思想,从而为中国的农民合作社发展提供理论支持和实践指导,为世界的合作社运动描绘时代特色和中国篇章,无疑具有重大意义。鉴于此,从本中心研究人员推荐、关注度检索和转载引用情况等方面综合考量,本中心遴选推出当年"最值得阅读的农民合作社研究论著",以飨读者。

当然,需要申明和强调的是,本中心推荐的 2011—2015 年度"最值得阅读的农民合作社研究论著"仅代表一家之言,既非对本年度内农民合作社研究论著进行优秀评选,也不意味着对其他论著学术价值的否认,更难免挂一漏万、遗珠失贝。我们只是希望能够帮助推动优秀合作经济理论成果与政府部门、实践工作者之间的互动交流,进一步提升理论研究成果的社会影响力。

一、2011 年最值得阅读的农民合作社研究论著

(一)2011 年最值得阅读的著作

缺

(二)2011 年最值得阅读的十篇论文

1. 门炜、任大鹏:《外部资源对农民专业合作社发展的介入影响分析》,《农业经济问题》2011 年第 12 期

【推荐语】作为弱势人群的联合形式,合作社从来就难以避免外部资源(如政府、社区、企业与社会各界等)的介入,这里的介入较多地表现为支持、利用和干预。在我国现实国情下,农民专业合作社发展更是如此。近年来,讨论这个问题的论文有一些,但该文以资源"输入—输出"的视角来看问题,并注意到合作社资源的供求匹配,进而提出制度输出、智力输出和资源输出的介入类型

（可能表达为"输入"比较合适吧），有点新意。期盼今后能有关于这个问题的深入的实证研究。

2. 王军：《中国农民专业合作社社员机会主义行为的约束机制分析》，《中国农村观察》2011年第5期

【推荐语】合作社作为一种社员自由进出、民主控制的组织制度，其成员几乎必然地存在着严重的机会主义行为。因此，如何有效约束其成员机会主义行为实际上是关系到合作社运营成败的关键问题之一。该文主要集中梳理和分析了对社员机会主义行为的约束机制，如经营者的监督、划片经营制度、事后奖惩机制和定价机制。该文认为合作社利用这其中的一种或多种机制能够有效改变社员实施和不实施机会主义行为的收益和成本预期，从而约束社员的机会主义行为。该文不同于大多数研究者比较关注核心社员，而聚焦于普通社员，视角独到，值得一读。

3. 邓衡山、徐志刚、黄季焜、宋一青：《组织化潜在利润对农民专业合作组织形成发展的影响》，《经济学（季刊）》2011年第4期

【推荐语】关于农民专业合作组织的形成与发展，虽多有文献分析（特别是农户入社意愿研究），但少有从组织化潜在利润（即组织化获利空间及可能）入手研究的。该文基于对全国5省380村跟踪调查形成的面板数据，检验了相关假说。该文在构建具有可操作性的假说以及进行相应验证方面，颇有水准。此外，该文作者作为近年来介入合作社研究的一个团队，成果颇丰，表现出敏锐的研究直觉和优良的实证素质。

4. 张会萍、倪全学、杨国涛：《农村土地信用合作社对农户家庭收入的影响分析——基于宁夏平罗县225个农户的实证调查》，《农业技术经济》2011年第12期

【推荐语】近年来，合作社发展与土地流转的关系颇为引人注目，实践中也不乏通过合作社发展促进土地流转，或通过土地流转促进合作社发展的事例。宁夏平罗县土地信用合作社（或土地信用社）即是其中一例。该文基于对宁夏平罗县实地调查数据，实证研究了是否参与土地信用社对农户家庭收入的影响，结论是参与土地信用合作社对农户的家庭收入有着显著的正面影响。该文不失为2011年合作社研究中一个比较规范的实证研究。

5. 郑丹：《农民专业合作社盈余分配状况探究》，《中国农村经济》2011年第4期

【推荐语】近些年来，合作社盈余分配的研究相对较少。人们很容易辨识合作社分配的不合意和不规范，然而为什么研究分配的较少呢？是大家忽略

了吗？是难以获得相关资料吗？非也。这可能更多地是因为分配是制度设计和治理结构的结果，讨论分配更多地只能或是呈现其不合意性，或是呈现其合宜性。该文采用问卷调查的方法，对中国农民专业合作社盈余分配的实际状况进行了调查分析。该文的价值在于其针对当下比较缺乏研究的盈余分配问题，但其缺陷也在于其依然重点呈现其不合意性，而缺乏深入的机制（原因）分析。

6. 郭红东、陈敏、韩树春：《农民专业合作社正规信贷可得性及其影响因素分析——基于浙江省农民专业合作社的调查》，《中国农村经济》2011 年第 7 期

【推荐语】合作社本身就是一种融资形式，它既是融资的载体和平台，也是融资的需求者和供给者。目前，融资难问题已经成为制约中国农民专业合作社发展壮大的主要问题之一。该文运用浙江省农民专业合作社的调查数据，对农民专业合作社正规信贷可得性情况及其影响因素进行实证分析。应该说，该文的价值并不在于其提出多少富有新意的观点，而在于其研究的实证性和规范性。

7. 崔宝玉、陈强：《资本控制必然导致农民专业合作社功能弱化吗？》，《农业经济问题》2011 年第 2 期

【推荐语】近年来，我国农民专业合作社发展中比较普遍存在的核心成员与外围成员共存的非均衡结构，一直是研究热点之一。不少研究者和实践者都自觉或不自觉地认为合作社核心成员的实际控制不利于合作社发展。该文通过探讨农民专业合作社资本控制的积极和消极双重效应，进而得出"合作社的资本控制不必然导致合作社功能弱化"的结论，观点值得注意，持论比较公允。当然，文中通过两个例证来佐证，难免不太得力。此外，第一作者作为一名青年学者，近年来成果颇丰，值得一提。

8. 黄祖辉、扶玉枝、徐旭初：《农民专业合作社的效率及其影响因素分析》，《中国农村经济》2011 年第 7 期

【推荐语】合作社的绩效历来是合作经济学家们争论不休的话题。目前，讨论合作社绩效或是泛泛而论，或是建构指标体系并加以测度，但较少用数据和模型来对合作社效率进行测度。该文不失为一个较少但可贵的尝试。细读该文，可以发现一些有趣的且对实际工作有指导意义的研究结论，如该文发现，农民专业合作社的平均效率水平较低，其主要根源在于纯技术效率水平低，而农民专业合作社经营不力和管理不善是其纯技术效率水平低的主因；农民专业合作社规模普遍较小导致其规模效率水平低；合作社负责人的企业家

才能和成员的人力资本状况是提高合作社效率的关键因素;等等。

9.樊红敏:《新型农民专业合作经济组织内卷化及其制度逻辑——基于对河南省 A 县和 B 市的调查》,《中国农村观察》2011 年第 6 期

【推荐语】近年来,农民专业合作组织发展进程中诸多不合意现象备受关注和分析,相关论文较多,该文即为值得一读的一篇。该文以河南省 A 县和 B 市合作社为分析对象,以新制度主义的视角,解说了农民专业合作组织"内卷化"现象。尽管用"内卷化"概念来描述一些农民专业合作社发展现象尚待商榷,但该文跳脱通常的分析范式和概念进行解说,既体现出其敏锐的问题意识,也反映了其宽阔的研究视野。期盼合作经济研究者们能够自觉地跳出合作社(合作经济)看合作社(合作经济),在更为宽广的研究视野中看合作社(合作经济)。

10.潘劲:《中国农民专业合作社:数据背后的解读》,《中国农村观察》2011年第 6 期

【推荐语】该文并非时下流行的那种模型满眼、数据连天的"八股文",而更多是基于经验性感受的文字,应该说,这是近年来合作社研究领域并不多见的具有鲜明的问题意识的学术文字。该文列举了当下合作社发展的种种问题,研判了问题背后的农户抉择的逻辑,更拷问了合作社原则在中国的本土化嬗变,虽不乏对当下"合作社丛林"中种种不合意现象的批评,但持论较客观,颇发人深省。值得各位合作经济研究者、实践者及促进者一读,并深思之。

二、2012 年最值得阅读的农民合作社研究论著

(一)2012 年最值得阅读的著作

1.唐宗焜:《合作社真谛》,知识产权出版社,2012 年 2 月版

【推荐语】这是一本大书,一本每一位中国合作经济研究者、实践者都应该精读的大书。

作者在序中开篇说:"本书是为我国合作制重建和合作社思想启蒙而撰写的。"诚如斯言:如今,我国改革开放以来的农民合作浪潮已逾 20 年,《农民专业合作社法》实施也已届五载,一方面,农民专业合作社发展势头强劲,覆盖范围扩大,合作水平提升;另一方面,也乱象杂呈,良莠难辨,公议纷纷。凡此现状种种,其实都在相当程度上与人们对合作社若干基本问题缺乏了解、讨论和共识有关。在此意义上,我国农民合作经济事业确需扫盲,确需启蒙,即便对于许多合作经济的研究者也需如此。

不难看出,该书可贵之处至少在于:一是鲜明地提出了应重建按国际通行的合作社原则组建和运作的合作社,即名副其实的合作社。作者睿智地指出,"无论集体制和合作制的混淆,还是'公司+农户'模式与合作社的混淆,都严重阻碍和干扰着合作社的发展。划清合作社与非合作社的界限,揭示合作社的真谛,已经成为我国合作社发展的当务之急。"二是详实地通过合作社历史回顾,梳理了合作社原则的诞生和发展、中国集体经济与合作制的历史纠结以及合作社政策与法律环境等,不仅有助于人们增长合作社知识,更有助于廓清许多合作社基本问题。三是坦然地面向国际经验,以世界视野观察中国合作社发展。中国合作社的发展以及合作社意识的培育,与国际合作社运动进展的差距是毋庸讳言的,因此,强调"中国特色""不应该成为轻视甚至排斥已为实践所证明行之有效的国际通行的合作社原则的挡箭牌,而是应该将国际通行的合作社原则和中国国情正确地结合起来"。四是从现实问题出发,文风清正简明,文字浅显易懂,无泛泛而谈或理论来理论去,更无艰深的数理模型与计量分析。

当然,略有不足则在于该书很好地阐释了合作制与集体制的制度差异,但缺乏对当下中国合作社股份化倾向的深入研判。这或许是唐老师留给我们后学之辈的学术空间吧。

(二)2012 年最值得阅读的十篇论文

1. 卢代富、谭贵华:《美国农业合作社的形态法定化及其启示》,《法学论坛》2012 年第 3 期

【推荐语】在国际合作社运动中,美国农业合作社发展既不同于更富经典色彩的欧洲模式,也不同于根植社区的日韩模式,而更多地直面市场竞争,具有更多市场色彩。那么,在美国的法律框架中,怎样的合作社值得政府(和社会)予以扶持——主要是税收优惠和反垄断豁免?这个问题无疑是重要的,也是值得我国借鉴的。该文简明地回顾了美国农业合作社形态法定化的历程。应该说,该文内容略显单薄,但其介绍的美国法律关于何谓"基于合作社基础开展经营"的界定、关于社员资格的界定、关于合作社及其管理者责任的界定等问题,对我国农民合作社实践及创新,具有鲜明的借鉴意义,值得合作经济研究者和实践者思考。我们衷心希望更多的法学研究者和实务者关注、研究并投身于中国农民合作社事业中,当然也更期盼有更多、更详细、更深刻的合作社法学研究成果。

2. 朱富强：《作为合作组织的企业：本质特性、基本目标、治理机制和组织原则》，《经济学家》2012 年第 4 期

【推荐语】该文并非直接地讨论合作社，但与合作社紧密相关：它讨论作为合作组织的企业，而合作社是作为企业的合作组织。譬如说，该文说"企业组织本质上是协作系统"，合作社也是；该文说"作为协作系统，企业组织具有三种特性：道德性、有效性和效率"，合作社也是；该文说"为了降低机会主义倾向和搭便车行为，合作组织应该加强退出和呼吁两类机制的建设，而呼吁机制尤其重要"，合作社更是如此。所以说，该文值得一读。其实，合作社研究者应该注意拓展视野，汲取其他相关研究成果的养分，毕竟"他山之玉可以攻石"。

3. 任大鹏、李琳琳、张颖：《有关农民专业合作社的凝聚力和离散力分析》，《中国农村观察》2012 年第 5 期

【推荐语】合作社是一种"自治联合体"，所以它特别依赖于其凝聚力。有许多文献研究合作社成员的参与、信任、忠诚和认同，其实都是在研究构成合作社凝聚力的因素。该文直接研究了凝聚力问题（当然，也包括凝聚力的背面——离散力）。该文研究了合作社的凝聚力和离散力的源泉，譬如：凝聚力包括经济、法律和文化的凝聚制度以及外部市场因素和政府的产业支持等，离散力包括成员异质性程度过高、合作社过度依赖社区等；也描绘了凝聚力和离散力的作用机制；还提出了化解或减少离散力的相关建议。不过，凝聚力也好，离散力也罢，其实并不是"合作社发展的内在动力"，而是合作社发展中系统团结的表现。

4. 何安华、邵锋、孔祥智：《资源禀赋差异与合作利益分配——辽宁省 HS 农民专业合作社案例分析》，《江淮论坛》2012 年第 1 期

【推荐语】这是一篇好论文，虽然还可以写得更清晰些。之前，已有不少学者注意到并讨论了资源禀赋对合作社的前置影响性，也得出了一些有价值的观点。然而，该文可贵地推进了相关研究，因为作者们不仅注意到了初始的资源禀赋差异诱致成员异质性及成员分层，而且还提出了层级之间的资源要素流向和资源要素收益流向的差异性，更难得地指出了随着要素积累的循环更加加剧了成员异质性的后果。事实上，并非没有学者注意到这个问题，譬如以前就有学者提出对于"资本下乡"的担忧，然而应该说一直缺乏如该文这样明确的理论解释。期待作者给出阐释更为清晰、例证更加充分的进一步研究成果。

5.张靖会:《同质性与异质性对农民专业合作社的影响——基于俱乐部理论的研究》,《齐鲁论坛》2012年第1期

【推荐语】成员异质性问题已经成为一个公认的影响合作社发展的前置要素,这不仅深刻地撼动了经典合作社的成员同质性前提,更将长期存在,改变合作社的发展路径和模式。事实上,近年来不少学者讨论了成员异质性对合作社发展的影响,也不乏优秀之作。之所以推荐该文,主要是因为该文比较清晰地、全面地归纳了异质性对合作社发展的正负两方面影响,譬如:对稀缺资源的激励与公平的权衡、委托代理问题、决策成本与缔约成本的增加、抵减规模经济的作用等是异质性对合作社的负面影响;但同时,异质性又有利于促进合作社的形成,有利于社员之间的学习与互补,起到了提高合作社效率的作用。此外,该文作者是一位年轻学者,值得鼓励。顺便提及的是,还有另一篇论文——赵凯:《论农民专业合作社社员的异质性及其定量测定方法》,《华南农业大学学报(社会科学版)》2012年第4期——可一并阅读,因为这篇论文提出了农民专业合作社社员异质性的内涵及具体的测定方法。

6.袁月兴、杨帅、温铁军:《社会资本与农户信贷约束缓解——山西蒲韩乡村合作与台湾农会比较研究》,《贵州社会科学》2012年第6期

【推荐语】在农村日益卷入现代化、市场化的进程中,农户经济发展的信贷约束问题始终是一个难解问题。该文以社会资本理论为依据,对蒲韩乡村社区与台湾农会的组织历程作案例比较研究,认为社会资本能够有效降低交易费用,因此,当金融内置于一个生产生活合一的综合性乡土组织内实现社会资源资本化,就能够做到信息内部共享,有效降低与外部主体的交易费用。值得一读。而且,作者们一如既往,鲜明地主张在中国发展类如日韩农协的综合性合作社组织,值得尊重;只是该文对此似乎缺乏比较周详的论证。

7.徐旭初:《农民专业合作社发展辨析:一个基于国内文献的讨论》,《中国农村观察》2012年第5期

【推荐语】该文是一篇不仅仅限于文献综述的理论文字。2012年《农民专业合作社法》实施已逾五载,也是"国际合作社年",现实中蓬勃发展而又乱象杂呈的合作社发展现状,不禁使许多关注合作社发展的学者都以不同形式进行着自己的思考。为此,该文结合对近年来国内已有农民合作社理论研究成果的简要梳理,提出了自己的观点:当下围绕合作社发展现实的讨论实际上是对质性底线的辨识,本质上是对本质规定性及其基本原则的研判;由于被嵌入在社会经济结构的多重现实约束中,中国农民合作社发展必然是超越经典的、反映中国特色的、体现时代特征的;而农民合作社的制度安排和运行机制,无论

其实践或是研究都必然体现人们对合作社发展的合意性与合宜性的权衡。该文最后还提出了若干研究趋势展望,这或许对一些年轻研究者们有些提示价值。

8.浦徐进、蒋力、吴林海:《强互惠行为视角下的合作社农产品质量供给治理》,《中国农业大学学报(社会科学版)》2012年第1期

【推荐语】现实中,农产品质量安全一直是个令人头疼的社会问题,合作社就能够解决农产品质量安全问题吗?合作社是一种治理结构,这不仅体现在社员对合作社的治理上,也体现在合作社对社员的治理上,前者更多地讲的是成员控制的民主性,后者则更多地强调成员经营的一体化。该文讨论的是后者。该文将社会学的"行动者/结构"的分析框架与行为经济学的强互惠理论相结合,探讨通过强化强互惠行为来重塑合作社结构的可能性,从而实现合作社农产品质量供给的高效率。有些新意,值得一读。期盼有更多、更详细、更深刻的运用社会学、政治学、法学、心理学等学科理论来研究合作社的成果。

9.黄祖辉、高钰玲:《农民专业合作社服务功能的实现程度及其影响因素》,《中国农村经济》2012年第7期

【推荐语】服务成员是合作社的本质规定性之一,也是合作社基本功能之一。有人把合作社对社员的服务功能概括为种苗供应服务、物资采购服务、生产管理服务、产品加工服务、产品销售服务等方面,但事实上并不是每个合作社都能完整实现这些服务功能的,而且即使有些合作社具备了这些服务功能,这些服务能否被社员接受以及接受的程度也不尽相同。该文通过服务功能实现指数从服务功能宽度和深度两个维度,衡量合作社服务功能的实现程度,并实证分析了影响合作社服务功能实现程度的主要因素。近些年来,对合作社在生产环节对社员的服务功能及其效率与影响因素的分析很不充分。因此,该文也就体现出其价值,它清晰地描述了合作社服务功能的实现程度及其影响因素,值得推荐。

10.韩国明、王鹤、杨伟伟:《农民合作行为:乡村公共空间的三种维度——以西北地区农民合作社生成的微观考察为例》,《中国农村观察》2012年第5期

【推荐语】在社会学视域中,公共空间既涉及公共场所,也指涉及一些具有公众性、社会性的制度化组织和制度化活动形式。农民的合作行为及活动是嵌入在各种乡村公共空间中的,因此,研究乡村公共空间与农民合作行为之间的关系是有新意的,有价值的。该文以甘肃、青海、宁夏等地的实地调查资料为依据,从空间、时间和开放三种维度划分公共空间的类型,并对各种空间类型下的农民合作行为进行分析。研究认为,大范围、高频率接触、半开放的公开

空间可以为农民提供最佳的交往场所,产生出相对充分的社会资本,因此对促进农民合作行为发生最有利。这一社会学研究的实践意义在于:应该注重促进基于大范围、高频率接触、半开放的公开空间(或交往关系)上的农民合作行为及活动,注重建构和促进能够产生更多有效社会资本的公共空间(或交往关系)。

三、2013 年最值得阅读的农民合作社研究论著

(一)2013 年最值得阅读的著作

1.高扬、郭艳芹:《如何经营合作社》,广东经济出版社,2013 年 9 月版

【推荐语】我们在一堆"高大上"的研究专著的边缘,找到了这本看起来并不特别学术的《如何经营合作社》,特此推荐。

自 20 世纪 80 年代中后期至今,以农民专业合作社为主流的农民合作社蓬勃发展,成效显著,但同时也面临着许多问题和困境,引发了许多议论和批评。正如孔祥智教授在该书序中所说的:"造成这种局面的原因很多,比如正在实施的《农民专业合作社法》就存在着很多缺陷,已经很难适应合作社迅速发展形势的要求。但合作社缺乏经营人才,合作社领导人在激烈竞争的市场面前,不知道怎样经营,是最主要原因之一。"想想看,合作社是什么?合作社是一种具有鲜明的合作特性的特殊企业。合作社发展是什么?无非组织与经营两件事。合作社发展靠什么?靠这靠那,但最靠合作社企业家。现实中,组织好的未必经营好,经营好的未必组织好,但无论如何,发展得好的合作社都是经营得好的,都有合作社企业家。然而,近年来,学者们往往聚焦于合作社组织问题,忙于研究"高大上"的理论问题,流连于深奥的数据模式中,很少有人关注"如何经营合作社"这个看似不够理论不够学术但又是合作社实践中最接地气的问题。而该书不仅弥补了这方面的空白,而且贴近现实、有系统性、内容丰富、行文生动,实在是一本不可多得的"针对农民专业合作社实践、能被广大农民读者接受和喜爱的"好书。

实事求是地讲,这不是一本学术著作,但无疑是一本优秀的合作社运营指导手册。该书的主线是期待合作社理事长们要"像企业家一样创业,像企业家一样思考,像企业家一样管理,像企业家一样营销,像企业家一样成长"。该书以看似轻松的笔调,通过具体的案例,将合作社的成立和发展、管理与经营的方法和策略等都进行了较好的展示。该书的理论并不深奥,但不乏先进的方法和技巧,较好地实现了理论与实践的有机结合。

推荐此书,一是因为该书确实具有显著的实践指导价值,值得推荐;二是

希冀通过推荐该书，引发更多的合作经济研究者来关注合作社经营问题。

衷心希望更多的合作社兄弟姐妹们看到这本书。

（二）2013 年最值得阅读的十篇论文

1. 任大鹏、于欣慧：《论合作社惠顾返还原则的价值——对一次让利替代二次返利的质疑》，《农业经济问题》2013 年第 2 期

【推荐语】惠顾返还是最基本的合作社"硬核"原则之一。在我国近年来的合作经济研究中，与成员资格、民主控制和业务关系等获得了较多关注形成鲜明对照的，则是合作社的收益分配（特别是惠顾返还）十分缺乏相关研究。而实践中我国合作社普遍缺乏实质性的惠顾返还又是一个引起各界诟病的热点问题。该文抓住现实中的"一次让利"替代"二次返利"的现象，深入探讨了这种现象是否有法理依据、其对合作社的性质和精神带来怎样的挑战、对我国农民专业合作社的长久发展会带来什么影响等问题，指出这种现象导致了惠顾返还价值的偏离，因而需要有相应的对策以矫正现实对该原则的价值扭曲。该文的价值在于对该现象进行了应用法学研究，在一定程度上填补了近年来合作社收益分配研究的空白。真心希望今后出现更多关于合作社收益分配的研究，特别是基于扎实的田野调查和数据采集的实证研究。

2. 吴彬、徐旭初：《合作社治理结构：一个新的分析框架》，《经济学家》2013 年第 10 期

【推荐语】从本质上讲，合作社就是一种特殊的治理结构。国内外已有研究虽多聚焦于合作社的内部治理结构，或将治理结构视为一种广义的合作社产权关系进行讨论，但缺乏将合作社视为一种特殊治理结构的整合的分析框架。该文从控制权切入，通过构建一个基于成员在投资者角色、惠顾者角色和控制者角色三种基本角色匹配度的新的合作社治理结构分析框架，用以解释现有合作社治理结构类型的定位及其演变趋势。而且，该文在一个分析框架中整合了各类各具经济性、社会性甚至政治性的合作社（组织）。因此，该文也就体现出其学术价值，它进行了难能可贵的合作社理论建构工作，并显现出一定的现实阐释力，值得推荐。衷心希望今后能够有更多的反映中国合作社发展现实和理论水平的理论建构成果。

3. 陈东平、倪佳伟、周月书：《行动者网络理论下农民资金互助组织形成机制分析》，《贵州社会科学》2013 年第 6 期

【推荐语】在近年来农民合作社发展中，农民资金互助组织是一个引人注目的实践性组织形态。已有的一些研究主要在经济学、金融学或管理学视域

内进行,而该研究则在社会学视域中进行,颇有新意。而且,该文借鉴行动者网络理论,结合典型案例,通过"行动者"、"强制通行点"、"转译过程分析"和"网络运行分析"等概念工具分别考察了专业合作社内部组建、不同专业合作社共同组建以及脱离合作社设立的三类农民资金互助合作组织,进而就其形成机制、运行效果、适用条件等进行了模式比较。该文的价值并非在于其结论观点,而在于其社会学研究方法。近年来,越来越多的社会学研究者进入合作社研究领域,进行了富有新意的研究,这是一个特别可喜的现象,因为合作社从来就不只是经济组织,它也是社会组织。

4. 邵科、徐旭初:《合作社社员参与:概念角色与行为特征》,《经济学家》2013 年第 1 期

【推荐语】合作社组织的生成、建设和运营,都离不了社员参与,甚至可以说,社员参与是合作社的灵魂所在。现实中,我国农民合作社形态中的社员参与与经典模式差异较大。该文提出了社员参与包含业务资本、资本参与和管理参与三个维度,相应地对应惠顾者、所有者与管理者三种角色,具有一定的创新性。该文以此观照,指出中国的合作社社员在参与角色及其行为上偏离惠顾者、所有者与管理者合一的经典范式:在参与行为上呈现出多数社员有业务参与,但不够紧密,更像市场契约关系;很多社员并不进行资本参与;少数社员对合作社管理拥有强大控制力。显然,应该鼓励社员进行业务、资本与管理三维度的全方面参与,这也正是当前合作社规范化建设的理论内涵吧。

5. 苑鹏:《"公司+合作社+农户"下的四种农业产业化经营模式探析——从农户福利改善的视角》,《中国农村经济》2013 年第 4 期

【推荐语】"公司+合作社+农户"与合作社的关系一直是近年来合作社研究的焦点问题,这不仅因为两者之间有着难以分解的相生相依关系,还因为其中饱含着公司、合作社、农户三者之间的利益纠葛和博弈,更映射出社会各界对中国农民合作社发展的复杂感受和纷繁评价。研究此问题的论文颇多,但明确从农户福利改善视角探讨此问题的,该文可能是第一篇。该文未必讲出了什么特别新鲜的理论观点,但从农户福利改善视角出发,很多问题就显而易见了,毕竟合作社是服务社员、社员控制的农民自己的组织。可见,一个好的视角,可使研究事半功倍。作者抓住合作社的本质,举重若轻地进行了简洁明了的讨论,颇见功力。

6. 赵泉民:《现代化进程中农民合作社组织现实困境与对策建议——基于乡村社会信任的视角》,《青海社会科学》2013 年第 2 期

【推荐语】近年来,在合作社数量不断增加的同时,农民常常陷入渴望合作

而又难以走向真正合作的"困境"当中。该文认为,其主因在于乡村社会转型中信任失调,体现为基层政府信任危机、合作社内部信任不足、合作社与乡村社会之间信任断裂等。该文的价值在于不仅注意到了合作社内部信任不足,更注意到了基层政府信任和乡村社会信任等更为广泛的信任问题。这是有穿透力的观照。实际上,如果只是将视野局限于合作社内部,则难以解释合作社发展的许多问题,毕竟合作社发展是嵌入在一个复杂的社会、经济、政治乃至文化的网络中的。还应一提的是,作者一如既往地关注合作社发展与乡村社会资本再造、公民素质养成的关系,确有学术坚持,值得赞许。

7. 赵晓峰、刘成良:《利益分化与精英参与:转型期新型农民合作社与村两委关系研究》,《人文杂志》2013 年第 9 期

【推荐语】乡村治理现代化的核心是重构乡村公共权力的合法性权威来源,这只能是多元主体通过利益整合的互动结果。而农民合作社的兴起和发展,无疑给现有乡村治理秩序既加入了新的博弈主体,又提供了新的重构启示。这是一个合作社研究中特别值得延展的研究主题。该文便是一个相当不错的研究成果。该文将合作社视作权利拓展型参与者,将村支部和村委会合并统一视作权力垄断型参与者,通过案例分析,勾勒了双方明显的利益分化、权力博弈以及整合均衡。如何在合作社快速发展的新形势下,适应农村经济社会形势快速变化的需要,构建一个权力制衡的多中心治理模式是一个重要的理论命题,更是一个重要的实践命题。期待这方面能够出现更多的社会学、经济学、管理学、文化学以及跨学科的研究成果。

8. 胡平波:《农民专业合作社中农民合作行为激励分析——基于正式制度与声誉制度的协同治理关系》,《农业经济问题》2013 年第 10 期

【推荐语】在农民合作中,源于人性的机会主义行为问题往往是合作受挫乃至失败的重要因素,必须科学建构并有效实施相应的激励与约束机制。该文认为解决问题的关键是发挥合作社正式制度与声誉制度的协同治理作用。该文在一个农民合作意愿程度为单边非完全信息结构的假设条件下,进行了相应的数理分析,分析了正式制度作用下的农民合作行为激励问题,也分析了正式制度与声誉制度在激励农民行为时的协同治理关系。之所以强调正式制度与声誉制度的协同关系,乃是由于正式制度的载体是合作社,声誉制度的载体是农村社区,因此,通过合作社与农村社区的互动关系建设可以更好地发挥正式制度与声誉制度的协同治理作用。这篇论文的价值不仅在于提出了一个好问题,而且在于其进行了合理的数理分析。近年来的合作社研究中,有着大量的理论研究、计量研究和案例研究,但较为缺乏数理分析。该文值得推荐。

9.秦愚:《中国农业合作社股份合作化发展道路的反思》,《农业经济问题》2013年第6期

【推荐语】近些年来,中国农业合作社发展历程在很大程度上就是一种合作社股份化发展的历程,对此许多人(包括一些学者)颇有看法。该文基本上也是持此论点,不过该文并不流于情绪,更多地力图运用现代经济理论分析股份合作化农业合作社在制度设计上的缺陷,在一定程度上解释了合作社发展"陷入困境"的必然性。该文在分析了股份合作化的后果以及深层原因的基础上指出:股份合作化只是特定时期的权宜之计,不能因为强调国情而改变事物的发展规律和合作社这一经济组织形式的本质特征。然而,与其他持类似观点的论文一样,该文依然没有回答中国农业合作社股份合作化发展是否违背事物发展的这个问题:难道合作社的发展规律就一定是永葆其本质特性不变?为什么看不到历经百余年的当代合作社完全有可能在组织边界、治理结构等方面都会发生本质性的变化? 应该指出的是,无论如何,我国农业合作社发展都非常需要批判性的观照、分析和建议。

10.袁久和、祁春节:《异质性农民专业合作社成员合作关系及其稳定性研究》,《财贸研究》2013年第3期

【推荐语】合作社成员异质性问题的研究,近年来不少。这篇论文应用博弈论分析方法,对农民专业合作社异质性成员合作关系及其稳定性进行了较好的数理研究,丰富了已有相关研究,值得推荐。该文通过建立合作社成员关系模型,应用博弈论方法对异质性成员合作关系的研究,解析了两个问题:一是异质性成员是否具有合作可能? 该研究表明只要预期收益率满足一定的条件,合作社异质性成员之间也能够进行合作。二是如何使异质性成员合作具有长期稳定性? 该研究指出,适度增强成员之间的信息不对称、提高成员合作意愿和彼此之间的信任、提高预期的合作效应系数、促进合作关系的平等性等都有利于保持异质性成员合作的长期稳定性。

四、2014 年最值得阅读的农民合作社研究论著

(一)2014 年最值得阅读的著作

1.吴彬:《农民专业合作社治理结构:理论与实证研究》,浙江大学出版社,2014年8月版

【推荐语】农民专业合作社发展(模式)的核心是其治理结构,但由于处在我国农村经济社会文化条件差异极大、农民经济社会发展水平分化显著的现

实环境中,对合作社治理结构的合理选择就成为一件十分困难的事情。合作社治理结构议题一直以来都是合作经济领域的研究重点,但迄今仍被视为理论"灰箱"甚至"黑箱"。在此意义上,该专著体现出难得的理论探索勇气,值得推荐。

该书从理论上尝试重构了一个新的合作社"理想类型",即成员资格的同质性、成员角色的同一性以及治理结构的耦合性,并尝试构建一个新的基于成员在惠顾者角色、投资者角色和控制者角色三种基本角色匹配度的合作社治理结构分析框架。此分析框架整合了著名合作经济学家库克(M. L. Cook)基于所有权视角的合作社产权类型经典分析框架,并将分析范围扩展到其他相关经济组织类型,与此同时还给出了合作社治理结构可能的演化路径,令人眼前一亮。此外,在前述理论分析基础上,该研究还基于我国农民专业合作社的面上发展现实和典型省份的调查数据,应用具有可操作性的绩效评价体系进行测量,力图揭示合作社内部治理结构对其组织绩效的真实影响及作用方式。

该书就什么是"合作社治理结构"提出了新的解读,认为有两层含义,一是指"合作社作为一种治理结构",二是指"合作社的治理结构"(又可细分为内部治理结构和内部治理机制),也可称其为"大治理结构"与"小治理结构"。可以认为,既有研究多侧重于后者,而常常忽视前者,比如前述的合作社界定。因此,该研究在理论层面上探讨合作社的质性规定和理论谱系时主要论述的是"合作社治理结构"的第一层含义,即试图回答合作社作为一种特殊的治理结构是如何实现的? 而在实证层面上探讨合作社的具体治理议题时主要论述的是"合作社治理结构"的第二层含义,即试图回答合作社的内部治理结构及其机制是如何实现的? 不过,虽然作者对于"大治理结构"的理论探索颇有见地,但对于"小治理结构"的解剖差强人意,如果能佐以"合作社治理结构分析框架"中的典型现实案例,有效对接大小治理结构,该研究会更加完整和严谨。

2.高海:《土地承包经营权入股合作社法律制度研究》,法律出版社,2014年10月版

【推荐语】土地问题从来就是"三农"问题的基础问题、核心问题。近年来,在中国特有的土地承包经营制度背景下,随着工业化、城市化进程迅猛推进,土地规模经营态势日益显著,土地承包经营权入股合作社日益成为农业规模化、集约化、现代化的重要途径之一,但同时至今还缺乏合理的制度建构和符合法理的制度解析。应该说,近年来有关土地承包经营权入股合作社的研究并不多,而系统的制度研究(特别是法律研究)更是鲜见。在此意义上,该专著体现出难得的理论价值和实践指导意义,值得推荐。

该书基于法律制度解析和建构的意旨,从农地入股的历史沿革和立法理念入手,详细讨论了农地入股的组织制度和保障制度,前者包括农地入股的出资制度、法律性质和利益分配,农地入股的组织形式与组织属性,农地入股合作社的股权设置与治理机制,后者包括关于担保融资和财政政策的研讨,进而具体探讨了农地入股合作社的立法体例与法条设计。当前,农地入股合作社形式多样(有土地流转的合作社,也有内股外包的合作社,还有内股自营的合作社),且缺乏相关的法律规制。那么,从理论上看,农地入股是否最适宜合作社形式? 如何看待农地入股合作社的法律要件? 如何看待农地入股合作社对《农民专业合作社法》的突破? 如何在合作社法律中合理容纳农地入股合作社的现实? 这些富含理论性的现实问题都在该书中得到了作者的回应和思考。

当然,该书可能立意于将农地入股合作社容纳到合作社法中去,因而更多地探索农地入股合作社如何容纳到合作社法中去,而相对忽视了农地入股合作社究竟在多大程度上具有合作社属性这一关键问题。实际上,农地入股合作社的合作社属性问题,核心是如何解释在这种组织形态中的成员惠顾:如果他们是合作社,那么社员们对合作社的惠顾体现在哪里? 现在看来,惠顾可能要分为直接惠顾和间接惠顾,农地入股合作社是后者,即成员以其自己拥有的基本生产要素(如土地)进行委托生产并进行投售。只有建立在如此理论基础上,土地承包经营权入股合作社法律制度研究才有意义,否则更多的是对现实的策略性妥协。

(二)2014年最值得推荐阅读的十篇论文

1. 邓宏图、王巍、韩婷:《转型期农业合作社的现实与逻辑:来自山东寿光的经验观察》,《中国农村经济》2014年第7期

【推荐语】农民专业合作社从一开始就是嵌入在农业产业化进程中的,许多合作社由大户(企业)发起,并由他们拥有实际的控制权和分配权,合作社与社员之间签订类似"龙头企业+农户"的合同。这种现象十分普遍,有关这种现象的研究近年来也相当多,但真正比较规范地应用新制度经济学来加以解释的其实很少。该文以山东寿光为例,基于合约理论,应用数理模型和案例分析,追问并解释既然是合作社为什么要采用"龙头企业+农户"的合同? 既然采用"龙头企业+农户"的合同为什么还要冠以合作社的名义? 作者认为,在金融资本、土地资本、人力资本的约束下,如何变换手段选择不同组织形态使交易成本最小化、大户(龙头企业)利益最大化是理解中国式农业合作社的关键所在。该文关于产品风险因素是决定大户(龙头企业)和农民合同选择的关

键因素的观点是富有洞见的。更值得指出的是,作者一贯坚持的注重组织或合同形成过程中的"历史因素"和"制度因素"的新政治经济学和历史主义的研究范式,无疑值得重视和学习。

2.邓衡山、王文烂:《合作社的本质规定与现实检视——中国到底有没有真正的农民合作社?》,《中国农村经济》2014年第7期

【推荐语】该文旨在回答一个农民合作社发展的焦点问题:在当前数量众多的农民合作社中,究竟有多少是真合作社?尽管近年来许多文章讨论了这个令人纠结的现实问题,但该文依然引起了较大反响。该文首先论证了合作社的本质规定在于所有者与惠顾者是否同一,然后理性地检视了亲自调查的若干合作社案例,得出了绝大部分合作社都不具备合作社的本质规定,其本质仍旧是公司或"公司+农户"的结论,进而探讨了造成这一现象的原因在于农户间的异质性和现行的政策环境。应该说,该文的研究结论并没有太多新意(甚至必然有不少人不赞同其结论),但整个论文确实给人以耳目一新的感觉,因为确实没有太多的人以如此富有逻辑的方式论证了这一点。这就是逻辑的力量。当然,该文坚持了所有者与惠顾者同一的本质规定性,但更深入的问题则是究竟应在什么意义和什么程度上坚持这一本质规定性。

3.李琳琳、任大鹏:《不稳定的边界——合作社成员边界游移现象的研究》,《东岳论坛》2014年第4期

【推荐语】合作社成员是合作社内基本的权利享有与行动单位。实践中,成员边界游移不定,名堂多样,诸如"核心社员和松散社员"、"订单社员和临时交易社员"、"出资社员和交易社员"林林总总,其背后不仅事关业务活动,更事关所有权、治理结构和收益分配,其实质是成员资格问题(成员资格与成员边界实际上是一个问题的不同表现形式)。实际上,成员异质性问题讨论很多,也有学者更早注意到成员边界问题,但该文专门抓住此议题进行研究,逐一讨论了合作社成员边界的维度、成员游移逻辑及其导致的后果等,揭示了不同维度下合作社对其成员边界的策略性选择,提出成员边界的游移源自不同成员对合作社利用以及理解的差异,源自我国传统乡土社会关系的边界模糊,以及相关法律制度的失衡。该文的价值不在于其是否说出什么创新性东西来,而是在于颇具问题意识,敏锐且准确地抓住了一个不少人虽然触及但没有专门展开的现实问题,进而上升为理论问题并加以阐释。

4.张纯刚、贾莉平、齐顾波:《乡村公共空间:作为合作社发展的意外后果》,《南京农业大学学报(社会科学版)》2014年第2期

【推荐语】近年来,随着农民专业合作社迅速发展,合作社在体现出鲜明的

经济功能的同时,也越来越多地表现出社会、政治或文化等方面功能或后果。该文讨论了合作社发展对于村社发展的社会功能(作者借用了吉登斯的"意外后果"概念):对乡村公共空间的建构以及两者之间的互动关系。该文通过对一个水稻合作社典型案例的微观考察,展现了合作社发展历程、新的社区公共空间的出现、代理人在其中的作用路径等,指出合作社的发展实践不仅带来了农业生产方式的变化,也意外地促成了乡村公共空间的构建。该文作为一篇社会学论文,不仅昭示着社会学、政治学、历史学等非经济管理类学科对合作社研究的开拓价值,更提示合作社研究者们应该开阔视野,更多地关注合作社与社会结构、社会过程的互动,关注合作社对乡村社会建设和文化再造的价值。

5. 张晓山:《关于中国农民合作社可持续发展的几个问题》,《智库观察》2014 年第 10 期

【推荐语】当前中国农民专业合作社发展呈现出异质性、多样性的特点,水平也参差不齐。如何促使农民专业合作社和其他各种类型的农民合作社遵循合作社的基本原则,健康、可持续地发展?作者富有洞察力地全面列举了若干需要重视的问题:合作社文化问题、理论创新问题、法律修订问题、合作社企业家问题、产权制度和激励机制问题、政府与合作社关系问题等。令人信服的是,作者鲜明地指出了合作社可持续发展的底蕴来自于合作社的理念、价值观和人文精神的培育,但各级政府官员传统的政绩观和考核晋升机制尚未退出历史舞台,这也必然会扭曲政府与合作社之间的关系。在某种意义上,这两个问题比其他那些法律修订、合作社企业家、组织制度等问题更关键、更深远。

6. 周振、孔祥智:《组织化潜在利润、谈判成本与农民专业合作社的联合——两种类型联合社的制度生成路径研究》,《江淮论坛》2014 年第 4 期

【推荐语】组建联合社是合作社发展到一定阶段的必然性现象,近年来我国合作社联合社的不断出现也说明了这一点。近年来虽有关于联合社的研究,但多停留在讨论其本质属性、优越性等方面,而作者及所在团队在近年内连续对联合社进行了比较深入的调查研究,该文即是其中一篇。该文围绕同业与异业两种联合社形态,以"组织化潜在利润—合作社产品异质性—谈判成本—合作社制度创新"作为研究主线,对这两类联合社的不同制度变迁生成路径进行了理论解释。该文的推荐之处,一是进行了较规范的新制度经济学的案例研究,二是清晰且可信地提出了一个研究思路,三是也得出了富有启示性的研究结论。此外,该文潜在的启示还在于:在推动合作社联合时,有关部门应该注意作用方式,注意考虑强制性变迁的联合社的有效性、稳定性和持续性。

7.徐旭初:《农民合作社发展中政府行为逻辑:基于赋权理论视角的讨论》,《农业经济问题》2014 年第 1 期

【推荐语】农民合作社发展中的政府行为是合作社理论与实践的核心问题之一,近年来论述甚多,但有质量的理论分析较少。该文从赋权理论视角,基于我国政府与农民合作社的现实关系状况,比较系统地揭示了合作社发展中政府行为的动因、维度及作用机制。通过研究,作者指出了在特定的合作社发展场域中政府与合作社之间"不对称相互赋权"特征:主要是政府主导的,通过个体层面的"知识性赋权"、组织层面的"关系性赋权"及环境层面的"体制性赋权"等赋权机制实行的单向的、有限的、有序的赋权。该文之所以值得推荐,在于其初步摆脱了近年来关于政府与合作社关系研究中摆事实多、说理论少的现状,从理论层面揭示了潜藏在农民合作社与政府互动过程背后的政府行为逻辑,也验证了赋权理论在农村社会经济中的适用性。合作经济研究需要问题导向,更需要理论阐释。

8.黄胜忠:《利益相关者集体选择视角的农民合作社形成逻辑、边界与本质分析》,《中国农村观察》2014 年第 2 期

【推荐语】在一定意义上,合作社并不只是社员的组织,而是利益相关者的组织。该文从利益相关者集体选择视角分析了农民合作社的形成逻辑、边界和本质规定。作者指出,农民合作社本质上是利益相关者相互关系的联结;农民合作社的形成由利益相关者的两次集体选择决定;两次集体选择和交易契约的边界共同决定农民合作社的所有权边界和经营边界。进而,作者颇有企图心地据此提出了一个以本质规定性为中心,以利益相关者、治理结构和经营边界为基本维度的合作社分析架构("三角型框架")。应该说,以利益相关者视角看合作社,较有阐释性,但问题在于这些众多方面的利益相关者与合作社成员在多大程度上是重合的。那些并不参与合作社经营活动但具影响力的利益相关者又是如何影响合作社治理结构和经营边界的呢?该文并未细说,期待进一步的研究吧。

9.梁巧、王鑫鑫:《我国农民合作社设立机制——基于产业组织生态学理论的探讨》,《经济理论与经济管理》2014 年第 7 期

【推荐语】关于合作社出现成因的研究,大多从制度创新、产业理论等角度论述,但是从产业组织生态学角度观察合作社所在环境中各种生态性和制度性因素对合作社这一组织形式或种群起源影响的研究极为少见。该文基于产业组织生态学角度,探讨我国农民合作社在设立过程中受到哪些生态因素和制度因素的影响,理论视角新颖,值得推荐。作者基于数据和访谈,指出了影

响合作社设立的生态化和制度化过程的若干因素,如合作社种群及其所在群落中组织的竞争状态和种群密度、合作社设立的组织者(精英农户和政府)、合作社相关法律法规和合作社社区嵌入性等。应该说,在该文基础上还大有挖潜空间,如进一步厘清合作社设立和发展过程中的生态学因素,进一步从产业组织生态学角度揭示其中的机制(结构因素固然重要,而作用机理及机制更重要),进一步提供规范的实证研究结果。

10.潘劲:《合作社与村两委的关系探究》,《中国农村观察》2014 年第 2 期

【推荐语】合作社是嵌入村社的,因此合作社与村两委的关系至关重要,值得研究。该文在广泛调研的基础上,对合作社与村两委的关系进行了实证性类型学研究。作者区分了村干部领办合作社、非村干部领办合作社、区域合作社、建立党组织的合作社四种类型,梳理了不同类型合作社与村两委的关系及其相应的行为逻辑,具有填补空白的理论价值和指导实践的现实价值。值得特别指出的是,合作社的兴起和发展已远远超过其本身的经济意义,它正悄然改变着中国乡村治理格局,已在农村大致形成了传统宗族组织、村民自治组织等和农民专业合作组织互动、博弈和整合的局面。而乡村治理现代化的核心是重构乡村公共权力的合法性权威来源,这只能是多元主体通过利益整合的互动结果。而农民合作社的兴起和发展,无疑给现有乡村治理秩序既加入了新的博弈主体,又提供了新的重构启示。在此意义上,期待有更多更深入的相关研究。

五、2015 年最值得阅读的农民合作社研究论著①

(一)2015 年最值得阅读的著作

1.赵晓峰:《新型农民合作社发展的社会机制研究》,社会科学文献出版社,2015 年 9 月版

【推荐语】在以专业合作社为主流的农民合作社蓬勃发展的同时,也面临着许多所谓"异化"、"内卷化"、"假合作社"的不合意问题,从而公议纷纷,批评不断。现在,越来越多的研究者和实践者注意到这些不合意问题可能源于合

---

① 需要说明的是,相较以往几个年度,为更好地促进合作社领域的产学研一体化,搭建理论和实践之间的沟通桥梁,"2015 年最值得阅读的中国农民合作社研究论著"区分了理论型和应用型论文,进一步鼓励和引导合作社研究的"顶天立地"。另外还需强调的是,我们的推介既非对本年度中国农民合作社研究论著的优秀评选,也不意味着对其他论著的否认,更难免挂一漏万、遗珠失贝,唯愿我们的工作能更好地促进中国农民合作社事业的蓬勃发展。

作社是"嵌入"在我国独特的社会经济文化情境中的。该书作者基于真诚的社会关怀和多年的田野积累,直面当今农民合作的问题和困境,以著名的山西蒲韩社区农民协会为个案,其一,构建了一个"行政-结构／文化"的分析框架,强调了当前农民合作社"嵌入式发展"的基本特征;其二,剖析了当前农民合作社发展异化、乡村社会阶层分化的结构性根源,提出了"村庄吸纳合作"的解释;其三,阐述了"社区滋养组织"与"组织再造社区"的合作社与村社良性互动的社会机制。

在有关中国农民合作组织的众多研究中,一直以经济学领域研究较多,但近年来社会学领域研究渐渐增加,这是好事。农民合作组织发展,无论其是否有效或是否合意,从来都是经济机制与社会机制(包括文化机制)综合作用的结果。在此意义上,该书即是近年来一本不可多得的以社会学视角透视新型农民合作社发生发展的好书,值得推荐。

当然,也应该看到,一则该书在解释蒲韩社区农民协会以"社区滋养组织"发展跨村合作社时,并未清楚地回答如果不进行跨村合作是否就一定不能挣脱村社社会结构约束的问题,而且事实上该协会发生发展一直有赖于对乡村传统资源的汲取运用,那么,又如何区分得开哪些是值得摒弃的、哪些是值得汲取的? 二则,也许是更深远的,就是就我国乡村治理现代化而言,需要进一步探索和回答的是,通过农民组织起来,究竟应建构地缘式的农村还是业缘式的农村? 实际上,农民组织化不仅要关注组织形式建设,即以科学的民主的方式进行管理而非个人和少数人独断,还需关注组织形态的转换和进步,即是否应积极培育以农民专业合作组织为主流形态的业缘性农民组织和其他民间互助团体,以现代化组织形态和科学的组织形式推进农民组织化。对此问题的回答,显然会有很大的分歧。也期待该书作者今后能够提供更具阐释力的思考和回答。

(二)2015 年最值得阅读的十篇理论型论文

1. 王鹏、于宏、霍学喜:《退社行为对合作社可持续发展的影响分析——来自渤海湾优势区 211 户退社果农的实证》,《中国农村观察》2015 年第 2 期

【推荐语】在合作社治理问题上,退社是社员控制权的终结表现,即"用脚投票"。退社行为表明委托人通过放弃控制权来行使控制权。然而,这个问题一直缺少关注和研究,因此,该文至少在选题上具有一定的创新性。而且,该文以比较规范的实证方法,区分了样本果农的被迫退社、盲从退社、主动退社、隐形退社等四种退社方式,注意了退社方式对不同水平合作社的不同程度、不

同方向的影响,得到了一些在理论上和实践上有价值的结论和启示。现实中,退社的社员不多,正如解散的合作社也不多,但这绝不意味着退社行为(或合作社解散行为)不用被重视。该文能够注意到退社这一实际具有战略性的社员控制行为,这种学术敏锐性值得赞许。希望今后多一些这样的既具有学术敏锐性,又具有学术规范性的论文。

2. 刘同山、孔祥智:《协作失灵、精英行为与农民合作秩序的演进》,《商业经济与管理》2015 年第 10 期

【推荐语】精英控制、合作松散是当前农民专业合作社发展饱受争议的一点。相当多的研究者和批评者都认为精英控制是造成合作社异化的重要原因,为此,该文给出了自己的判断。作者认为,合作社精英具有利他利己二元行为特征,既追求经济收益(利己),还看重声望、成就感等社会收益(利他)。作者利用黑龙江克山县仁发合作社的典型案例,考察了协作失灵、精英的利他利己行为与农民合作社规范化发展的关系,认为这些精英的利他行为有助于推动合作社走出低水平均衡陷阱。该文的价值在于指出了有可能通过增加社会收益,促使精英作出偏于利他的行为选择,这对农民合作社实践具有一定的指导意义。不过,或许应该指出,乡村精英以小集团行动改变农民合作失灵困境,虽有较充分的理论支撑和一些现实案例,但不能忽视其生效的前提条件:要有有利的行动逻辑起点、有效的经营运行,还要有及时且足够的外部合法性资源和社会性收益的输入,等等;换言之,其前提条件是比较复杂多元的,这也是为何许多合作社虽有精英,却难以打破协作博弈困境的原因,也是为何仁发合作社常被质疑是否是孤例的原因吧。

3. 严海蓉、陈航英:《农村合作社运动与第三条道路:争论与反思》,《开放时代》2015 年第 2 期

【推荐语】之所以推荐阅读该文,主要是因为作者在近年来数篇论文中对新时期中国农村社会分化、新型经营主体、合作社运动提出了一系列崭新的思考,该文即为有关合作经济的一例。在该文中,作者比较了 20 世纪 30 年代和当前这两个时期的知识分子关于发展农村合作社的观点和争论,认为新老乡建运动具有相似的自我定位,即针对正在发生的、威胁到农村可持续发展的一场社会改良,其目标是在当前政治经济结构下探寻中国另一种发展的可能性。不难看出,作者或许由于居于香港或是既有的学术先见的原因,几乎选择性地注意了一些相关文献(其实只是内地近年来一部分文献)。不过,她们难能可贵地秉承了社会学的批评理论传统和阶级分析方法,摒弃了内地许多学者重视技术性分析的通行研究路径,既质疑主流的新自由主义话语,也不盲从集体

化倾向,力图从不同于主流的批评理论脉络下来理解中国的农政问题(包括农民合作组织问题)。无论如何,体现出了她们非同寻常的社会情怀和研究路径。

4.杨丹、刘自敏、徐旭初:《环境异质性、合作社交叉效率与合作关系识别》,《农业技术经济》2015年第3期

【推荐语】合作社效率的测定是农业经济研究领域中的热点话题。近年来,基于自助法与蒙特卡罗模拟等方法,对合作社效率的研究有了长足进展,但仍然忽略了对合作社所处的异质性环境、合作社之间的市场关系的刻画。该文在理论分析的基础上,借鉴三阶段DEA方法,过滤掉异质性的环境因素及随机因素,得到准确的合作社效率评价数据,并在此基础上利用交叉效率方法,对合作社之间的市场关系进行分析,最终得到了考虑合作社之间竞争合作关系的效率评价结果。该文可能的贡献在于,考虑了合作社所处外部环境的异质性,也考虑了合作社之间的合作关系及其交叉效率,从而使近年来的合作社效率研究进了一步。尤其值得指出的是,该文并非为计量而计量,而是具有较强的问题意识和学术追求,值得赞许。

5.陈立辉、杨奇明、刘西川、李俊浩:《村级发展互助资金组织治理:问题类型、制度特点及其有效性——基于5省160个样本村调查的实证分析》,《管理世界》2015年第11期

【推荐语】如果将合作金融更精细地分为合作金融制度、合作金融组织与合作金融形式,那么,在一定意义上,许多社区发展基金、农民专业合作社内部开展的信用合作,以及各类农村的小额贷款,虽然并不都是合作金融,但也具有合作金融形式。该文讨论的就是以财政资金为主要来源的村级发展互助基金,是一个合作金融主题。该文基于5省160个样本村的调查,揭示了村级发展互助资金的净借款者主导倾向,评价了治理制度的有限有效性。一般认为,民主参与是合作金融组织的制度硬核,激励兼容则是其发展关键。然而,就经典的合作金融而言,在信贷可得性和资金来源的股权性质前提下,"社员主权"是一个必然的治理后果,这几乎必然就导致了一种具有特殊制度意义的"大锅饭激励"。换言之,形式上的民主既不必然导致激励兼容,也不必然排除"内部人控制"。因此,该文的主要结论及建议无疑是具有一定启发性的。此外,这个年轻的研究团队近年来成果频出,质量不错,值得肯定。

6.苑鹏:《对马克思恩格斯有关合作制与集体所有制关系的再认识》,《中国农村经济》2015年第5期

【推荐语】当下,合作经济的研究者和实践者们已经大多不了解马克思和

恩格斯的合作制理论了,更不了解马克思和恩格斯有关合作制与集体制的理论;与此同时,农村土地流转和规模经营迅疾推进,农村产权制度改革和土地股份合作社、社区股份合作全面开展,合作制、集体制和股份制纠结在一起。在此现实的理论和实践背景下,该文通过梳理马克思恩格斯有关所有制和合作制理论的经典文献,对合作制与集体所有制的基本内涵及其相互关系作了系统性、探索性的阐释和分析,显现出难能可贵的理论价值,无疑是近年来难得的一个理论成果。由该文,我们得到的启示是:应该坚持马克思和恩格斯赋予合作制的劳动雇佣资本的基本制度旨趣,尊重马克思恩格斯有关合作制与集体制的历史语境,科学把握马克思和恩格斯有关合作制与集体制的历史论断,努力走出一条具有中国特色的合作经济道路。

7. 秦愚:《农业合作社的资本问题——基于相关理论与实践的思考》,《农业经济问题》2015 年第 7 期

【推荐语】这是一篇内容饱满、态度鲜明的学术论文,值得推荐。资本问题,既是农业合作社的一个基本问题,也是一个内容复杂的问题,它实际涉及出资、公共积累、所有权(这里又有控制权和剩余索取权的问题)等众多具体问题。该文在对合作社资本问题进行理论分析的基础上,详细讨论了农业合作社的资本实践和中国农民专业合作社的资本问题,进而批评了"中国农民专业合作社刚起步就引入服务提供者作为成员和向资本分权",认为"资本化、股份合作化农民专业合作社的倡导者夸大了中国的农业产业化程度,夸大了农业合作社的经营难度,夸大了新型农业合作社的普遍性",提出"中国应对合作社资本困境过程中需要摆脱农业资本主义观念影响,形成有中国特点的农业合作社发展道路。"应该说,该文的论证是严肃的,观点也具有显著的批判性、思辨性和启发性,也是近年来作者数篇有价值的论文的延续。当然,更期待作者在进一步研究中提出一些建构性意见。

8. 黄宗智:《农业合作化路径选择的两大盲点:东亚农业合作化历史经验的启示》,《开放时代》2015 年第 5 期

【推荐语】近年来,黄宗智先生对中国农业现代化及合作化进程进行了一系列颇有影响的研究,该文即为一例。该文提出了两个相关联的重要判断,一是东亚农业合作化历史经验在于"国家领导+农民自治";二是中国农业现代化模式应是东亚"小而精"的,而非英美"大而粗"的;进而提出中国应该在农业现代化进程中着力建构"公益"化的私利机制。黄先生的第二个判断实际上是近年来他一再强调的,而令人特别感触的则是其第一个判断。他并未如很多研究者那样感慨中国农民合作社异化问题,相反地,他看到了在现今的制度环

境下,约有20%的合作社比较规范,实属"了不起的绩效"。而且,他还指出"战前和21世纪日本农协的模式并不适用于中国今后的短、中期。目前,中国需要借鉴的是日本战后几十年农业黄金时期的经验。它展示的是一个国家领导与农民自治相结合的合作社经验。"不过,他并没有告诉人们,在政府强势引导和治理下,"国家领导+农民自治"模式今后如何真正"从一个管控的体系转化为一个服务的体系"。

9. 崔宝玉:《农民专业合作社:社会资本的动用机制与效应价值》,《中国农业大学学报(社会科学版)》2015年第4期

【推荐语】随着近年来农民合作社蓬勃发展,合作社运行的社会机制日益令人瞩目,社会资本、社会信任等主题也日益进入合作社研究的中心地带。该文即是一篇有价值的论文。该文力图建构一种合作社组织运作的社会资本分析框架,批判性地质疑大农领办型合作社就是天然背离合作社本质规定性的通行观点,进而阐释合作社的效率性与合法性及其实现机制的交替转换。值得指出的是,该文基于合作社中社会资本的丰富程度与民主治理的程度,把实践中的合作社治理分为四种基本形态,即横向科层形态、紧密网络形态、垂直科层形态与稀疏关系形态,这在近年来相关研究中具有一定的创新性。从本质上讲,合作社是一种企业与共同体的复合体,因此,社会机制从来就是合作社运行的重要组成部分,社会资本从来就是合作社运行的重要黏合剂,社会信任从来就是合作社运行的重要基石。在此意义上,这方面研究还刚刚起步,我们充满期待。

10. 管珊、万江红、钟涨宝:《农民专业合作社的网络化治理——基于鄂东H合作社的案例研究》,《中国农村观察》2015年第5期

【推荐语】从本质上讲,农民专业合作社是一种治理结构,而非其他,因此,其治理结构与治理机制是影响其组织绩效的关键因素之一。该文以组织社会学的独特视角,具体剖析了鄂东H合作社是如何通过网络化治理获得良好组织绩效的,具体就是在各村庄设置独立分社、在各分社设置"技术员"角色,以提供有效的激励机制和信任机制。进而,作者们指出合作社的治理结构本质上是一种关系网络,并认为网络化治理是合作社的一种重要治理模式,这些在理论和实践上都具有一定的启发性。当然,该案例还有较大的挖掘空间,譬如该文虽提及该合作社是"股权配置虚化"的,但没有过多涉及。其实,恰恰值得指出的是,在该案例中,"各分社财务独立,分社社长拥有剩余索取权和剩余控制权";合作社通过"技术员"收购中药材,"技术员"与农民是交易关系,由此不难看出,H合作社实际上是一家有效治理的协会型、联盟型农村合作组织。

(三)2015年最值得阅读的十篇应用型论文

1. 王军:《中国农民合作社变异的经济逻辑》,《经济与管理研究》2015年第1期

【推荐语】当前,假合作社、翻盘合作社等所谓合作社变异现象已经成为一种常态。该文思路清晰地描述了农民合作社变异的经济逻辑,指出了多要素的合作导致了成员的异质性、成员的异质性决定了合作社治理结构上的少数人控制,这种治理结构又导致了订单农业型、企业化型等非经典意义上的合作社运营模式。而这一合作社变异基本逻辑成立的背后本质是企业家才能积极寻求合作社的控制权以谋求人力资本投入上的回报。这就有助于合作社实践者和相关政府部门更加客观认识所谓企业家能人问题,更合理地给予企业家人力资本定价,规范企业家行为,以赢得合作社整体利益的最大化。

2. 仝志辉:《农民合作:"三位一体"及其依据》,《农业经济学刊》(社会科学文献出版社),2015年第2期

【推荐语】当前,以浙江为代表的一些地区正在积极探索"三位一体"农民合作的新型组织化道路。该文描述了源于习近平总书记的"三位一体"农民合作的理论构想,分析了当前"三位一体"农民合作发展的总体态势,论证了"三位一体"农民合作的现实和理论根据,进而讨论了合法性赋予、供销社转型和融入发展新型合作金融、以乡镇为支点发展"三位一体"基层合作组织等问题。该文有助于相关政府部门和合作社实践者更加清楚地把握我国农民合作的发展趋势,更加深入地认识发展农民合作对于推进农村治理体系和治理能力现代化的深远意义。此外,还建议同时参考申龙均、高强的相关论文:《我国加快发展农民综合合作社初探》,《农业部管理干部学院学报》2015年第1期。

3. 任大鹏、王敬培:《法律与政策对合作社益贫性的引导价值》,《中国行政管理》2015年第5期

【推荐语】在当前扶贫攻坚的背景下,合作社被赋予较大的益贫期待,也颇受达致益贫的质疑。近些年来,由于内外部环境的共同作用,我国农民专业合作社体现出了趋利性和服务性的双重属性。实际上,合作社虽然具有"天然的"益贫性,但合作社并不"必须"帮助贫困人口,换言之,合作社往往具有客观益贫性,并无主观益贫性。因此,问题就在于如何引导和帮助合作社达致益贫效果。该文的价值,在于指出了政策和法律的力量对于促进合作社发展壮大的特殊引导价值,并且指出了这种引导看似是一种外在的政策交易,引发一些所谓政策套利现象,但其最终能内化为合作社发挥益贫性或社会功能的动力。

这就有助于促使政府部门更为坚定地推动政策和法律完善,从制度层面引导合作社规范健康发展。

4. 何安华:《土地股份合作机制与合作稳定性——苏州合作农场与土地股份合作社的比较分析》,《中国农村观察》2015 年第 5 期

【推荐语】在土地股份合作的实践探索上,苏州一直走在全国的前列。该文的价值在于在介绍合作农场的概念和理论分析框架的基础上,通过三个个案陈述,比较分析了在同一外部政策环境下,土地股份合作社和合作农场之间的差异化的合作机制对农户股份合作稳定性的影响,有助于我们更为深刻了解和认识不同类型的土地股份合作形式及其适用条件。透过这个理论分析,也有助于我们更为深刻认识苏南的土地股份合作实践,引发对土地股份合作的更多实践思考。当然,作者未来或许还可以进一步去研究,相较窑镇村土地股份合作社每年都发生的农户退社现象,东林合作农场、临江合作农场的农户稳定合作态势,是当地的区位与资源条件相对不受外来土地租种者青睐,还是这两家合作社拥有更厉害的企业家能人提升了组织发展水平?

5. 邵科、徐旭初:《土地股份合作社发展的理论思考与对策思路》,《农村工作通讯》2015 年第 6 期

【推荐语】近年来,土地股份合作社在全国各地获得了不同程度的发展,已成为我国土地流转和规模经营的基本形式之一。该文比较清晰地指出了根据股权、治理、分配、经营等四个维度,可以将土地股份合作社划分为多种理论模式,并探讨了在东、中、西部不同地区,土地股份合作社表现出了差异化的实践类型特征,而且还深层次探讨了土地入股是物权性流转还是债权性流转等五个理论与政策难点问题。该文有助于帮助政府部门更加清晰地定位土地股份合作社,有助于政府部门制定合理政策规定引导其稳步健康发展。我们期待有更多的这样既具理论指导性又紧密结合现实的论文。

6. 范鹏:《日本综合农协的发展经验及其对中国农村合作社道路的借鉴》,《农村经济》2015 年第 5 期

【推荐语】东亚的几个国家(地区)农民具有小农兼业的共性特性,在第二次世界大战以后又通过发展综合性农民合作组织推动了农业农村经济的恢复和发展,促进了国民经济的腾飞。因此,近二三十年来,国内理论界一直都有学习日韩等国经验、走综合农协发展道路的呼声,并在实践领域进行了不少探索,尤其是在当前农民专业合作社发展面临规范化程度较低、市场竞争能力较弱的情况下,这种要求转向综合农协发展模式的声音就显得更加耐人寻味。该文的价值正在于其深刻揭示了日本农协的发展壮大是得益于二战后日本特

殊的"天时、地利、人和"条件。然而,当前中国农村地区已经发生了巨变,不再具备日本农协发展所依赖的农民均质性、农村社会封闭性以及农产品流通、农村金融的制度性垄断等条件。因此,作者明确指出,日本农协模式在我国农村难以推广。作者还指出,当前的日本农协正面临去农化、去合作化、体制官僚化的蜕变,已经成为日本政府推行农业改革的最大阻力。所以,这篇文章有助于理论界和实务界更加清醒认识发展综合农协的适用条件,不照搬日韩等国的经验。

7. 赵泉民:《合作社组织嵌入与乡村社会治理结构转型》,《社会科学》2015年第 3 期

【推荐语】中国的改革开放进程,也是农村地区国家逐步退场而市场力量与社会空间逐步增大的过程。合作社的发展加速了这种乡村治理结构的分化和重组。该文在分析转型期乡村社会治理的应然状态和面临的结构性困境的基础上,指出了合作社参与乡村社会治理的可能性和必要性,系统阐述了合作社参与后村域层面将会逐步构建起以多主体协同为手段和协商性整合为取向的新型治理结构,有助于促进中国传统乡村社会的市场化、契约化、组织化。尽管不应赋予合作社过多的社会功能期待,但合作社正日益显现出在农村社会治理中的作用可能。因此,该文非常有助于实践工作者更加全面系统地认识合作社对于农村基层组织治理的影响,更好借助合作社促进乡村治理机制的创新和完善。

8. 徐旭初:《谈谈合作社的真假:合作化、产业化和社会化》,《中国农民合作社》2015 年第 12 期

【推荐语】这篇文章只有短短一千多字,却说出了一些长文没有说清楚的道理。合作化、产业化和社会化等概念名词大家都常听说,但并不是每位实践工作者都能区分其概念内容。该文的价值正在于通过短小精悍的语言,非常浅显地解释了农业的合作化、产业化和社会化问题:合作化在于省钱,产业化在于赚钱,社会化在于外包。作者还指出无论如何,不能因为一些合作社更多发挥了(内部)产业化、(外部)社会化功能,就简单斥之为"假合作社"。同时,值得特别指出的是,近些年来,《中国农民合作社》杂志一直尝试通过开辟合作论坛等栏目,邀请国内著名的合作经济学者撰文将相对深奥的理论问题转为通俗易懂的普及文章,传播给合作社理事长和政府相关部门领导干部等。这种传播合作社知识、打造桥梁纽带的努力非常值得肯定。

9."我国新型农业经营体系研究"课题组：《农业共营制：我国农业经营体系的新突破》,《红旗文稿》2015 年第 9 期

【推荐语】"谁来种地,如何种地,怎样种地"正成为当前各地深入推进农业现代化进程中面临的突出共性问题。从 2010 年开始探索的崇州农业经营方式创新就是其中的先行者之一。该文的实践价值在于,系统而又生动地总结出了以家庭承包为基础,以农户为核心主体,农业职业经理人、土地股份合作社、社会化服务组织三位一体的崇州"农业共营制"模式,形成了重要的后续理论、实践和政策影响。"农业共营制"模式尤为值得一提的是,2015 年 1 月,国务院副总理汪洋到崇州市调研时,给予其充分肯定;7 月,崇州模式又被列为全国加快转变农业发展方式现场会参观现场;2016 年,由国家发改委主办的全国农村产业融合发展试点示范县专题培训班又在崇州开班交流相关经验。这篇文章也因此成为近年来少有的理论联系实际、理论助推实践发展的好文。

10.廖祖君、郭晓鸣：《中国农业经营组织体系演变的逻辑与方向：一个产业链整合的分析框架》,《中国农村经济》2015 年第 2 期

【推荐语】该文对近年来我国农业经营组织体系演变给出了一个颇具说服力的阐释,值得推荐。该文首先指出了中国农业经营组织体系的路径演变趋势,进而提出我国农业产业链正在发生着由分离走向整合、由纵向整合走向混合整合的明显变化。作者还通过典型案例分析等,说明这种农业产业链的混合一体化整合,是在当前特殊的资源禀赋、产权框架和农业支持政策约束下的现代农业经营组织体系的次优选择,而在这个过程中农民合作社的的作用也会日益突出。因此,该文有助于实务部门和理论界更加清醒地认识我国的农业产业组织体系现实状态,尊重实践经验探索,得以摆脱对到底是以合作社还是以龙头企业为组织体系核心的过分纠结。当然,研究农业经营组织体系的形成和演变,其实也不能忽视产业、产区的差异性及其影响,毕竟不同产业、不同产区的农业经营组织体系可能会呈现出迥异的演化轨迹。

索　引

图书在版编目(CIP)数据

中国农民合作社发展报告. 2016 / 浙江大学中国农民合作组织研究中心编著. —杭州：浙江大学出版社，2017.9

ISBN 978-7-308-17152-6

Ⅰ.①中…　Ⅱ.①浙…　Ⅲ.①农业合作社－研究报告－中国－2016　Ⅳ.①F321.42

中国版本图书馆 CIP 数据核字(2017)第 176104 号

中国农民合作社发展报告 2016

浙江大学中国农民合作组织研究中心　　编著

策划编辑	陈丽霞
责任编辑	杨利军
文字编辑	秦　瑕
责任校对	沈巧华　韦丽娟
封面设计	春天书装
出版发行	浙江大学出版社
	（杭州市天目山路 148 号　邮政编码 310007）
	（网址：http://www.zjupress.com）
排　　版	杭州隆盛图文制作有限公司
印　　刷	杭州日报报业集团盛元印务有限公司
开　　本	710mm×1000mm　1/16
印　　张	17.75
字　　数	309 千
版 印 次	2017 年 9 月第 1 版　2017 年 9 月第 1 次印刷
书　　号	ISBN 978-7-308-17152-6
定　　价	58.00 元